Riemann

One Earth Spirit

W0245198

Theodore Roszak

Alarmstufe Rot

Amerikas Wildwest-Kapitalismus
bedroht die Welt

Aus dem Englischen von Elisabeth Liebl

Riemann
One Earth Spirit

Der amerikanische Originaltitel dieses Werks ist
»World Beware! American Triumphalism in an Age of Terror«.

1. Auflage
© 2003 Theodore Roszak
© 2004 der deutschsprachigen Ausgabe
Riemann Verlag, München,
in der Verlagsgruppe Random House GmbH
Redaktion: Claudia Alt
Satz: Barbara Rabus, Sonthofen
Druck und Bindung: GGP Media GmbH, Pößneck
Printed in Germany
ISBN 3-570-50061-6
www.riemann-verlag.de

Inhalt

»Alle freien Völker sind auf sich selbst stolz; der Nationalstolz äußert sich aber nicht bei allen gleich. In ihren Beziehungen mit Ausländern zeigen sich die Amerikaner sehr empfindlich gegenüber dem geringsten Tadel und unersättlich für Lobsprüche. Das dürftigste Lob ist ihnen willkommen, und das größte genügt selten, um sie zu befriedigen; sie setzen uns beständig zu, um von uns gelobt zu werden; und widersteht man ihrem Drängen, so rühmen sie sich selbst. Es ist, als wollten sie sich, ihrer Vorzüge selber nicht sicher, deren Bild jederzeit vor Augen halten. Ihre Eitelkeit ist nicht nur gierig, sie ist ängstlich und neidisch. Immerzu heischend, gewährt sie nichts. Sie sucht Almosen und Streit zugleich.«

Alexis de Tocqueville,
Über die Demokratie in Amerika

Vorwort

»Sie erreichen mit ein paar netten Worten und einer Kanone mehr als mit ein paar netten Worten allein!«

Al Capone,
berühmter amerikanischer Gangsterboss, 1926

»Sie erreichen mit ein paar netten Worten und einer Kanone mehr als mit ein paar netten Worten allein!«

Donald Rumsfeld,
amerikanischer Verteidigungsminister, 2003

Empire à la surprise –
das unerwartete Imperium

Ein wenig fühle ich mich versucht, dieses Buch mit einem berühmten Zitat einzuleiten: »Ein Gespenst geht um in Europa« – dem düsteren Orakel, das Karl Marx 1848 seinem *Kommunistischen Manifest* voranstellte. Damals schien Europa, das immer noch unter den Geburtswehen der Industrialisierung litt, am Vorabend einer sozialen Revolution zu stehen. Heute, da soziale Revolutionen auf ewig vertagt scheinen, hat dieses Gespenst eine ganz andere Gestalt angenommen. Heute droht die Aussicht, dass Europa – und mit ihm der größte Teil der Welt – bald Vasall eines Landes werden könnte, das nicht nur innenpolitisch immer konservativer wird, sondern diese neokonservative Haltung auch zum Grundpfeiler seiner globalen Wirtschaftspolitik macht.

Ja, eben *dieses* Land. *Mein* Land – das ich zu meinem größten Missfallen für beträchtliche moralische, wirtschaftliche und physische Schäden verantwortlich machen muss, die es im Namen der Verteidigung hoher und höchster Ideale angerichtet hat. Meine These lässt sich in einem einfachen Satz zusammenfassen: Wenn die Welt unbedingt Führerschaft braucht, dann sollte sie nicht gerade von einem Land ausgeübt werden, dessen politische Ambitionen sich in einem halbherzigen Liberalismus erschöpfen, der sich nicht einmal dazu durchringen kann, für seine schwer arbeitenden Bürger ein System der Altersversorgung beziehungsweise Krankenversicherung einzurichten, einem Land, in dem die konservative Partei, die seit zwanzig Jahren die politische Landschaft dominiert, nicht schnell genug Schulen, Nationalparks, Strom- und Wasserversorgung, ja sogar Teile der Armee an den meistbietenden privaten Anbieter versteigern kann, einem Land, in dem es mittlerweile Millionäre und Milliardäre zu Hunderten gibt, während gleichzeitig die Obdachlosen auf den Straßen vor Hunger und Kälte sterben. Kurz gesagt: einem Land, das sich im Eiltempo zurück in die finstersten Tage der Anarchie des freien Marktes zurückkatapultiert.

Jahr für Jahr zeigt die politische Rechte in Amerika sich fester entschlossen, der gesamten Welt ihre Vision einer konzern-gesteuerten Marktwirtschaft aufzuoktroyieren. Wenn sie damit Erfolg haben sollte, dann wird Amerika die einzig verbleibende Supermacht der Erde sein und als solche durchaus in der Lage, mit Hilfe seiner erdrückenden Militärstärke das Entstehen konkurrierender Supermächte wirksam zu unterbinden. Ich wäre nicht sonderlich überrascht zu hören, dass bereits Pläne existieren, wie man China daran hindern könnte, sich zur Supermacht aufzuschwingen, das einzige Industrieland, das eines Tages über das Potenzial verfügen könnte, Amerikas militärische und ökonomische Vormachtstellung wirklich anzugreifen. Über welchen Zeitraum könnte sich die dominierende Stellung der Vereinigten Staaten erstrecken? Vermutlich über viele Generationen. Möglicherweise werden wir Zeugen, wie sich ein neues Imperium formiert, dauerhafter und ausgedehnter als jedes andere vor ihm. Die Chancen stehen gut. Der Imperialismus, nach dem Zweiten Weltkrieg weltweit geächtet, feiert dank der aktuellen amerikanischen Politik fröhliche Urständ im Gebaren einer Nation, die seit jeher davon überzeugt ist, ihre historische Mission sei es, der Welt die Demokratie zu bringen.

Ich bin sicher, dass dieser Drang nach der Weltherrschaft nicht dem Willen des amerikanischen Volkes entspringt. Die Amerikaner haben den Imperialismus unter Einsatz von Leib und Leben bekämpft. Ich selbst wuchs während des Zweiten Weltkriegs auf und lernte damals, dass nur böse Diktatoren versuchen, andere Völker zu unterjochen. Aus diesem Grund war ich so schockiert, als der erste Präsident Bush Anfang der 1990er Jahre verkündete, Ziel amerikanischer Politik sei »eine neue Weltordnung«. Erschreckend war nicht nur der Inhalt dieser Aussage, sondern auch der arrogante und unerbittliche Ton, in dem sie geäußert wurde. Waren wir früher nicht gegen den Feind zu Felde gezogen, weil er genau dies wollte: Menschen in aller Welt sein Denken und Handeln aufzuzwingen?

Fragen Sie einen beliebigen US-Amerikaner, ob er anderen Nationen seinen Willen aufzwingen möchte. Er wird mit Sicherheit Nein sagen. Doch der ganz gewöhnliche US-Amerikaner hat leider immer weniger Ahnung, was in seinem Namen an weit entfernten Orten dieser Welt geschieht, und sein Einfluss auf Entscheidungen, die sein Land betreffen, wird immer geringer. Erschöpft von der Hektik und Komplexität ihres Alltags, vom Kampf um ihren Job und um den Lebensunterhalt für ihre Kinder scheinen die meisten Amerikaner heute einfach in ihrem Fernsehsessel wegzudämmern. Sie verdrängen die stille Verzweiflung in ihrem Leben mit Belanglosigkeiten und Unterhaltung. Der neueste Skandal um irgendeine Berühmtheit ist ihnen wichtiger als so große Themen wie Krieg oder Frieden. Und so finden sich mittlerweile Menschen an der Spitze des Landes und seiner Konzerne, deren zwanghafte Besessenheit von Amerikas Bestimmung zum Weltreich Tag für Tag zunimmt. Sie erklären ganz offen, es sei Amerikas Recht, Macht über jene auszuüben, die weder den Willen noch die Mittel oder die Vision besitzen, selbst Weltmacht zu werden.

Aus diesem Grund bezeichne ich diese politische Klasse hier als »die Triumphalisten«. Sie sehen sich selbst zwar als überzeugte Konservative, sind in Wirklichkeit jedoch radikale Extremisten. Sie haben sich schnellere und tief greifendere Veränderungen auf die Fahnen geschrieben als so mancher Revolutionär. Diese Männer nehmen Wagemut, Durchsetzungskraft und hochfliegende Ziele für sich in Anspruch. Brennend vor Eifer, eine neue Welt zu schaffen, sehen sie sich als Retter einer verwirrten, willensschwachen Menschheit. Wie alle Fanatiker haben sie eine kristallklare, durch nichts zu erschütternde Vorstellung von ihren Zielen. Sie wollen die globale Marktwirtschaft, kontrolliert von einigen wenigen multinationalen Konzernen mit amerikanischem Stammhaus. Sie sind vielleicht nicht die Ersten, die solche Ziele verfolgen. Tatsächlich gab es schon während des Kalten Krieges Bestrebungen, amerikanischen Konzernen eine klare Vormachtstellung zu verschaffen. Doch diese Klasse ist die erste, die auf eine sichere militärische Überlegenheit der USA bauen kann. Man müsste historisch schon zurückgehen bis zu den frühen Gesellschaften im Nildelta, um vergleichbare Beispiele für eine solch uneingeschränkte Hegemonie zu finden, wie sie die Vereinigten Staaten im Augenblick ausüben.

Ich spreche hier als Sozialkritiker, der um die Seele seines Landes ebenso fürchtet wie um das Schicksal anderer Staaten. Mir gefriert das Blut in den Adern, wenn ich höre, wie ein amerikanischer Verteidigungsminister (Donald Rumsfeld) die amerikanische Nahostpolitik mit einem Zitat Al Capones rechtfertigt, einem der abscheulichsten Gangster der amerikanischen Geschichte: »Sie erreichen mit ein paar netten Worten und einer Kanone mehr als mit ein paar netten Worten allein!« Diese Harte-Jungs-Sprüche sind es, die meinem moralischen Anliegen seine Dringlichkeit verleihen. Das nationalistische Bramarbasieren, das dieser Tage in den Zirkeln der politischen Rechten zu vernehmen ist, hat das Niveau des Maulheldentums nämlich längst hinter sich gelassen. Dieser neue Sprachgestus enthüllt die Entschlossenheit, den eigenen Willen bei Gegnern wie Verbündeten notfalls mit roher Gewalt durchzusetzen. Ich bin überzeugt davon, dass die Triumphalisten näher an der Verwirklichung ihrer Ziele sind, als viele politische Beobachter glauben. Zufall oder Absicht? Die Geschichte hat der neuen politischen Klasse den Ball in die Hände gespielt, und sie hat nicht gezögert, sich diese Umstände geschickt zu Nutze zu machen.

Einen Punkt möchte ich gleich zu Beginn klarstellen. Es gibt Menschen – ein Großteil davon unzufriedene US-Bürger –, deren neues Motto zu sein scheint: »Amerika ist an allem schuld.« In ihren Augen sind die USA für alles Mögliche verantwortlich, sogar für die Anschläge des 11. September 2001. Zu dieser Gruppe gehöre ich nicht. Das Opfer zu beschuldigen, auch wenn es eine reiche und mächtige Nation ist, verrät eine verquere Moral, vor allem wenn die eigentlich Leidtragenden unschuldige Zivilpersonen sind. Und dies ist fast immer der Fall, wenn der Terror zuschlägt. Selbstmordattentäter, deren erklärtes Ziel es ist, »Amerikaner zu ermorden« oder »Juden zu töten«, machen mir Angst. Die Menschen, die sie unbedingt ermorden wollen, könnten schließlich Angehörige von mir sein. Oder ich selbst. Worunter auch immer diese Menschen leiden, sie haben nicht das Recht zu töten. Die Gewalt, die sie ausüben, ist kein bisschen »gerechter« als die der amerikanischen Bomber, die ihre verhängnisvolle Fracht über der Zivilbevölkerung Bagdads abgeworfen haben. Der Terrorismus ist in meinen Augen eine tödliche Krankheit, welche die internationale Gemeinschaft befallen hat. Eine Krankheit, welche die Gesetze der Zivilisation auszulöschen vermag. Natürlich müssen wir die Beweggründe der Terroristen zu begreifen versuchen, doch nichts kann rechtfertigen, was sie anrichten.

Damit habe ich meine Position wohl ausreichend klar gemacht, und vor diesem Hintergrund möchte ich nun meine Aussagen treffen. Ich lehne die imperialistischen Bestrebungen, die die Vereinigten Staaten jüngst an den Tag legen, vollkommen ab. Diese Haltung ist in meinem Land derzeit nicht gerade populär, nicht einmal unter amerikanischen Liberalen, die sonst so ziemlich alles ablehnen, wofür die Regierung Bush steht. Viele Amerikaner haben George W. Bush nicht gewählt, unterstützen aber nichtsdestotrotz den Triumphalismus, den er ins Weiße Haus mitgebracht hat. Amerika hat Angst. Sogar jetzt, da sich eine wirtschaftliche Rezession abzeichnet, ist das Land bereit, viele Milliarden Dollar für seine nationale Sicherheit (das so genannte »National Security State«-Programm) auszugeben, für ein Bündel von Maßnahmen, die uns vor der Gefahr des Terrorismus schützen sollen, die aber – wie man im selben Atemzug einräumt – ohnehin nicht in den Griff zu bekommen ist. Meiner Ansicht nach wurde dieser Kurswechsel der amerikanischen Politik bewusst von ganz bestimmten Interessengruppen initiiert, deren Utopien sich so deprimierend lesen wie die allerpessimistischsten Zukunftsromane.

Ich gehöre zu jenen Amerikanern, die die expansionistische Nahostpolitik ihres Landes ablehnen. Tausende US-Amerikaner haben sich gegen den Irakkrieg ausgesprochen. Doch Millionen jubelten unseren Truppen zu, als sie in die Schlacht zogen. Obwohl ich selbst gegen den Krieg war, plagt mich mein Gewissen, wenn ich sehe, wie sich mein Land auf internationaler Ebene als Rowdy aufführt, dessen einziges Ziel es ist, dem Rest der Welt den Willen einer kleinen, habgierigen Minderheit von Kriegsgewinnlern und Militaristen aufzuzwingen. Ich glaube, dass die Arroganz und die Macht dieser Clique noch zunehmen werden, bis sie alle länderübergreifenden Strukturen, alle Formen geteilter Verantwortung, internationalen Rechts und wirtschaftlicher Zusammenarbeit endgültig zerstört hat. An diesem Punkt wird Geschichte bestimmt von den Interessen und Maßstäben eines einzigen Landes – oder vielmehr derer, welche die Interessen und Maßstäbe dieses Landes definieren.

Mein Ziel ist es, eine kritische Innenansicht der USA zu liefern, die hilft, die bedenkliche Politik dieses Landes besser zu begreifen. Vor allem möchte ich die enge Verknüpfung der inneren und äußeren Angelegenheiten meines Landes offen legen. Die Idee vom amerikanischen Empire rührt von einem ideologischen Wandel, der die politische Kultur meines Landes erfasst hat. Diese Kultur deckt sich immer weniger mit dem, was sich in anderen Industrieländern politisch abspielt. Verglichen mit modernen Staaten degeneriert Amerika zusehends. In gewisser Weise liegt dies an der unglaublichen Gier unserer Geschäftsleute. Aber das ist nicht der einzige Grund. Die Habgier der Wohlhabenden hat eine neue ideologische Rechtfertigung gefunden. Eine neue Generation triumphalistischer Intellektueller und fundamentalistischer Fanatiker hat ihr einen geradezu religiösen Anstrich gegeben.

Jene, welche für die zunehmenden Verirrungen im Selbstverständnis der USA verantwortlich sind, zeigen sich immun gegen jede Art von besserer Einsicht. Sie sehen in den Vereinigten Staaten das »auserwählte Land«. In ihren Augen ist dieser Sonderstatus das Privileg einer unleugbaren moralischen Überlegenheit. Amerikas Geschichte ist voll von Beispielen für dieses Gefühl der Erwähltheit. Seit weiße Siedler dieses Land zum ersten Mal betraten, um der Verderbtheit der »alten Welt« zu entfliehen, speist sich Amerikas hypertrophiertes Selbstwertgefühl aus den Quellen der Religiosität.

In den 1980er Jahren gewann Ronald Reagan die Herzen des amerikanischen Volkes, indem er mit diesem Thema jonglierte, wie nur ein professioneller Schauspieler das konnte. Immer und immer wieder sprach er mit bebender Stimme und einer Träne im Auge von den Vereinigten Staaten als »der goldenen Stadt auf dem Hügel« – in Anlehnung an den frühen puritanischen Denker John Winthrop. Er zitierte Abraham Lincoln und nannte das Land die »letzte und leuchtendste Hoffnung« der Welt. Die Triumphalisten sind die ideologischen Erben der Reagan-Präsidentschaft. Sie glauben immer noch an Reagans bombastische Rhetorik und würden sie lieber heute als morgen in Weltpolitik umsetzen. In den letzten zwei Jahrzehnten geriet die amerikanische Politik immer stärker unter den Einfluss von Menschen, welche die Vereinigten Staaten als Arm Gottes betrachten und sich selbst als messianische Vorhut, der es obliegt, den Weg in die Zukunft zu bahnen. Dieser Aufgabe ist vermutlich mit militärischer Intervention und wirtschaftlicher Ausbeutung noch keineswegs Genüge getan. Dazu könnte auch kulturelle Aggression gehören, denkbar zum Beispiel in Form einer Christianisierung der »heidnischen« Völkerschaften im Nahen Osten und anderen Teilen der Welt. Als George W. Bush 2001 dem Terrorismus zum ersten Mal den Krieg erklärte, bezeichnete er diesen als »Kreuzzug«. Mit Rücksicht auf die Gefühle der Muslime wurde diese Formulierung schnell zurückgenommen. Doch möglicherweise handelte es sich gar nicht um einen sprachlichen Ausrutscher. In den USA gibt es eine Menge Menschen, die den Kampf gegen den Terrorismus liebend gern im Zeichen des Kreuzes führen würden.

In der Politik geht es nicht zuletzt um Macht und Einfluss. Doch Amerikas neuer Triumphalismus beansprucht eben nicht nur die Führungsrolle, sondern das Recht, ein Ziel vorzugeben, das sich von dem, auf das sich die Menschen in anderen Industrienationen nach langer Suche geeinigt haben, erheblich unterscheidet. Aus diesem Grund kann man nichts, was derzeit aus Washington über die Ziele der eigenen Außenpolitik verlautet, wirklich für bare Münze nehmen, solange man die sich dahinter verbergende ideologische Stoßrichtung nicht kennt. Wie jedes Imperium in der Geschichte der Menschheit zielt auch der amerikanische Triumphalismus darauf ab, die Welt nach seinem Bilde zu formen. Die neue politische Klasse wünscht, die moderne Welt von allen sozialen und wohlfahrtsstaatlichen Tendenzen zu befreien, als gingen diese auf Einflüsterungen des Teufels zurück. Tatsächlich betrachtet sie jede Wirtschaftspolitik, die von der Orthodoxie des freien Marktes abweicht, als Ketzerei, die mit Stumpf und Stiel ausgerottet werden muss. Sie führen einen Kreuzzug gegen alles und jedes, was die Völker in der Moderne geschaffen haben, um aus den herrschenden Instanzen Instrumente des Gemeinwohls zu machen. Das ist es, was das Wort »Freiheit« aus ihrer Sicht bedeutet.

Wenn die Triumphalisten ihre Ziele verwirklichen könnten, läge die Verantwortung für unsere Gesellschaft bald vollständig bei den Lenkern der Konzern-Ökonomie. Schließlich sehen sie die Reichen als einzige Spezies auf der ganzen Welt, die »Wohlstand schafft«. Also müssen sich alle Gesetze, alle Institutionen, alle politischen Regeln ihren Interessen beugen. Dem Rest der Bevölkerung ist ebenfalls ein klar umrissenes Schicksal zugedacht: Sie dürfen als gehorsame Angestellte und ergebene Dienstboten der ach so individualistischen *Happy Few* still alle Bürden auf sich nehmen, die der globale Markt ihnen auch immer auferlegen mag. Sie gehorchen dem Diktat der weltweiten Konzern-Ökonomie, die bestimmt, ob sie Arbeit und ein Heim haben und folglich ihren sozialen Status behalten dürfen.

Ideen wie diese laufen auf eine einschneidende Revision der jüngeren Geschichte hinaus. Über ein Jahrhundert lang hat unsere moderne Gesellschaft mit allen Kräften darum gerungen, einen tragfähigen Gesellschaftsvertrag auszuhandeln, der jedem, der mit seiner Hände Arbeit, mit seinem Können, seinem Kapital und seinen Dienstleistungen zum Reichtum der Nationen beiträgt, eine angemessene Teilhabe garantiert. Erklärtes Ziel dieses Gesellschaftsvertrages ist es, stabile Rahmenbedingungen für die Wirtschaft zu schaffen, ein Sicherheitsnetz zu spannen, das jene auffängt, die in Not geraten, die öffentliche Gesundheitsvorsorge sicherzustellen sowie allen Bürgern eine grundlegende Ausbildung zu ermöglichen und die Schönheiten und Ressourcen unseres Planeten zu erhalten, um die Lebensqualität allgemein auf das höchstmögliche Niveau zu heben. Die Worte, die über diesen Bestrebungen aufleuchten und einst revolutionäre Kraft besaßen, sollten den Konservativen genauso lieb und teuer sein wie den Liberalen: *»Liberté. Egalité. Fraternité.«* Oder: »Das Recht auf Leben, Freiheit und das Streben nach Glück« – wie es die amerikanische Verfassung garantiert. Doch die neue triumphalistische Führungsschicht Amerikas ist ausgezogen, diesen Gesellschaftsvertrag durch ein Regelwerk zu ersetzen, das uns in Rekordzeit in die Epoche des Jeder-gegen-Jeden-Sozialdarwinismus der 1890er Jahre zurückwirft. Mit einem Mal soll jede Form von Chancengleichheit, jeder Ansatz von Teilhabe oder einer Demokratie der sozialen Ausgewogenheit ein Hemmschuh des Fortschritts sein. Die Triumphalisten würden uns gern eine neue Art von hoch industrialisiertem Feudalismus verordnen, in dem wir uns den Interessen der ausgedehnten Konzern-Baronien beugen müssten.

Und mit »uns« meine ich dabei keineswegs nur die Vereinigten Staaten. Was die neue politische Klasse Amerikas im Schilde führt, greift weit über die Grenzen der USA hinaus. Gefügige Diener der größten amerikanischen Konzerne, der »Erfinder« des neuen globalisierten Wirtschaftens, versuchen, weltweit alle Formen sozialen Ausgleichs auszulöschen. Diese »Verirrungen« durch marktkonforme Strategien zu ersetzen, ist in ihren Augen Ausdruck der natürlichen Ordnung, die Erfüllung einer historischen Mission, welche die Interessen des Nationalstaats transzendiert. Erhält Amerika Zugang zu sämtlichen globalen Märkten, dann bedeutet dies, dass früher oder später alle Einrichtungen, alle Mechanismen, die dem Gemeinwohl dienen, außer Kraft gesetzt werden. Das meint

Amerikas Big Business und mit ihm seine politischen Gefolgs-leute vom rechten Flügel, wenn sie vom »Sieg des Marktes« sprechen: Abschaffung von Mindestlöhnen und Arbeitsschutz-maßnahmen (auch was Kinderarbeit betrifft), Abbau sämt-licher Maßnahmen zum Umweltschutz, Streichung sämtlicher gesetzlichen Regelungen, die den Konzerngewinn schmälern könnten, sowie ungehinderte monopolistische Kontrolle über jeden Bereich des Handels, der Finanzen, der Kommunikation und Produktion. Privatisierung und Kommerzialisierung so weit das Auge reicht – bis wir in einer Welt leben, die den Pri-vilegien der Konzernmacht nichts mehr entgegenzusetzen hat. Von quasi-religiösem Eifer getrieben, haben Amerikas Trium-phalisten sich aufgemacht, eine Weltordnung zu schaffen, die nicht auf Dialog und gesellschaftlichem Konsens beruht, son-dern auf einseitiger Machtausübung und hierarchischer Unter-ordnung.

Stünde den Vereinigten Staaten allein ihre Wirtschaftsmacht zur Verfügung, um ihr Imperium aufzubauen, wäre dies schon ausreichend Grund zur Besorgnis. Doch mit dem Irakkrieg ist eine ethische Grenze gefallen. Jetzt sind die Triumphalisten be-reit, auch rohe militärische Gewalt einzusetzen, um ihre Ex-pansionsbestrebungen durchzusetzen. Ihre offen gezeigte Ver-achtung für ihre alten Bündnispartner macht deutlich, wie weit sie zu gehen bereit sind, um ihren Vorteil zu wahren. Je-der, der heute noch glaubt, Amerika würde seine Militärmacht nur gegen unbedeutende Drittweltländer wie den Irak oder Nordkorea einsetzen, aber niemals, um Europa, Japan oder China unter Druck zu setzen, unterstellt den Triumphalisten eine diplomatische Zurückhaltung, die sie nicht besitzen. Wir sehen uns hier einigen impulsiven Menschen gegenüber, die –

getrieben von ideologischem Eifer – die Gelegenheit, welche die Geschichte ihnen bietet, ohne zu zögern ergreifen werden.

Wenn andere Nationen die Vereinigten Staaten nicht in ihre Grenzen weisen, dann ist dieses Land auf dem besten Weg, selbst ein »Schurkenstaat« zu werden, wobei manche Beobachter der Auffassung sind, dass dieser Schritt längst vollzogen ist. Allerdings wird diese Entwicklung nicht ausschließlich von der aktuellen Regierung dieses Landes getragen. Die Republikanische Partei, im Moment das Sammelbecken der Triumphalisten, mag in den nächsten zehn Jahren vielleicht die eine oder andere Wahl verlieren. Auch mag das Tempo, mit dem Amerika nach der Weltherrschaft greift, sich ab und an verlangsamen. Ganz sicher werden die Triumphalisten sich auf Widerstand und nicht einkalkulierte Umwege einstellen müssen. Doch die Kräfte, die zum Irakkrieg geführt haben, werden weiterhin Druck auf die amerikanische Politik ausüben. Die Finanzmittel und das Wählerpotenzial, worüber sie gebieten, werden sich in absehbarer Zeit sicherlich nicht verringern. Diese Faktoren werden eine gesellschaftliche Konstante bleiben, auch wenn das Weiße Haus einen anderen Präsidenten beherbergt und die Demokratische Partei die Mehrheit im Kongress gewinnt.

Die Präsidentschaft von George W. Bush sollte als frühes Warnsignal betrachtet werden. Machtvolle Kräfte gären in den Tiefen der amerikanischen Konzern-Gesellschaft und unter den strategisch gut platzierten Meinungsmachern, die mehr und mehr die Medien beherrschen. Der Irakkrieg gab uns davon einen erschreckenden Vorgeschmack. Wie Sturmwolken am Horizont zeichnet sich vor uns die bedrohliche Aussicht auf ungehinderte amerikanische Machtentfaltung ab. Möglicherweise leben wir bald in einer Welt, wo in Washington hinter verschlossenen Türen über Regimewechsel mit Hilfe von Präventivkriegen und eine langfristige amerikanische Besatzung in allen Teilen der Erde entschieden wird. Entscheidungen, die in großmäuligem Macho-Ton vorgetragen werden, die die weise Zurückhaltung anderer Nationen als Feigheit abstempelt.

Ein Regimewechsel vermittels geheimdienstlicher Aktivitäten oder militärischer Gewalt bedarf trotz allem immer noch einer ideologischen Rechtfertigung. Eine Aufgabe, vor der die Amerikaner keineswegs zum ersten Mal stehen. Während des Kalten Krieges haben die USA mit so genannten »verdeckten Operationen« immer wieder versucht, weniger willfährige Regierungen in allen Teilen der Welt ablösen zu lassen. So trug 1953 die CIA dazu bei, dass die demokratisch gewählte Regierung im Iran durch einen Militärputsch gestürzt wurde. Sie bereitete dadurch den Boden für den nach Vergeltung dürstenden islamischen Fundamentalismus, was sich für die Zukunft Amerikas im Hinblick auf diese Region als von entscheidender Bedeutung erweisen sollte. Häufig wurde das rücksichtslose Vorgehen dieser Politik damit entschuldigt, dass Amerikas Gegner im Kalten Krieg mindestens genauso brutal und im Geheimen agierten. Die USA hätten eben Gleiches mit Gleichem vergolten. Doch selbst wenn man sich auf diesen Standpunkt stellen sollte, hat eine solche rationale Rechtfertigung versteckter Aggression spätestens mit dem Fall der Sowjetunion ihre moralische Überzeugungskraft eingebüßt. Doch sogar jetzt, da Amerikas politische Führer mit biblischem Eifer das Evangelium der Freiheit verkünden, versucht der rechte politische Flügel Amerikas eine Politik durchzusetzen, die am Ende die Freiheit aller Völker bedroht. Die Vereinigten Staaten sind auf dem besten Weg, selbst ihr schlimmster Feind zu werden, indem sie alles zerstören, was in der Welt an Vertrauen und Bewunderung noch vorhanden gewesen sein mag.

Aber ist Amerikas Streben nach imperialer Vorherrschaft überhaupt noch aufzuhalten? Aus Gründen, die ich in der Folge noch ausführlicher darstellen werde, glaube ich nicht, dass das Volk der Vereinigten Staaten und seine blassen liberalen Führungsfiguren in der Lage sein werden, sich dem Griff der Triumphalisten nach der Macht wirkungsvoll zu widersetzen. Es fehlt den liberalen Kräften in den USA und dem Volk im Allgemeinen an Mut und Intellekt. Wenn der Vormarsch der Triumphalisten gestoppt werden soll, werden andere Länder den USA mit Ideen, Vorbildern, Kritik und unter Umständen mit offenem Widerstand auf diplomatischem, wirtschaftlichem und kulturellem Gebiet zu Hilfe eilen müssen. Sie müssen sich selbst als Amerikas globale Wählerschaft betrachten, die über die Entscheidungen Washingtons genauso sorgfältig wacht wie über die der eigenen Regierung. Es liegt im höchsteigenen Interesse der anderen Nationen, diese internationale Wählerschaft zu schaffen, wenn sie ihre Freiheit und ihre nationale Würde bewahren wollen. Wie jeder anderen Naturkatastrophe, seien es nun Überschwemmungen, Hungersnöte oder Erdbeben, so ist dem Triumphalismus Amerikas nur durch ein überlegtes Eingreifen der internationalen Gemeinschaft beizukommen.

Wir brauchen einen wirklichen Dialog über die Zukunft der globalen Industrialisierung, einen Dialog, der uns erlaubt, eine Alternative zum fanatischen Götzendienst am freien Markt zu finden, dem Amerikas wirtschaftliche Eliten mit ihren trium-

phalistischen Vordenkern huldigen. Darüber hinaus müssen
wir uns auf Mittel und Wege einigen, den Einsatz von Gewalt
auf internationaler Ebene wirksam zu kontrollieren, sodass die
ungeheure Macht der Vereinigten Staaten nicht in die Hände
eines ideologisierten Interessenverbandes fallen kann, der
irgendwie den Einzug ins Weiße Haus geschafft hat. Ich hoffe,
dass dieses Buch den Menschen außerhalb der USA jenes Wissen um die Triebkräfte amerikanischer Politik vermittelt, das sie brauchen werden, um diesen Dialog
in Gang zu setzen.

1 Amerikas weltweiter Angriffsplan

»Saddams Sturz eröffnet die Möglichkeit einer Neuordnung des Nahen Ostens. Doch wenn diese andere Zukunft für den Nahen Osten Wirklichkeit werden soll, müssen wir und unsere Verbündeten uns verpflichten, den Völkern dieser Region zu helfen, ihre Heimat umzugestalten. Darin liegt die sicherheitspolitische Herausforderung – und die moralische Mission – unserer Zeit.«

Condoleezza Rice,
Nationale Sicherheitsberaterin von George W. Bush,
bei ihrer Rede am 8. August 2003 in Houston, Texas

»Wir sind ein unglaublich wohlwollendes Imperium. Das ist keine Selbstbeweihräucherung, sondern eine Tatsache, die sich schon darin zeigt, wie andere Nationen die Entfaltung unserer Macht begrüßen.«

Charles Krauthammer,
neokonservativer Journalist in
The Weekly Standard vom 4. Juni 2001

Die Kriege in meinem Leben

Ich wurde 1933 geboren, also in dem Jahr, in dem sowohl Franklin D. Roosevelt als auch Adolf Hitler an die Macht kamen. Zu jener Zeit gehörte mein Vater zu »Amerikas vergessenen Männern«. Er war einer von mehreren Millionen, welche die Weltwirtschaftskrise der dreißiger Jahre in Arbeitslosigkeit, Armut und Verzweiflung getrieben hatte. Für meine Familie waren die sozialen Maßnahmen von Roosevelts New Deal ganz klar ein sinnvolles Wiederaufbauprogramm, eine mutige Maßnahme der Demokratischen Partei, um die drängendsten Haushaltsreformen in der bisherigen Geschichte Amerikas zu bewerkstelligen. Doch während die Regierung Roosevelt noch darum kämpfte, die wirtschaftliche Stagnation im Land zu überwinden, tat sich in Europa ein neuer Krisenherd auf, der viel Blut und Geld kosten und schließlich der Großen Depression ein Ende bereiten würde. Die Nazis steuerten auf einen Krieg zu, der die Vereinigten Staaten stärker verändern sollte als alle Reformen des New Deal.

Als ich in das Alter kam, in dem man beginnt, sich ernsthaft für das Geschehen um einen herum zu interessieren, standen bereits alle Zeichen auf Krieg. Alles, was ich in meiner Kindheit über die Welt lernte, war zutiefst von der Erfahrung des Krieges geprägt. Der Kriegseintritt hing deshalb über uns wie ein Damoklesschwert, und dann war es eines Tages wirklich so weit. Wie alle Kinder war ich natürlich patriotisch bis ins

Mark – und mit gutem Grund. Während des Zweiten Weltkriegs sah ich mein Land immer mehr als Verteidiger der Zivilisation. Als die Vereinigten Staaten 1941 in den Krieg eintraten, waren all unsere Verbündeten entweder geschlagen oder in Abhängigkeit geraten, und es galt, sie aus den Klauen der faschistischen und imperialistischen Angreifer zu retten. Diese Angreifer standen für etwas, das ich heute noch als das schlechthin Böse betrachte, das es zu bekämpfen gilt. Während des darauf folgenden Kalten Krieges stellte sich die Welt in meinen Augen als verletzlich und hilflos dar. Fraglos akzeptierte ich die Argumentation meines Landes: Der Kalte Krieg ging von der Sowjetunion aus, und alle Länder der Welt brauchten die Vereinigten Staaten, um sich gegen sowjetische Aggression und subversive kommunistische Tendenzen im eigenen Land zu verteidigen. Junge Menschen sind für moralischen Absolutismus anfällig, vor allem, wenn die objektiven Gegebenheiten gar keinen anderen Schluss zuzulassen scheinen. Nähme Amerika nicht seine Rolle als Weltpolizist ein, würden dann nicht noch mehr Menschen überrannt und zu Geiseln des Sowjetregimes gemacht werden, wie dies in den Ländern Osteuropas der Fall war?

Als junger Mensch hatte ich mir, ohne mir dessen bewusst zu sein, die Haltung einer früheren Generation von Amerikanern zu Eigen gemacht. Meine Eltern hatten diese Einstellung quasi als Erbe des Ersten Weltkriegs übernommen, als die Länder Europas den Amerikanern als dem moralischen Verfall preisgegebene Gesellschaften galten, die weder den Willen noch die Kraft und die moralische Stärke aufbrachten, um ihre eigenen Probleme zu lösen. So tönte 1917 ein allseits beliebter Schlager: »*The Yanks are coming, the Yanks are coming, and we won't be back, till it's over there.*« Und wann würde es vorüber sein? Natürlich erst, wenn die Yankees die Welt für die Demokratie gesichert und Europa auf den rechten Weg geführt hätten. Dann würden sie natürlich so schnell wie möglich wieder nach Hause marschieren.

Erst als ich das College besuchte, wurden mir die Hintergründe des Kalten Krieges und das tödliche Wettrüsten, das die ganze Welt bedrohte, allmählich klarer. Schritt für Schritt wurde ich skeptischer und kritischer. Doch erst der Vietnamkrieg machte mich zum Sozialkritiker, zu einem Menschen, der bereit war, alles in Frage zu stellen, was seine Regierung ihm erzählte.

Wir sprechen von dieser Zeit immer noch als von den »sechziger Jahren«. Die USA litten zu jener Zeit unter demselben Generationenkonflikt, der auch so viele andere Länder erschütterte. Trotzdem lag in der Luft ein Hauch von Umsturz, von gesunder Veränderung. Als der lange Schrecken des Vietnamkriegs endlich vorbei war, sahen viele von uns hoffnungsfroh in eine Zukunft, die von einem neuen Zeitalter postindustrieller Werte geprägt schien. Wir glaubten an ein Amerika, das sich endlich von der Habgier der Konzerne und der Gewaltbereitschaft der Kriegsherrn im Pentagon befreien würde. Wir müssen nur einen Blick zurück tun und die Musik der damaligen Zeit hören, um zu begreifen, wie schöpferisch und frohgemut die Zukunftsentwürfe der jungen Leute damals waren. Die Rebellion der Gegenkultur von damals war vielleicht naiv, doch sie war von echtem Idealismus getragen. Die Bewegung hatte sich zum Ziel gesetzt, den Reichtum und die technologischen Errungenschaften der Industriegesellschaft zu nutzen, um die Armut ein für alle Mal zu besiegen und unser

Leben aus den Zwängen von Konzerngier und Machtpolitik zu lösen. Nach der Erfahrung des Vietnamkrieges hätte ich es nie und nimmer für möglich gehalten, dass sich jemals wieder ein obskurer Militarismus der Regierung meines Landes bemächtigen könnte. Doch nun aber hat sie wieder einen Grund, der alles zu rechtfertigen scheint: den Krieg gegen den Terrorismus.

Wie konnte es so weit kommen?

Das ist die Frage, um die es in diesem Buch geht. An diesem Punkt möchte ich nur so viel sagen: Die lebensbejahenden Entwürfe der sechziger Jahre wurden von Kräften ausgehebelt, deren Cleverness und Macht von der Antikriegs-Bewegung massiv unterschätzt wurden. Utopia war nie so nah, wie viele von uns geglaubt hatten. Der Rauch über den Schlachtfeldern von Vietnam hatte sich noch nicht verzogen, als gesellschaftliche Elemente, welche die Ideale der Gegenkultur vollkommen ablehnten, sich schon ans Werk machten, um den Militär-Industrie-Komplex des Kalten Krieges wieder aufzubauen. Die großen Konzerne, die Kriegstreiber sowie eine jüngere Generation rechtskonservativer Intellektueller begannen bereits damals, den Grundstein für einen neuen Konservativismus zu legen, der sehr viel überzeugender und politisch viel rücksichtsloser sein würde als alles, was Amerika im zwanzigsten Jahrhundert erlebt hatte.

Die Gegenkultur, die immer nur eine kreative Minderheit ihrer Generation umfasste, veränderte Amerika auf vielfältige und dauerhafte Weise. Sie trug dazu bei, die Vereinigten Staaten in eine multikulturelle Nation zu verwandeln. Sie schuf ein Klima, in dem Menschenrechte nicht mehr bloßes Lippenbekenntnis blieben, sondern unveräußerliches Grundrecht jedes

Einzelnen wurden. Aus ihr gingen Bewegungen wie der Feminismus, die Schwulenbewegung und der Umweltschutz hervor, die heute noch aktiv sind. Doch schon in den Achtzigern gewannen die Konservativen immer breitere Unterstützung von Seiten jener Amerikaner, die das soziale Wertesystem einer liberalen Gesellschaft nicht mehr teilten. Die Republikaner vereinten immer mehr Stimmen aus der Arbeiterklasse auf sich. Die so genannten »Reagan-Demokraten« waren männliche Arbeiter in mittleren Jahren. Außerdem zog die Republikanische Partei immer mehr Wähler eines Typs an, der völlig neu und recht problematisch war: der so genannte »Single-Issue-Wähler«, Wahlgänger also, die ihre Stimmabgabe von einem einzigen Thema abhängig machten, ganz egal, was sonst noch im Parteiprogramm stehen mochte. Es formierte sich eine scharfe Opposition gegen das Recht auf Abtreibung, gegen Waffenkontrolle, Rechte für Homosexuelle und Steuern jeder Art, gegen das Verbot des Schulgebets und Darwin auf dem Lehrplan et cetera. Während die Liberalen sich noch verblüfft die Augen rieben und sich fragten, wie viele Menschen diese Themen zu mobilisieren vermochten, boten die Republikaner diesen enttäuschten, auf einen Stein des Anstoßes fixierten Wählern eine Heimat. Sie bestärkten diese Wähler in ihrem scheinbar »gerechten« Zorn, indem sie deren Einstellung mit Frömmigkeit und Patriotismus rechtfertigten. Gegen diese Entwicklung haben die Liberalen bis heute noch kein Mittel gefunden.

Im Verlauf des zwanzigsten Jahrhunderts lernten drei Generationen von Amerikanern, Krieg als etwas zu sehen, was ihnen von anderen Ländern aufgedrängt wurde. So bildete sich die

feste Überzeugung heraus, allein die Vereinigten Staaten besä-
ßen die nötige Reinheit, Macht und moralische Autorität, um
die Menschheit zu retten. Amerikas historische Mission war
die des Starken, der dem Schwachen ritterlich zu Hilfe eilte.

Ich erinnere mich noch an Bilder aus der Zeit des Zweiten
Weltkriegs, die die amerikanische Güte strahlend zum Aus-
druck brachten: Fotos von staubbedeckten amerikanischen
Soldaten, die sich in den Bombenruinen ausruhen, mageren
Kindern Schokoriegel schenken und einer verhärmten Mutter
den Stahlhelm leihen, damit sie Wasser holen und ihr Baby wa-
schen kann. Die Soldaten waren jung und gut aussehend. Eine
Aura von lässigem, unrasiertem Edelmut umgab sie. Ganz nor-
male junge Männer, der typische Junge von nebenan – der
Highschool-Football-Held, der Automechaniker, der Lehrer.
Sie waren Soldatenbürger, die ihr Leben riskierten, um den
Hilflosen beizustehen. Keineswegs boten sie das Bild von Be-
rufsmilizionären, Eroberern und Konquistadoren, auf deren
Schultern ein neues Imperium entsteht. Alles, was sie wollten,
war, sich um ihre eigenen Angelegenheiten zu kümmern, eine
Familie zu gründen und die einfachen Freuden des Lebens zu
genießen. Als sie nach Kriegsende heimkehrten, feierten wir
unsere Helden, einfache Menschen, welche den Truppentrans-
portern entstiegen, um endlich Frau und Kind wieder zu sehen. Wo immer sie auch herkamen, ob aus Europa, Korea oder
Vietnam, jedes Mal waren wir davon überzeugt, dass *dies* nun
endlich das letzte Mal sein würde. *Dieser* Krieg war derjenige,
der endlich alle anderen beenden würde.

Die Amerikaner lieben einen Hauch von Menschlichkeit in-
mitten des Schreckens. So zeigen Bilder, auf denen unsere Soldaten sich mit der vom Krieg leidgeprüften Bevölkerung an-

freunden, nicht selten im Hintergrund Häuser, die von amerikanischen Bombern und Panzern in Schutt und Asche gelegt
wurden. Möglicherweise sind in der betroffenen Stadt Tausende von Zivilisten ums Leben gekommen, als der Tod vom Himmel auf sie herabregnete. Aber daran war ja nicht Amerika
schuld: Wir haben das nur getan, um die »bösen Jungs« zu strafen. Niemand würde Amerika für diese Zerstörungen verantwortlich machen. Und sammelten wir nicht, sobald wir den
Aggressor besiegt hatten, all die Trümmer wieder ein, setzten
sie von neuem zusammen und heilten alle Wunden, bevor wir
uns auf den Weg nach Hause machten?

Komm zurück, Shane!

So ziehen die Amerikaner immer in den Krieg, um »aufzuräu-
men« und dann schnell wieder nach Hause zurückzukehren.
Der 1953 entstandene Film *Mein großer Freund Shane* ist ei-
ne geradezu klassische Adaption dieses unseres nationalen
Mythos. Shane, der jugendlich blonde Held in weißem Hirsch-
leder, kommt in eine Siedlung im Westen, wo er sich mit einem
Schafzüchter und dessen Familie anfreundet, der von bösen
Rinderbaronen bedroht wird. Am Ende schießt er beim großen
Finale alle Bösewichte nieder, steigt schwer verwundet auf
sein Pferd und reitet davon, ohne auch nur den Dank der Be-
troffenen abzuwarten. Joey, der kleine Sohn des Farmers, der
Shane natürlich längst zu seinem Helden erkoren hat, läuft
ihm im Sonnenuntergang hinterher und ruft: »Komm zurück,
Shane! Komm zurück!« Doch Shane reitet unbeirrt weiter.
Heute, zu Beginn des einundzwanzigsten Jahrhunderts,

sonnen die Amerikaner sich wieder einmal im Vollgefühl ihrer Macht und Tugend. Sie sehen einen weiten Horizont voller Konflikte sich vor ihnen öffnen, in denen Amerika wieder die Rolle des rechtschaffenen Revolverhelden spielen kann. Diese Konflikte werden als »Krieg gegen den Terrorismus« etikettiert, und die bösen Jungs sind schlimmer denn je. Amerikanische Armeen ziehen aus, um unterdrückte Nationen zu befreien und gemeine Schurken zu bestrafen, und der patriotische US-Bürger meint, den lange vergessenen Ruf aus alten Zeiten zu vernehmen: »Komm zurück, Shane!« Und wieder einmal werden große politische Themen auf simple Sprüche reduziert. Der Präsident (unser oberster Revolverheld) ruft uns in volkstümlichem Texanisch in den Krieg: »Zeig dich!«, ruft er Saddam Hussein aus sicherer Distanz zu. Die Bösen sind kaum mehr als mörderische Irre, deren Feindseligkeit keinen Grund und deren Gewalt keinen Sinn hat. Bärtige, dunkelhäutige Terroristen sind die neuen Nazis, die neuen Kommunisten. Osama bin Laden und Saddam Hussein nehmen ihren Platz neben dem deutschen Kaiser, Adolf Hitler und Josef Stalin ein.

Der durchschnittliche amerikanische Bürger glaubt naiverweise, dass der Krieg gegen den Terror schnell vorüber sein wird. Amerikanische Präsidenten und Generäle versprechen immer kurze Kriege. Auch der Vietnamkrieg hätte kurz sein sollen. Und nun hören wir dasselbe Versprechen wieder in Bezug auf den Irak. Der Kampf gegen den Terrorismus, so heißt es, mag kein Ende haben, doch jeder bewaffnete Einsatz – ob in Afghanistan, im Irak, in Syrien oder im Iran – wird im Nu wieder beendet sein. Im Gegensatz zum Vietnamkrieg, so lassen der Präsident und seine Berater uns immer wieder wissen, verfüge Amerika heute über den Willen und die militärische

Überlegenheit, um den Krieg schnell und effizient zu gewinnen. Als das Dritte Infanterieregiment im März 2003 eingeschifft wurde, um den Irak einzunehmen, stand auf dem Schild über dem Haupteingang ihrer Militärbasis zu Hause: »*Kick butt and hurry home!*« – »Tretet sie in den Hintern und dann ab nach Hause!«

Die Truppen werden herumgeschickt und im Rotationsverfahren ausgewechselt. Die Militärcamps wechseln den Ort, die Waffensysteme werden ausgebaut. All das geschieht gleichsam nebenher. Scheinbar unwichtige Aktivitäten an entlegenen Orten. Schließlich vergisst die Öffentlichkeit ganz, dass in mehr als hundert Militärcamps auf der ganzen Welt ständig mehrere Hunderttausend amerikanische Soldaten dauerhaft ihren Dienst tun. Hätte die Regierung von Nordkorea nicht vor kurzem ihrer nuklearen Ambitionen wegen Aufsehen erregt, wäre wohl nur sehr wenigen US-Bürgern klar gewesen, dass mehr als 30 000 Soldaten in Südkorea stationiert sind – und das seit mehr als fünfzig Jahren. (Und noch weniger wäre ihnen bewusst gewesen, dass die Südkoreaner die amerikanischen Truppen gern nach Hause verabschieden würden.) Ich nehme einmal an, dass auch nur sehr wenige Amerikaner wissen, dass unser Land immer noch 60 000 Soldaten in Deutschland und 20 000 Marine-Soldaten in Okinawa stationiert hat. Die amerikanische Öffentlichkeit hat nur eine sehr vage Vorstellung davon, dass ihr Land sich mittlerweile zur international am stärksten vertretenen Militärmacht seit den Tagen des britischen Empire entwickelt hat.

Seit dem Zweiten Weltkrieg hat sich die amerikanische Militärmacht zu einem feststehenden, nicht zu übersehenden Faktor der internationalen Beziehungen entwickelt. Kein ernst zu nehmender Kommentator geht davon aus, dass sich dies in naher Zukunft ändern wird. Doch die Rolle der amerikanischen Militärmacht hat sich verändert. Früher war sie in verschiedene strategische Allianzen eingebunden. Doch nun wird sie im Hinblick auf Waffentechnologie und strategische Stützpunkte mehr und mehr auf unilaterale Weise eingesetzt. Der Masterplan für das, was die CIA, die »worldwide attack matrix« nennt, den »weltweiten Angriffsplan«, sieht den Abzug von Truppen aus den nicht kooperationswilligen europäischen Ländern sowie den instabilen Ländern des Nahen Ostens vor. Stattdessen sollen neue »Operationsbasen« und »Zentrale Stützpunkte« gesucht werden, nach Möglichkeit dort, wo kleine und bedürftige Staaten sich aus finanziellen Gründen auf Langzeitvereinbarungen mit den USA einlassen müssen. Dazu gehören Staaten im Nahen Osten wie Katar, Bahrain und Kuwait sowie Usbekistan, Tadschikistan und Kirgisien in Zentralasien. Die vormaligen Sowjetrepubliken erweisen sich für solche Militärstützpunkte als besonders attraktiv. So betreut das US-Militär mittlerweile Trainingscamps in Georgien, einem Staat, den es auch militärisch ausrüstet. Diese »train and equip«-Operationen, wie der Fachausdruck dafür lautet, sollen Georgien in die Lage versetzen, den Kaukasus zu stabilisieren. Kleine und arme Länder wie Sierra Leone oder Dschibuti dienen sozusagen als »Rangierbahnhof« für die amerikanischen Truppen, da ihre strategische Lage dem Pentagon erlaubt, von dort aus schnell Truppen in Gefahrenzonen zu entsenden. Auch auf den Philippinen und in Australien sollen neue amerikanische Militärstützpunkte entstehen. In vielen Fällen ist dazu nur ein Minimum an Aufwand nötig. Mitunter genügt schon eine Landebahn mit Zugang zum Meer, von der aus Hochgeschwindigkeits-Katamarane innerhalb eines einzigen Tages Tausende von Soldaten über lange Strecken an ihren Einsatzort transportieren können.

Darüber hinaus gibt es neue Stützpunkte in Bulgarien, Polen und Rumänien, also im »neuen Europa«, wie Verteidigungsminister Donald Rumsfeld diese Staaten zu nennen beliebte. Diese Staaten sind nur allzu bereit, den nötigen Grund und Boden bereitzustellen und weiter keinen Ärger zu machen. In den allermeisten Fällen wird es dort nur wenige stationierte Truppen geben. Doch diese Stützpunkte sind jederzeit als Sammelplatz für Ausrüstung und Truppen verwendbar. Hinter der neuen Politik der strategischen Militärstützpunkte steht die erklärte Absicht, bei unvorhergesehenen terroristischen Angriffen zu schnellen Gegenschlägen bereit zu sein. Doch allein die Tatsache dieser unglaublichen militärischen Präsenz wird bei sämtlichen Verhandlungen auf internationaler Ebene eine immer größere Rolle spielen. Die Vereinigten Staaten entwickeln »Interessen« noch an der abgelegensten Ecke der Welt. Anfang 2004 häuften sich die Berichte, dass amerikanische Spezialeinheiten zunehmend Antiterror-Trainingscamps in den Staaten Nordafrikas abhalten, in Algerien, Mali, im Tschad, im Niger, in Mauretanien, Marokko und Tunesien, da diese Region, die im Wesentlichen aus der unfruchtbaren Sahelzone besteht, sich als Rekrutierungszentrum für Al Qaida erwiesen hat. Am anderen Ende des afrikanischen Kontinents wird Dschibuti, ein Staat, den die meisten Amerikaner nicht einmal auf der Landkarte finden würden, zur neuen Heimat einer 1600 Mann umfassenden Task Force, die das Horn von Afrika überwachen soll. Und dann ist da noch der beinahe unsichtbare »Antidrogen-Krieg«, den die Vereinigten Staaten weitgehend mit Hilfe privater Söldner in Kolumbien führen. Diese globale Expansion amerikanischer Militärmacht – durchweg im Zuge einer vorbeugenden Sicherheitspolitik (»Erst schießen, dann fragen!«) – geschah so schnell, dass die Experten des *Center for Strategic and International Studies* in Washington, die sich mit der globalen Sicherheitslage befassen, diese erst kürzlich als »eine Art militärischen Urknall« bezeichnet haben.

Ich persönlich muss bekennen, dass mich das, was die Vereinigten Staaten seit dem 11. September 2001 ins Werk gesetzt haben, zumindest erstaunt. Innerhalb weniger Jahre hat das amerikanische Militär im Namen der Selbstverteidigung gegen eine gewaltige, aber kaum fassbare Gefahr namens »Terrorismus« mit aberwitziger Geschwindigkeit ein gewaltiges und sündteures Netzwerk aus Bündnissen, Stützpunkten, Verträgen, Investitionen und Einrichtungen in aller Welt aufgebaut. Auf eine teuflische Art ist dies eine unglaubliche Leistung. Doch wenn der Terrorismus tatsächlich alle Nationen gleichermaßen bedroht, warum wird dieses Bemühen dann nicht von anderen Staaten mitgetragen, die doch ebenfalls ein starkes Interesse diesbezüglich haben müssten? Warum wird die Verantwortung nicht kollektiv auf alle Schultern verteilt? Und warum zielen diese Bemühungen nicht stärker darauf ab, die Wurzeln des Terrors zu beseitigen? Die Osama bin Ladens dieser Welt haben wohl kein Interesse daran, mit westlichen Staaten zu verhandeln, doch andere Persönlichkeiten der arabischen Welt, vor allem in der »Arab Street«, wie man die Länder am Persischen Golf mittlerweile zu nennen pflegt, sind der Kommunikation sicher nicht von vornherein abgeneigt. Ist es zu viel verlangt, dass man sie wenigstens nach den Gründen für ihre Feindseligkeit befragt? Natürlich sitzen in Washington zurzeit nicht wenige Leute, die das für verlorene Liebesmüh halten. Sie glauben, dass sie die beste Medizin gegen die Unzufriedenheiten der Welt längst in Händen halten. »Der Markt!«, beten sie uns vor. Oder »Die Demokratie!«. Mit beidem meinen sie den ungehinderten Zugang der Konzerne zu den Märkten der Welt. Was aber, wenn das Rezept in Wirklichkeit zu den Ursachen gehört? Woher nehmen sie die Sicherheit, dass ihre Ideologie das Allheilmittel für alle Probleme darstellt?

Waffen, Militärstützpunkte und Truppen sind Amerikas Exportschlager. Auf diese Weise sichert die Nation ihre Interessen, auch wenn dies auf politischer Ebene mit beträchtlichen Nebenwirkungen verbunden ist. Nach Beendigung des Zweiten Weltkriegs konnte man die Truppenstationierung im Ausland den eigenen Bürgern noch als großzügige und idealistische Geste verkaufen. Man reichte schutzbedürftigen Nationen eine helfende Hand. Doch zu Beginn des einundzwanzigsten Jahrhunderts hat sich einiges geändert. Das schöne Bild bekommt mit einem Mal hässliche Flecken. Verschwommen wird den Amerikanern allmählich bewusst, dass der Krieg gegen den Terrorismus nicht allerorten auf die Begeisterung stößt, die sie erwartet haben. Stattdessen schlägt ihnen aus aller Welt Kritik, mitunter sogar offene Feindseligkeit entgegen. Häufig benehmen die anderen Völker sich gar so, als hätten sie mehr von den Vereinigten Staaten zu befürchten als von den so genannten »Feinden«. Diese Kritik verblüfft und verärgert das amerikanische »Volk«, das ernsthaft glaubt, es bringe große Opfer für das Wohl anderer. Warum also sind wir Amerikaner nicht länger die beliebteste und am meisten bewunderte Nation auf Erden?

Je länger der Irakkrieg sich hinzieht, umso mehr Interviews mit den Familien gefallener Soldaten sind im amerikanischen Fernsehen zu sehen. Wie Kinder, die ihren auswendig gelernten Katechismus herunterbeten, wiederholen die Interviewten mit Tränen in den Augen, dass ihre Angehörigen starben, um das irakische Volk zu befreien – was sie noch vor wenigen Jahren niemals akzeptiert hätten. Die Worte klingen hohl im vergeblichen Bemühen, ein wenig Trost zu finden. Welchen Zorn müssen diese Menschen verspüren, wenn sie in derselben Nachrichtensendung das irakische Volk auf den Straßen sehen, Parolen rufend, mit denen es die Amerikaner auffordert, doch endlich zu verschwinden.

Angesichts solcher Undankbarkeit schaltet die amerikanische Öffentlichkeit auf stur. Denn unter der schönen Oberfläche verbergen sich in Amerika häufig starke xenophobe Instinkte, die jederzeit überkochen können. Die Studenten in meinen Kursen zur jüngeren Geschichte amüsieren sich meist königlich, wenn ich ihnen erzähle, dass zu der Zeit, als wir die »Hunnen«, also Deutschland, bekämpften, alles, was irgendwie deutsch war, umbenannt wurde. Auf Befehl von Präsident Woodrow Wilson wurden Frankfurter zum »Freiheitswürstchen« und Sauerkraut zum »Freiheitskohl«. Ich frage mich, ob meine Studenten die Vorgänge während des Irakkrieges ebenso lachhaft fanden. Dieses Mal war es Frankreich, welches der Sprachregulierung patriotischer Politiker und Medienbarone zum Opfer fiel. So wurde vorgeschlagen, die »French Fries« in »Freiheitsfritten« und den »French Toast« in »Freiheitstoast« umzutaufen. Andere riefen nach einem Boykott französischer Waren. Einige ultrapatriotische Aktivisten ließen sich dabei filmen, wie sie ganze Flaschen Dom Perignon in die Toilette gossen. Bei einem vom Weißen Haus veranstalteten Picknick wurden Hotdogs gereicht, jedoch ohne Dijon-Senf, der sogar verboten war, wenn er von einer einheimischen Firma hergestellt wurde. Die Fernsehwerbung für eine Fastfood-Kette, die keine »French Fries« mehr servierte, zählte einige militärische Niederlagen Frankreichs auf: Waterloo, den Französisch-Preußischen Krieg von 1870/71, den Zweiten Weltkrieg, Vietnam, um dann zu verkünden: »Wir servieren nichts, was Verlierer essen!«

Was hatte Frankreich bloß angestellt, um sich im Jahr 2003 solch herben Strafaktionen ausgesetzt zu sehen? Nun, das Land hatte sein Recht auf eine eigene Außenpolitik geltend gemacht. Es hatte die Bemühungen der Regierung Bush sabotiert, für den Irakkrieg ein Mandat der Vereinten Nationen zu erhalten. Die Franzosen ließen sich nicht überzeugen, dass der Irak eine Gefahr für andere Länder sei. In den Augen durchaus hochrangiger Politiker wie des amerikanischen Außenministers reichte dieser unverschämte Akt nationaler Unabhängigkeit schon aus, um gegen den ältesten Bündnispartner der Vereinigten Staaten mit Hohn und chauvinistischer Propaganda zu Felde zu ziehen. Natürlich wurde der Irakkrieg nicht von der französischen Regierung allein abgelehnt. Diese machte sich nur ganz explizit zum Sprachrohr ihrer Bürger. Ist das Eintreten für den Willen des eigenen Volkes etwa keine zulässige Interpretation des demokratischen Regierungsauftrags? Hätten die Staatsmänner, welche die Vereinigten Staaten im Irakkrieg symbolisch unterstützten, auf den Willen ihres Volkes gehört (das zu Hunderttausenden auf die Straße ging), wären die USA am Ende sicher allein dagestanden. Nicht einmal jene wenigen Staaten, die George W. Bushs Krieg zögerlich mittrugen, wären dann auf Seiten Washingtons gewesen. Ja, nicht einmal die britische und die spanische Regierung hätten diesen Krieg mittragen können, da der Widerstand in der Bevölkerung so massiv war, dass er im Fall Tony Blairs für eine Regierungskrise gesorgt und im Falle Aznars dessen Partei die Wahl gekostet hat.

Natürlich hätte auch dies auf die Ereignisse keinen Einfluss gehabt. Die Regierung Bush fuhr im Falle des Irakkriegs einen so scharf unilateralistischen Kurs wie in allen anderen Bereichen der Außenpolitik. Es interessierte sie nicht im Geringsten, ob die internationale Gemeinschaft ihr Vorhaben billigte. George W. Bush formulierte seine Politik ganz offen: »Jedes Land dieser Erde wird seine Wahl treffen müssen. Entweder es steht auf unserer Seite oder es steht auf Seite der Terroristen.« Als er einige Tage nach dem 11. September in der National Cathedral in Washington sprach, erklärte der amerikanische Präsident Amerikas neue Ziele, die mythische Ausmaße angenommen hatten. Es ging um nicht weniger als um »die Befreiung der Welt vom Bösen«. Der einzige Grund, weshalb George W. Bush sich überhaupt die Mühe machte, die Zustimmung der Vereinten Nationen einzuholen, war das unverminderte Drängen Tony Blairs, der zu Hause massiven Druck aus seiner Partei erhielt, den amerikanischen Präventivkrieg nicht zu unterstützen. Irgendwann muss es Bushs Beratern aufgegangen sein, dass es ganz nützlich sein könnte, vor die Vereinten Nationen zu ziehen. Und zwar nicht, weil sie tatsächlich die Zustimmung der internationalen Staatengemeinschaft einholen wollten. Doch die Konfrontation im Sicherheitsrat verschaffte ihnen die einzigartige Chance, die anderen Nationen vor vollendete Tatsachen zu stellen und so ihre Macht zu demonstrieren.

Nicht nur Saddam Hussein erhielt so eine »letzte Chance«, zu tun, was Washington wollte. Dasselbe galt für den Rest der Welt.

Die wohlwollende Weltherrschaft: ob es euch gefällt oder nicht

Oberflächlich betrachtet mag diese diplomatische Rüpelhaftigkeit wie die Zurschaustellung verletzter Gefühle gewirkt haben. Doch die Haltung, mit der man den Vereinten Nationen gegenübertrat, war in Wirklichkeit kühl kalkuliert. In Washington sind mittlerweile neue Kräfte am Werk, Politstrategen, die jede Gelegenheit nutzen, ihre Nase in die Angelegenheiten des Weltsicherheitsrats zu stecken. Den Falken aus dem Pentagon bot die unnachgiebige Haltung der Vereinten Nationen eine willkommene Gelegenheit zum Showdown mit einer Institution, die ihnen zutiefst zuwider ist. Endlich konnten sie zwei Fliegen mit einer Klappe schlagen. Der Krieg gegen Saddam Hussein würde George W. Bush nicht nur die Chance bieten, auf der weltpolitischen Bühne den Lone Ranger zu geben. Er würde ihm auch noch einen Grund liefern, die Ansprüche der Vereinten Nationen, die Amerikas klarem Ziel, die eigene Macht über den ganzen Planeten auszudehnen, noch im Weg standen, ob deren Schwäche und Inkompetenz in Frage zu stellen. Ein Jahr später allerdings traten die USA wieder vor die UN. Dieses Mal wollten sie Geld für die Besatzung des Irak. Damit vergab Washington sich letztlich nichts. Würden die Gelder bewilligt, so wäre dies als Eingeständnis zu werten, dass die Invasion des Irak gerechtfertigt war. Würden sie hingegen verweigert, so zeigte dies nur, wie verbohrt und letztlich wertlos die Vereinten Nationen waren.

Dies war der tiefere Sinn des Irakkriegs. Der Weg nach Bagdad war gleichzeitig der Weg zur amerikanischen Vorherrschaft in der Welt. Schon 1996 diskutierten Angehörige des rechten Flügels darüber, wie man der Welt »eine wohlwollende Hegemonie Amerikas« schmackhaft machen könne. Der Ausdruck stammt von Robert Kagan und William Kristol. Sie verwenden ihn in einem Artikel für *Foreign Affairs*. Der Irak bot einfach nur die richtige Gelegenheit. Indem die Vereinten Nationen sich dem Willen der Bush-Regierung widersetzten, führten sie lediglich den Augenblick herbei, in dem Washington sich ausreichend legitimiert fühlte, sie als unbedeutend abzuqualifizieren – zusammen mit der NATO und der Europäischen Gemeinschaft. Die neue amerikanische Ära war angebrochen. Je früher die Welt dies begriff, desto besser.

Nichtsdestotrotz hielt der Großteil der Welt dem ungewohnten diplomatischen Gedrängel von Bush und Konsorten stand, ohne deshalb Saddam Hussein wohlwollend gegenüberzustehen. Die öffentliche Meinung verurteilte den irakischen Diktator so einstimmig, dass man sich unwillkürlich fragte, wie eine so hassenswerte Persönlichkeit überhaupt an die Macht gelangen konnte. Denn tatsächlich war Saddam ein Geschöpf von westlichen Gnaden. Er war von eben jenen Staaten, einschließlich der USA, an die Macht gehievt und gestützt worden, die ihm später sein abstoßendes moralisches Handeln vorwarfen. Es gibt Fotos von Saddam, die zeigen, wie er von Ronald Reagan im Weißen Haus wärmstens willkommen geheißen wird. Nicht zuletzt Donald Rumsfeld warb um seine Unterstützung. Damals war Saddam Amerikas treuer Anhänger im Nahen Osten. Doch natürlich legte die Bush-Regierung auf das Bekanntwerden dieser Informationen keinen gesteigerten Wert, während sie den Krieg vorbereitete. Jede Pressekonferenz, jede offizielle Verlautbarung war getragen von einem nahezu berauschenden Gefühl. »Es allein durchzuziehen« kann einem zu Kopf steigen. Das ist wie der Moment, in dem man begreift, dass man erwachsen ist und endlich selbst bestimmt.

Während der nächsten paar Jahre werden die Triumphalisten ihre wahren Absichten weiterhin hinter diversen Geschichten verstecken, die sie erzählen, um der Welt ihr befremdliches Handeln schmackhaft zu machen. Die Bush-Regierung ist ein schlagendes Beispiel dafür, dass politische Führer sich offenkundig ungestraft selbst widersprechen dürfen. Weshalb zog George W. Bush gleich wieder in den Krieg gegen den Irak? Angeblich wollte er Saddam Husseins Massenvernichtungswaffen zerstören. Als später keine solchen auftauchten, erfand man andere Gründe. Um einen bösen Menschen zu entthronen … oder besser noch: um dem Nahen Osten die Demokratie zu bringen. Im Marketing nennt man diese Strategie »bait and switch«, wörtlich »ködern und umleiten«. Man macht Werbung für ein bestimmtes Produkt, doch wenn der Kunde dann am Haken hängt, verkauft man ihm etwas wesentlich Teureres. Hätte George W. Bush während des Wahlkampfes im Jahr 2000 dem Land enthüllt, dass man in den Krieg ziehen werde, um dem Irak die Demokratie zu bringen, hätte er nicht eine Stimme erhalten. Schließlich waren die Amerikaner dem Irak nichts schuldig. Wie dem auch sei, ich für meinen Teil vermute ohnehin, dass die Strippenzieher hinter Washingtons verschlossenen Türen sich nicht viel um die demokratische Zukunft des Irak scheren. Jedes Regime, das Amerikas Investoren einen offenen Markt garantiert, geht in ihren Augen als »demokratisch« durch. Darüber hinaus würde sich der Irak bei freien Wahlen aufgrund der schiitischen Mehrheit dort vermutlich schnell in eine Republik nach islamischem Muster wie der Nachbarstaat Iran verwandeln. Und die Kurden im Norden würden mit Sicherheit einen eigenen Staat fordern. Also müssen die Kriegsherrn zur Vernebelungstaktik greifen. Sie lassen verlautbaren, dass Amerika kein Interesse daran habe, zur Besatzungsmacht zu werden, doch de facto bleiben die Truppen in jedem von den USA besiegten Land auf unbestimmte Zeit stationiert. Im August 2003 bezeichnete Bushs Nationale Sicherheitsberaterin Condoleezza Rice die Rolle der Vereinigten Staaten im Nahen Osten als »moralische Mission«, welche eine Kontrolle über Generationen hinaus erfordern würde.

Washington hat versprochen, Afghanistan dem afghanischen Volk zurückzugeben und den Irak den Irakern, aber es wird in keinem Fall eine Regierung zulassen, die sich ihrem Zugriff entzieht. Es heißt, man strebe freie Wahlen im Irak an, doch zunächst wird Washington jene Parteien aussieben, die sich dort zur Wahl stellen dürfen, und schließlich ein wachsames Auge auf den Sieger haben. Ist das nicht dieselbe Doppelmoral, die wir einst an der Sowjetunion verurteilt haben, als diese versuchte, ihrer Vorherrschaft in Osteuropa ein demokratisches Mäntelchen umzuhängen? Das Lügengespinst erwies sich schon im Fall der Sowjetunion als gar zu fadenscheinig – ebenso wie die Unwahrheiten Washingtons. Die Triumphalisten mögen sich heiser schreien in dem Bemühen, die real existierende Kolonialpolitik der USA zu leugnen, doch letztlich gibt es nur ein Wort, das zutreffend beschreibt, was geschieht, wenn eine Siegernation die Oberhoheit über Menschen, Rohstoffe und Regierung des besiegten Landes übernimmt: Das Land wird kolonialisiert.

Wie immer in der Geschichte der Kolonialmächte kommen nicht alle Bevölkerungsschichten gleichermaßen in den Genuss der Vorteile, die die Ausweitung des Herrschaftsbereichs mit sich bringt. Die amerikanische Öffentlichkeit ist sich noch nicht im Klaren darüber, wie teuer sie diese militärisch gesteuerte Hegemonialpolitik kommt und wie viel Macht sich in den Händen der Konzern- und Militärführer anhäuft. Im Augenblick werden die Fahnen geschwenkt und beschwörende patriotische Reden gehalten, in denen es hauptsächlich darum geht, wie viel Gutes die USA doch den Menschen in weit entfernten Ländern tun. Ungeachtet aller Kritik lautet die offizielle Parole immer noch, dass die Menschen in aller Herren Länder die amerikanische Vormachtstellung begrüßen und dass die Anwesenheit der Vereinigten Staaten in den eroberten Ländern nur vorübergehend sei. Wenn es mal nicht so gut klappt mit der *Pax americana*, dann herrscht da eben noch etwas »Unordnung«, die aufgeräumt werden muss, wie Verteidigungsminister Donald Rumsfeld sich ausdrückte, als klar wurde, dass der Irak sich immer mehr in ein Minenfeld verwandelte.

Diese Scharade lässt sich auf Dauer nicht aufrechterhalten. Wer könnte noch übersehen, dass sich in jedem von den USA übernommenen Land eine starke Opposition formiert? Und dass diese Opposition von den Militär- und Polizeikräften der den Vereinigten Staaten verpflichteten Regierung unterdrückt werden muss. Es wird künftig eine ganze Menge »Unordnung« geben. Doch bis dahin kann das imperiale Säbelschwingen so sehr zur gängigen politischen Praxis der Vereinigten Staaten geworden sein, dass es mehr als nur einen schlecht koordinierten öffentlichen Widerstand braucht, um diesem globalen Eroberungsfeldzug noch etwas entgegenzusetzen.

Geld, Gehirn und Muskeln

Drei soziale Strömungen sind es, welche Amerika in Richtung globale Hegemonie drängen: *Geld, Gehirn* und in der Rolle der Muskeln ein fest umrissenes *Wählerpotenzial.* Sie sind verantwortlich für die konservative Erneuerung, die mit der Präsidentschaft von Ronald Reagan begann.

Das Geld stammt von einer neuen Raubtierklasse von Konzernführern, welche heute die Kontrolle über die amerikanische Wirtschaft ausüben. Dass Geld und Klassenprivilegien in der Gesellschaftspolitik eine bedeutende Rolle spielen, überrascht kaum. Doch die Rücksichtslosigkeit und die grenzenlose Gier, welche die *Corporados*, wie wir sie nennen, treibt, kennt in der Geschichte der Moderne kein Pendant.

Das Gehirn liefert eine neue Generation stark militarisierter Ideologen vom rechten Rand des politischen Spektrums, die mittlerweile die Think Tanks des Landes dominieren und in den Medien, Universitäten sowie im politischen Journalismus erheblichen Einfluss besitzen. Diese Leute bezeichnen wir als *Triumphalisten.* Auf den ersten Blick scheint dieser Begriff zwar eher mit der Außenpolitik verknüpft zu sein, doch wir werden sehen, dass die ultrakonservativen Elemente, die fest entschlossen sind, andere Nationen zu beherrschen, ebenso besessen versuchen, sich der liberalen Opposition im eigenen

Land zu entledigen. Sie streben nach dem vollkommenen Triumph: der durch Wahlen garantierten Macht zu Hause und der militärischen Vorherrschaft im Ausland.

Und schließlich haben wir es mit den *Fundamentalisten* zu tun, der zuverlässigen Muskelmasse in Form von Wählerpotenzial, welches den Triumphalisten zur Macht verholfen hat. Die enorme Rolle, welche fundamentalistisch-evangelikale religiöse Gruppen in der amerikanischen Gesellschaft mittlerweile spielen, ist wohl einer der merkwürdigsten Züge des neuen Hyperkonservativismus. Die bestorganisierte und politisch aktivste Gruppe sind die dispensationalen Christen, deren Blick nicht etwa auf die nächste Wahl, sondern gleich auf die Apokalypse gerichtet ist, die ihrer Auffassung nach jeden Moment auf uns niedergehen kann. Wenn sie ihr Kreuzchen machen, dann stimmen sie für die Wiederkunft Christi auf Erden, welche gute, gläubige Christen wie George W. Bush beschleunigen sollen. Es mag ein wenig bizarr erscheinen, doch missionswütige Christen dieses Schlages sind die am meisten Besorgnis erregende und am wenigsten berechenbare Kraft in der amerikanischen Politik.

Jede dieser Gruppierungen verfolgt ihre höchsteigenen Ziele. Trotzdem haben sie bislang reibungslos Hand in Hand gearbeitet und eine Politik gestärkt, die darauf abzielt, die Rolle der Regierung, die Verteilung des nationalen Wohlstands, die globale Wirtschaft und die Demokratie als solche in ihrem Sinne neu zu definieren.

2 Die Corporados

»In den Reden und Vergleichen der konservativen Politiker, Banker und Journalisten erklang das Lob des Marktes, der Wahlen angeblich überflüssig mache. Die Konzerne, so hieß es, seien die wahren Garanten der Demokratie. Dieser Chor schwoll in den 1990er Jahren an wie die Klänge in Händels *Messias*. Markt und Mensch sind eins. Halleluja! Kaufen, Verkaufen und Konsumieren ist Ausdruck echter Demokratie. Halleluja! Der Wille des Volkes zeigt sich im Gesetz von Angebot und Nachfrage. Halleluja! Die Ökonomie des freien Marktes urteilt im Namen des Volkes. Halleluja! Kritik am Urteil des Marktes ist elitär. Halleluja! So mögen Menschen und Nationen frohlocken. Halleluja, Halleluja!«

Kevin Phillips,
ehemaliger Berater von Richard Nixon,
Wealth and Democracy, 2002

Die Gier GmbH & Co. KG

»Amerika setzt den Vereinten Nationen ein Ultimatum.«
»Amerika gibt Saddam eine letzte Chance.« »Amerika beginnt mit dem Wiederaufbau im Irak.«

Ich finde es höchst bemerkenswert, wie sogar kritische Menschen von Schlagzeilen wie diesen in die Irre geführt werden.
Ob es nun um Debatten im Kongress, um die US-Medienland-
schaft oder um die Auslandspresse geht, immer und überall
wird das Wort »Amerika« gebraucht, als beschreibe es etwas
ganz Selbstverständliches und Eindeutiges. Aber was ist mit
»Amerika« eigentlich gemeint? *Welches* »Amerika«? *Wessen*
»Amerika«? Wir sollten uns also ein wenig begriffliche Klar-
heit angedeihen lassen.

Wenn es um Entscheidungen auf höchster Ebene geht, ist
mit »Amerika« keineswegs eine breite Öffentlichkeit gemeint,
die da angeblich mit einer Stimme spricht. In dieser Form verwendet, bezieht sich »Amerika« allein auf diejenigen, welche
die Regierungsmacht ausüben und diese Macht ihren eigenen
Zwecken dienstbar machen können – ein Sprachgebrauch, wie
er auch in anderen Ländern üblich ist, die sich durchaus als
Demokratien betrachten. *Dieses* Amerika, das triumphalistische Amerika, um das es in diesem Buch geht, spricht ganz sicher nicht für mich. Und dies gilt auch für Millionen anderer
Amerikaner. In vielen Fragen sind die Vereinigten Staaten zutiefst gespalten, häufig weit mehr, als die politischen Führer

des Landes zugeben wollen. Ganz sicher ist dies in der Nahost-Frage der Fall.

2003 trug die Bush-Regierung den Sieg davon, als es um den Irakkrieg ging. Sie gewann die öffentliche Meinung für einen Krieg, den sie ohnehin längst hatte führen wollen. Die Triumphalisten griffen den Irak an, nicht weil er eine tatsächliche Bedrohung für die amerikanische Sicherheit gewesen wäre, sondern weil das Gegenteil der Fall war. Nach dem Golfkrieg war der Irak eine ausgeblutete Nation, ein Drittweltland, das schlecht regiert wurde und immer tiefer in Armut versank. Das Land war reif für eine feindliche Übernahme. Heute wissen wir, dass die Triumphalisten schon von dem Moment an, in dem Bush an die Macht kam, fest entschlossen waren, in Bagdad einzumarschieren. Wieso wir uns dessen so sicher sein können? Weil uns Zeugnisse aus gut unterrichteten Kreisen vorliegen, von Augenzeugen, die an Sitzungen teilgenommen haben, bei denen diesbezüglich Beschlüsse gefasst wurden. Anfang 2004 enthüllte einer der Insider der Bush-Regierung, der frühere Finanzminister Paul O'Neill, ehemaliger Vorstandschef der Alcoa Aluminium und ein Republikaner ohne Fehl und Tadel, dass der Nationale Sicherheitsrat (dessen Mitglied O'Neill war) vom ersten Treffen an dem Regimewechsel im Irak höchste Priorität eingeräumt hatte. In Interviews mit dem Journalisten Ron Suskind (für dessen im Januar 2004 erschienenes Buch *The Price of Loyalty*) hatte O'Neill betont, die Besessenheit, die Bush und seine Berater dem Thema »Invasion im Irak« entgegengebracht hätten, hätte ihn damals schon verwundert. Die Notwendigkeit eines solchen Militärschlags stand nie zur Debatte. Das einzige Problem schien für diese Regierung darin zu bestehen, wie man das Land nach dem

Einmarsch ordnen solle. Neun Monate später bot der Angriff vom 11. September endlich die Möglichkeit, den lang gehegten Plan in die Tat umzusetzen, auch wenn die Triumphalisten sich zunächst vor die Notwendigkeit gestellt sahen, einen kleineren, man könnte sagen »Auftakt-Krieg« gegen die Taliban in Afghanistan zu führen.

Darüber hinaus liegen noch weitere erhellende Insiderinformationen vor, zum Beispiel von George W. Bushs »Nationalem Koordinator für Antiterrorismus-Fragen« Richard Clarke. In seinen 2004 erschienenen Memoiren *Against All Enemies – Der Insiderbericht über Amerikas Krieg gegen den Terror* schildert Clarke, ein altgedienter Republikaner, der neben drei republikanischen Präsidenten auch Bill Clinton diente, dass über Monate hinweg am Anfang jeder Besprechung zum Thema »Al Qaida« eine Diskussion über einen möglichen Präventivkrieg gegen den Irak stand. Die Triumphalisten innerhalb der Regierung reagierten nach dem 11. September 2001 geradezu reflexartig, indem sie das Attentat dem Irak zuschrieben und auf dieser Basis einen zweiten Golfkrieg planten. Clarke zufolge sprach sich Verteidigungsminister Rumsfeld bereits am Tag nach dem Attentat dafür aus, den Irak zu bombardieren. Nun kann man Clarke auch nicht gerade zu den »Tauben« rechnen. Er war es, der Präsident Clinton einst geraten hatte, Überraschungsangriffe gegen einzelne Al-Qaida-Lager sowie gegen Bagdad zu führen und diese zu bombardieren. Als Clarke jedoch darauf bestand, dass sich der amerikanische Gegenschlag nach dem 11. September 2001 am besten gegen Al-Qaida-Lager in Afghanistan richten sollte, gab Rumsfeld ihm zur Antwort, dass es »in Afghanistan keine guten Ziele gäbe, im Irak aber schon«.

George W. Bush selbst bestätigte die Irak-Besessenheit seiner engsten Berater. In Interviews mit Bob Woodward für dessen 2002 erschienenes Buch *Bush at War – Amerika im Krieg*, berichtete der Präsident, er habe jene zurückhalten müssen, die unverzüglich in den Irak einmarschieren wollten. Was bedeutet, dass das Thema mit Sicherheit diskutiert worden ist. Tatsächlich mag es eine Zeit gegeben haben, etwa die letzten vier Wochen des Jahres 2001, in der George W. Bush als die am wenigsten kriegslüsterne Figur im Weißen Haus erschien. Schließlich verfügte der Präsident über wenig internationale Erfahrung und hatte in seiner Wahlkampagne immer wieder versprochen, dass endlich Schluss sein würde mit der Doktrin des »nation building«. Doch damals fand er sich umgeben von einem Stab von Triumphalisten, die den Irak als Tor zur Beherrschung des Nahen Ostens betrachteten, als Fundament des amerikanischen Imperiums. Bei dieser Auseinandersetzung saßen die Falken am längeren Hebel. Sie bewogen Bush dazu, die Bühne für Militäroperationen in weit größerem Maßstab freizugeben und selbst die Rolle des »Kriegspräsidenten« zu übernehmen.

In den Monaten nach dem 11. September schafften es die Strategen des Weißen Hauses, Millionen von Amerikanern davon zu überzeugen, dass der Irak eine ernsthafte Bedrohung für die nationale Sicherheit darstelle. Die Medien nahmen Bush beim Wort und brachten zahlreiche Storys über Saddam Husseins unglaubliches Arsenal chemischer und biologischer Waffen. Dank Premierminister Tony Blair, der Großbritannien erfolgreich zum Juniorpartner des Unternehmens »Imperium Amerika« machte, erfuhren wir von den Raketen, die angeblich innerhalb von vierundzwanzig Stunden scharf gemacht und auf jedes beliebige Ziel der Erde gerichtet werden konnten. Die Waffeninspektoren der Vereinten Nationen (von den Medien nur als naive, ungeschickte Ausländer dargestellt) erklärten zwar, dass diese Behauptungen unbewiesen und möglicherweise auch völlig unbegründet seien, doch die Wortführer der Bush-Regierung beharrten auf ihrer Aussage, dass der Irak kurz davor sei, die Atombombe zu bauen. Monatelang hallte der Begriff »Massenvernichtungswaffen« in der öffentlichen Meinung wider wie hypnotischer Trommelschlag. Wer sich davon noch nicht überzeugen ließ, wurde irgendwann von den von der Regierung allseits ausgestreuten Gerüchten weich geklopft, denen zufolge Saddam Hussein höchstpersönlich das Attentat auf das World Trade Center in New York vom 11. September 2001 angeordnet habe und zusammen mit Al Qaida noch weitere Anschläge plane. Wieder andere waren für den Einmarsch im Irak, weil sie sich um die Zukunft Israels sorgten, ein immer wiederkehrendes Thema in der amerikanischen Politik. Und schließlich waren da noch jene Millionen Amerikaner – vielleicht die größte Gruppe der Kriegsbefürworter –, die sich in ihrer Verunsicherung reflexartig hinter ihre Regierung stellten, wie dies bei nationalen Katastrophen in allen Ländern der Welt geschieht.

Aus dieser schwammigen Masse knetete die Bush-Regierung eine überwältigende Mehrheit, die sich massiv für einen Krieg gegen den Irak aussprach. Man behauptete, unwiderlegbare Beweise zu haben, dass die Vereinigten Staaten bedroht seien. Ein fantastisches Sammelsurium aus Spekulation, Lüge und Übertreibung wurde weißgewaschen durch die Autorität des Präsidentenamtes und der versammelten Regierungsmannschaft. Und dann schickte man die brav bei Fuß gehende

Meute der Fernseh-, Radio- und Pressejournalisten durch die Sümpfe der Meinungsfabrikation, zu welchem Zweck man ihnen allerlei Statements und angebliche Informationen vorsetzte. Gleichzeitig diskreditierte die Regierung Protest im eigenen Land beziehungsweise im Ausland, indem man die Loyalität und Denkfähigkeit der Protestierenden in Zweifel zog.

Auf diese Weise also fällte »Amerika« seine Entscheidung, in den Krieg gegen den Irak zu ziehen. Wir haben es hier mit der wohl selbstherrlichsten und fatalsten Täuschung der amerikanischen Öffentlichkeit zu tun, seit Präsident William McKinley und die Zeitungsherausgeber Joseph Pulitzer und William Randolph Hearst Amerika mit einer bis dahin beispiellosen Pressekampagne in den Spanisch-Amerikanischen Krieg von 1898 trieben.

Natürlich lieben Politiker, Präsidenten und Kongressabgeordnete es, im »Namen des Volkes« zu sprechen. Sie sind der unumstößlichen Meinung, dass freie und gerechte Wahlen ihrem Amt die dementsprechende Legitimation verleihen. Doch trotz der populären Fassade, welche die Politiker in Washington so gern nach außen kehren, ist Politik in Amerika ein System, das schon längst nicht mehr funktioniert. Wenn wir die klassische Definition der Demokratie anwenden, bei der dieses Regierungssystem als »Herrschaft auf der Grundlage des Einverständnisses der informierten Regierten« gilt, dann kann man das politische System Amerikas kaum noch als Demokratie bezeichnen. Natürlich müssen die getroffenen Entscheidungen immer noch so dargestellt werden, als gingen sie vom Volke aus. Doch weiß denn »das Volk« – in ausreichender Prozentzahl – überhaupt noch, was sein Wille ist? Sind überhaupt genügend Menschen in Amerika noch in der Lage, zwischen

Fakten und Fiktion zu unterscheiden? Aus Gründen, die ich später noch ausführen werde, haben wir Grund zu der Befürchtung, dass die Vereinigten Staaten sich in einem gleitenden Übergang zu einer post-demokratischen Ära befinden, in der das Einverständnis der Beherrschten ge- und verkauft, produziert und manipuliert werden kann. Alles, was von der Demokratie noch übrig bleibt, ist die pompöse Kulisse symbolträchtiger Gesten.

Mit den Tricks, die angewandt werden, um das Wählervolk auf Konsens einzuschwören, ließen sich ganze Bücher füllen. Doch so vielfältig die eingesetzten Manipulationstechniken auch sein mögen, letztlich steht dahinter immer nur das eine, nämlich Geld. Und in der Kunst der Machtausübung durch finanzielle Mittel sind die Corporados wahre Meister. Die Führer der großen Konzerne nehmen in der amerikanischen Gesellschaft eine Stellung ein, die der des Feudaladels im Mittelalter nicht unähnlich ist. Auf sie zielte der Slogan der Antikriegs-Bewegung vor dem Irakkrieg ab: »Kein Blut für Öl!« Wir, die Protestierenden, waren der Ansicht, dass nur eine kleine Gruppe finanzieller Profiteure diesen Krieg wollte und dass diese Gruppe das Weiße Haus und den Kongress mehr oder weniger gekauft hatte. Die politischen und militärischen Führer der USA wurden nicht müde zu behaupten, dass Öl mit diesem Krieg nicht das Geringste zu tun habe, aber natürlich war auch dies nichts weiter als ein reichlich durchsichtiges Täuschungsmanöver. Welches Interesse hätten die Vereinigten Staaten am Irak, wenn dessen Ressourcen aus Feigen und Granatäpfeln bestünden und nicht aus Ölfeldern? Wenn die Antikriegs-Bewegung hier falsch lag, dann nur deshalb, weil Öl keineswegs der einzige heimliche Kriegsgrund war. Wie wir während der Besatzungszeit nach und nach erfuhren, gibt es in dem besiegten Land eine ganze Menge zu holen. Es tun sich Geschäftsfelder auf, die noch mehr Profit abzuwerfen scheinen als das Ölgeschäft. Es mag Jahre dauern, bis die irakischen Ölquellen wieder fließen, doch in der Zeit davor werden amerikanische Firmen sich am Wiederaufbau des vom Krieg zerstörten Landes eine goldene Nase verdienen. Und da sie sozusagen in der ersten Reihe sitzen, können sie sich auch andere, eventuell vorhandene Werte und Rohstoffe billig aneignen, sodass der Irak vermutlich bald zum 51. Bundesstaat der USA wird.

Die Macht der Konzerne ist mittlerweile so gewaltig, dass Politiker nur noch als Requisiten dienen. Das soll nicht bedeuten, dass die öffentliche Meinung und die Wahlen in der amerikanischen Politik keine Rolle mehr spielen. Doch diese Rolle ist so sehr vom Druck des Geldes abhängig, dass eine wirklich demokratische Kontrollfunktion nicht mehr ausgeübt werden kann. In puncto Machtausübung steht der Begriff »Amerika« vor allem für eines: für den Willen derer, die am meisten für die Wahlkampagnen einzelner Politiker spenden und die genügend finanzielle Ressourcen besitzen, um Vollzeit-Lobbyisten nach Washington zu schicken.

Die Übermacht des Geldes bestimmt heute die amerikanische Politik, so wie es in den frühen Tagen des Staates der Großgrundbesitz tat. Seit der Zeit der großen Industriekapitäne des neunzehnten Jahrhunderts beherrschen die Corporados den Kongress und den Präsidenten. Von diesem Faktum gab es in der Geschichte nur zwei Abweichungen. Während der so genannten »Progressive Era« von 1890 bis 1920 gelang es unter der Präsidentschaft von Theodore Roosevelt und Woodrow

Wilson, den Gegnern der großen Trusts, die schlimmsten Exzesse der großen Industriekonglomerate zumindest zeitweise einzudämmen. Zu jener Zeit war die Macht der Trusts so gewaltig, dass dies sogar dem ungebildetsten amerikanischen Wähler klar wurde. Das Laissez-faire-Prinzip jener Tage war den Konzernen zu Kopf gestiegen, sodass sie alle Vorsicht fahren ließen. Sie beuteten Millionen von Farmern aus, weil sie die Eisenbahnlinien kontrollierten. Wegen der hohen Schutzzölle auf verarbeitete Produkte konnten amerikanische Firmen den Verbrauchern nahezu beliebig hohe Preise für ihre Waren abverlangen. Streiks wurden mit Hilfe von Staats- und Militärmacht gebrochen. Anbieter von verdorbenem Fleisch und giftigen Arzneimitteln wurden nicht zur Rechenschaft gezogen. So verabschiedete man während der »Progressive Era« zahlreiche Gesetze, die solchen Wildwuchs eindämmten. Etwa dreißig Jahre später stellte Franklin D. Roosevelt, selbst Spross einer reichen Familie, die Führer der großen Trusts an den Pranger, indem er sie als »privilegierte Prinzen« und »Wirtschafts-Royalisten« bezeichnete. Auch die Vertreter des New Deal zogen gegen die Industriekapitäne in den Kampf, weil sie sie für die Große Depression während der Weltwirtschaftskrise verantwortlich machten.

Nur während dieser beiden Abschnitte in der amerikanischen Geschichte wurde die Macht des Geldes wirksam begrenzt. Die Industriebarone beschimpften Franklin D. Roosevelt als »Verräter seiner Klasse«, weil er sie zwang, hohe Steuern zu zahlen. Er unterwarf sie einer starken Regulierung und setzte sich dafür ein, dass mit Hilfe sozialpolitischer Maßnahmen der Reichtum gerechter verteilt wurde. Zu jener Zeit wurde eine bedeutsame Grenze überschritten, die heute noch heftig diskutiert wird. Vor dem New Deal dienten Steuern in erster Linie dazu, die Kosten von Verwaltung und militärischer Verteidigung zu decken. Während der dreißiger Jahre hingegen wurde die Besteuerung mehr und mehr zum Instrument, um Reichtum von den wohlhabenden zu den weniger wohlhabenden Bevölkerungsschichten umzuverteilen. Diese Umstrukturierung wurde von den amerikanischen Unternehmen nie vollkommen akzeptiert, mit dem Ergebnis, dass fünfzig Jahre nach dem New Deal eine Antisteuer-Bewegung entstand, deren erklärtes Ziel es ist, Ausgaben für jede Form sozialpolitischer Maßnahmen zu streichen.

Die Ära des New Deal mündete in eine Zeit, die eine ganze Generation liberaler Reformpolitiker hervorbrachte. Diese erlebte ihren Höhepunkt unter Präsident Lyndon B. Johnson. Johnson, dessen Mentor Franklin D. Roosevelt gewesen war, legte eine Reihe kostspieliger Sozialprogramme auf (die den Namen »The Great Society« trugen). Diese zielten darauf ab, Armut und Rassenkonflikte in den USA zu beseitigen. Doch seine innenpolitischen Anstrengungen kollidierten mit seinen außenpolitischen Misserfolgen. Johnsons Kriegspolitik in Vietnam spaltete die Demokratische Partei so tief, dass der Riss bis heute nicht vollkommen verheilt ist. Damals brachen für das liberale Denken Amerikas schwere Zeiten an. Das Scheitern in Vietnam und der darauf folgende Watergate-Skandal hinterließen bei den Amerikanern ein tiefes Misstrauen in ihre Regierung, das die konservativen Parteien geschickt zu ihren Gunsten ausnutzten. Seit den achtziger Jahren eroberten die Corporados erneut unaufhaltsam die Gipfel der Macht, da sie sich zweifellos als die natürliche Führerschaft der Nation betrachten. Ihre Rückkehr an die Macht ist von einer Gier bislang ungekannten Ausmaßes durchdrungen. Gleichzeitig zeigen sie sich fest entschlossen, die amerikanischen Institutionen so zu verändern, dass unsere Gesellschaft davon noch für Generationen geprägt sein wird.

Der seit den 1980er Jahren erfolgte schnelle Aufstieg einer neuen und gierigen Elite an die Schaltstellen der großen Konzerne hat das politische System Amerikas verändert. Heute liegt mehr Macht in den Händen weniger Menschen, als dies seit den Zeiten der großen Industriebarone gegen Ende des neunzehnten Jahrhunderts je der Fall war. Tatsächlich kehren die USA mittlerweile im Laufschritt zu jenen Verhältnissen zurück, die das Land während der ungezügelten, plutokratischen Herrschaft vor Einsetzen der »Progressive Era« prägten. Nur dass die Plutokraten heute reicher sind denn je zuvor. Heute liegen in den Vereinigten Staaten 40 Prozent des Besitzes in den Händen von nur einem Prozent der Bevölkerung. Dieses eine Prozent kassiert 13 Prozent vom landesweiten jährlichen Gesamteinkommen. Während des Aktienbooms der neunziger Jahre strich dieses eine Prozent der Bevölkerung 42 Prozent aller Profite ein. Und aller Wahrscheinlichkeit nach zog dieses gut beratene eine Prozent sich auch rechtzeitig vor dem Platzen der Blase aus dem Markt zurück. Nirgendwo in den großen Industrienationen ist der Reichtum so polarisiert wie in den Vereinigten Staaten.

Wer die amerikanische Innenpolitik kennt, dem ist klar, dass solcher Reichtum natürlich auch einen enormen politischen Einfluss mit sich bringt. Doch die immer schneller voranschreitende Globalisierung hat die Macht der plutokratischen Elite noch vervielfacht. Mittlerweile muss mit ihrem Einfluss in jeder noch so entlegenen Gegend der Welt gerechnet werden.

Und die Veränderungen in den grundlegenden Institutionen der amerikanischen Demokratie, auf die wir später noch genauer eingehen werden – für den Moment seien nur der Wahlvorgang selbst, das System der politischen Parteien und die Kontrolle über die Massenmedien genannt –, machen es mittlerweile unmöglich, eine breite politische Auseinandersetzung zu führen, welche die Ziele der Corporados einer kritischen Prüfung unterzieht. All dies hat zu einem enormen Einfluss der Konzerne auf die Regierungspolitik geführt, der die liberale Opposition in eine ausweglose Zwangslage geraten ließ.

Der Über-Manager

Wer aber sind die Corporados, und worum geht es ihnen?

Während der 1980er Jahre tauchte auf dem amerikanischen Markt eine neue Art von Unternehmer auf – vor allem in Banken, Finanzunternehmen und Wertpapierhandelsgesellschaften. Dieser neue Typus des Raubtierkapitalisten war bereit, hohe Risiken einzugehen und das Gesetz entsprechend zu beugen, um alteingesessene Unternehmen günstig aufzukaufen. Dieser Unternehmertypus, den man auch als »corporate raider« oder »Unternehmensplünderer« bezeichnete, stellte eine neue Spezies von Manager dar, die fest entschlossen war, die alte Unternehmenselite abzulösen, weil diese angeblich nicht in der Lage war, das Maximum an Profit aus ihren Unternehmen herauszupressen. In den meisten Fällen wussten die *Raiders* schlicht nichts über die Firmen, die sie übernahmen. Viele von ihnen hatten noch nie ein Produkt vermarktet oder eine Lohnabrechnung unterschrieben. Was also fingen sie mit den erworbenen Unternehmen an? In den meisten Fällen zerstörten sie sie ganz einfach, statt mit ihnen weiter zu arbeiten. Sie betrachteten die Firmen als fette Beute, die zerlegt und verschlungen werden musste. Sobald der Betrieb durch einen Gewaltstreich übernommen worden war, wurden Leute entlassen, Sozialleistungen gestrichen, Löhne gekürzt und Betriebsrenten beschnitten. Wie Autodiebe, die einen Wagen zerlegen, weil sie so beim Verkauf mehr herausschinden, zerschlugen die *Raiders* mitunter ein profitables Unternehmen, um dessen Vermögenswerte Gewinn bringend loszuschlagen.

So geriet immer mehr der kurzfristige Profit ins Blickfeld, weil der Wert der Aktien des zerschlagenen Unternehmens an der Börse natürlich stark anstieg. Innerhalb kürzester Zeit wurde der Aktienwert zum Schlüsselfaktor bei geschäftlichen Entscheidungen. Da sie nicht langsam und unbeweglich wirken beziehungsweise sich gegen eine eventuelle Übernahme wehren wollten, begannen andere Unternehmen, die *Raiders* mehr und mehr nachzuahmen. Nur auf diese Weise gelang es ihnen, ihren gierigen Klauen zu entkommen. Nun galt es, unglaublich profitabel zu erscheinen. Dies aber hieß, dass man ohne Rücksicht auf Verluste den Profit steigern musste. Es ging nicht mehr nur um hohe Gewinne, diese mussten auch noch so *schnell* wie möglich erzielt werden. Und die *Raiders* gaben das Tempo vor, indem sie die neuen elektronischen Netze ausnützten, um Kapital rund um die Welt zu verschieben. In diesem neu geschaffenen Geschäftsklima zählte nur der Manager etwas, der hart war – vor allem, wenn er für einen der großen, international tätigen Konzerne arbeitete. Und Härte hieß konkret Lohnkürzungen, Firmenrestrukturierung und schnelle Profitmaximierung.

Der Manager ist die neue Heldenfigur dieser veränderten Unternehmenskultur. Natürlich gibt es in großen und kleinen Firmen auch noch Führungskräfte, die sich redlich geben und sich an die Regeln halten. Der Managertyp, um den es mir hier geht, steht meist großen, multinationalen Konzernen vor. Diese Bosse sind mittlerweile zu einer eigenen Klasse herangereift, die Macht über Zehntausende Angestellte in aller Welt haben und häufig eine ganze Industrie dominieren. Vielleicht sollte man sie deshalb als »Über-Manager« bezeichnen. Soziologen werden mir nun zweifelsohne entgegnen, dass eine zahlenmäßig so kleine Gruppe keine eigene gesellschaftliche Klasse bilden kann. Doch wenn dies nicht der Fall ist, dann sollte man sie wenigstens als Mitglieder einer bestimmten Subkultur des Reichtums betrachten, die sich vom Rest der Unternehmergemeinde ebenso unterscheiden wie die königliche Familie einst vom Landadel. In den letzten zwanzig Jahren traten die früher kaum bekannten Gestalten aus dem Schatten ihrer Anonymität und entwickelten sich nach und nach zu wahren Berühmtheiten. In der Unternehmensführung üben sie eine nahezu uneingeschränkte, absolute Macht aus. Sie sind die Stimme und das Gesicht des Unternehmens in der Öffentlichkeit. Sie sind die Promoter ihrer neuen Produkte und verleihen ihrer multinationalen Feudalherrschaft ein Gesicht.

Einer der ersten wirklich berühmten Manager war Lee Iacocca, der in den sechziger Jahren Boss der Ford Motor Company war und von 1978 an Chrysler leitete. Iacocca war der erste Manager, der in den Fernsehwerbespots seines Unternehmens höchstpersönlich auftrat. Als Prototyp des sachlichnüchternen Firmenlenkers, der der amerikanischen Öffentlichkeit ins Gesicht sehen und Tacheles reden konnte, machte er sich selbst zur Verkörperung von Chrysler. Während der Achtziger stilisierte er sich vom Firmenchef zum Medienereignis hoch. Das ging so weit, dass man irgendwann sogar überlegte, ihn zum Präsidenten zu machen. Iacoccas wesentliche Leistung war es, das bankrotte Unternehmen Chrysler wieder flottbekommen zu haben. Ironischerweise konnte Iacocca, der so leidenschaftlich für den freien Markt eintrat, das ihm anvertraute Unternehmen nur retten, weil er enorme Unterstützung von der Regierung erhielt. Iacocca brachte die Regierung dazu, durch eine strikt nationale Industriepolitik amerikanische Unternehmen auf dem Markt zu stärken. Da dies jedoch allen Automobilfirmen gleichermaßen zugute kam, dauerte es nicht lange, bis Chrysler wieder in Schwierigkeiten geriet. Als das Unternehmen fortgesetzt keine Profite abwarf, wurde es von Daimler aufgekauft. Doch nicht einmal dieser Deal stellte sich als besonders gewinnträchtig heraus.

In den frühen Neunzigern schrieb Iacocca seine Memoiren. Er nannte das Buch *Straight Talk* (in Deutsch erschien es schlicht und ergreifend unter dem Titel *Iacocca*). In diesem Rückblick auf seine Karriere klagt Iacocca darüber, wie sehr sich die amerikanische Unternehmenskultur verändert habe. Er führt dies auf die Tatsache zurück, dass deren Hauptinteresse nicht mehr der Produktion galt, sondern nur noch dem Geldmachen mit Hilfe von Finanzspekulationen. Die jungen Manager, beschwerte sich Iacocca, verschwendeten keinen Gedanken mehr daran, wie ein gutes Auto auszusehen hat. Sie kümmerten sich lieber um Grundstücksspekulationen. Iacocca erkannte also durchaus, welch bemerkenswerter Wandel während der Reagan-Präsidentschaft die amerikanischen Unternehmen ergriff. So rücksichtslos amerikanische Industriekapitäne auch häufig gewesen sein mochten, die meisten von ihnen hatten zumindest große Unternehmen hinterlassen, die handfeste Güter produzierten. Viele fühlten sich tief mit ihrer Stadt verbunden: J. P. Morgan und die Rockefellers mit New York, Andrew Carnegie mit Pittsburgh, Henry Ford mit Detroit und Cyrus McCormick mit Chicago. Einige von ihnen hatten sich, nachdem sie ein bedeutendes Privatvermögen angesammelt hatten, sogar humanitären Aufgaben gewidmet.

Iacocca bemerkte ganz richtig, dass diese Zeiten nun vorbei waren. Er wurde Zeuge, wie ein Zeitalter zu Ende ging. Die Produktion spielte sich längst außerhalb der Vereinigten Staaten ab. Sie wurde in Billiglohnländer ausgelagert, die Hightech-Dienstleistungen folgten ihr nach. Papiergewinne mit Hilfe geheimnisvoller Finanztransaktionen erwiesen sich bald als schnellerer Weg zu enormen Profiten. Die großen Konzerne ließen Fabriken und Werkhallen leer stehen – mit Konsequenzen, die man sich vor dreißig Jahren noch nicht einmal ansatzweise vorstellen konnte. General Motors, der große Automobilhersteller, verdient heute mehr Geld mit Hypotheken als mit dem Verkauf von Autos. Computer und Internet ermöglichen satte Gewinne durch Transaktionen, bei denen in Lichtgeschwindigkeit rund um die Uhr Unsummen auf den Finanzmärkten der Welt platziert werden. Das Spiel mit Kursunterschieden und dem internationalen Zinsgefälle, die sterilste Form des Geldverdienens, bringt heute mehr ein als jede produktive Tätigkeit.

Als die Werkshallen in den USA zunehmend leer standen, erlebten die großen Industriezentren aus den Tagen eines Andrew Carnegie oder Henry Ford einen rasanten Verfall. Die großen Industriestädte im Nordosten und Mittelwesten entwickelten sich zu dem, was man heute den »Rust belt«, den »Rostgürtel« nennt. Denn die Manager von heute interessieren sich nicht mehr für das reiche Erbe, das sie aufgeben, weil sie sich weniger als früher mit einem Unternehmen, einem Produkt oder einem bestimmten Ort verbunden fühlen. Daher zielt ihre Managementstrategie darauf ab, ganze Industriezweige ihres Unternehmens gnadenlos zu stutzen oder ganz aufzugeben. Im Extremfall beschließen sie gar, mit dem ganzen Unternehmen in einen anderen Teil des Landes umzuziehen oder es ganz hinter sich zu lassen. Geht das Unternehmen daran zu Grunde, ziehen sie einfach weiter und nehmen eine beliebige andere Tätigkeit an.

Dieser Wandel sorgt dafür, dass sich die Kluft zwischen dem Management und den Arbeitskräften der Firma, zwischen dem Manager und dem von ihm geführten Unternehmen immer stärker ausweitet. Doch eben diese Kluft wird zum Machtfaktor, die aus den neuen Über-Managern eine politische Klasse ohne jede Loyalität gegenüber ihrem Land, seinen Arbeitern und seinem Volk macht.

In den 1980er Jahren feierten die Medien diese neue Business-Elite als Beweis für die ständig steigende Wettbewerbsfähigkeit Amerikas. Man zelebrierte die Macht der angriffslustigen Bosse, die »Manns genug« waren, ganze Unternehmen aufzukaufen und sie zu restrukturieren, wobei sie gnadenlos Jobs und weniger profitable Unternehmensbereiche strichen. Höflich nannte man sie »Turn-around-Manager«, zutreffender war jedoch der Ausdruck »Killer-CEOs«. Ihre Aufgabe war es, so viel Profit wie möglich aus ihren Firmen zu pressen. Einem der legendären und höchstbezahlten Manager dieser Zeit, Al Dunlop, gab man den Spitznamen »Kettensäge«. Seine Spezialität war es, Firmen zu zerschlagen, das Personal zu feuern, und dann alles zu verkaufen, was seiner Ansicht nach nicht genügend abwarf. Aus dieser Vorgehensweise entstand das böse Wort vom Management, das »lean and mean« war, also »schlank, aber brutal«. Dunlop allerdings handelte sich irgendwann ernsthafte Probleme mit Justitia ein, nachdem er eine große Firma ruiniert hatte. Er wurde von den Aktionären vor die Tür gesetzt und erfreute sich der zweifelhaften Ehre, einer der wenigen Manager zu sein, die je von der Regierung mit einer Geldstrafe belegt wurden. In der Zwischenzeit übernahm Jack Welch, der Star-Manager der neunziger Jahre, General Electric, den amerikaweit größten Hersteller elektrischer Haushaltsgeräte, und machte sich schleunigst daran, so viel Personal wie möglich vor die Tür zu setzen. Seine Strategie, GE vom Haushaltsgerätehersteller zum Dienstleister der Unterhaltungs- und Finanzindustrie umzugestalten, kostete unzählige Jobs. General Electric hatte auf keinem der beiden Sektoren Erfahrung, doch bald wurden beide Geschäftszweige lukrativer als die frühere Konsumgüterherstellung. Als Welch im Jahr 2000 das Unternehmen verließ, erhielt er ein maßgeschneidertes Pensionspaket, das alles bisher Dagewesene in den Schatten stellte. Dazu zählen zum Beispiel die lebenslange Nutzung des Firmenjets sowie der großen Limousine sowie Dauerkarten für verschiedene Sportereignisse. Welchs Luxus-Rente erregte sogar in der Welt der Konzerne Aufsehen, was mittlerweile als sicheres Zeichen für seine »Größe« gelten kann. Die neuen Manager messen ihren Erfolg nämlich einzig und allein an ihrem eigenen Bankkonto und an den lukrativen Abfindungen, die ihnen ein mehr als komfortables Auskommen sichern, auch wenn sie das Unternehmen ruiniert haben.

Im April 2003 bildete *Fortune*, Amerikas führendes Business-Magazin, auf dem Titelblatt Manager als gut gekleidete Schweine ab. Man kann es wohl als Zeichen der Zeit verstehen, dass eine so durchweg konservative Zeitschrift sich ein derart unmissverständliches Urteil über die Moral der modernen Manager erlaubt. Im zugehörigen Artikel ging es um die Mittel, mit denen die neuen Manager sich selbst auf Kosten von Aktionären, Angestellten und Steuerzahlern bereichern. Einige Zahlen sollen hier illustrieren, was damit gemeint ist. 1988 verdiente der bestbezahlte Manager Amerikas 40 Millionen Dollar. Im Jahr 2000 wäre er mit diesem Verdienst nicht einmal unter die Top Ten gekommen. In diesem Jahr verdiente das höchstbezahlte Vorstandsmitglied in den USA (der Vorstandsvorsitzende der Citigroup-Bank) sage und schreibe 290 Millionen Dollar. Der Nächste im Ranking (ein anderes Vorstandsmitglied von Citigroup) bekam 225 Millionen Dollar, der Manager, der sich mit Platz 3 begnügen musste, verdiente immerhin noch 164 Millionen Dollar. Zwischen 1990 und 1998 stieg die Durchschnittsentlohnung von Top-Managern in den zehn größten Unternehmen um 480 Prozent. Und doch haben es die Corporados geschafft, sich in einer Zeit, in der sie gieriger waren denn je zuvor, als jene Klasse darzustellen, die den Wohlstand der Bevölkerung schafft. Sollte dies der Fall sein, dann saugen sie gleichzeitig den größten Teil des geschaffenen Reichtums wieder auf. Noch in den 1960er Jahren verdienten die Vorstandsvorsitzenden der größten Unternehmen des Landes etwa fünfundzwanzig Mal so viel wie einer ihrer Verkäufer. Im Jahr 2001 war dieses Verhältnis auf das *400fache* angewachsen. Doch erst nach den jüngsten Skandalen in den amerikanischen Großunternehmen zeigen die Aktionäre ernsthafte Anstrengungen, das Salär der Manager wieder in den Griff zu bekommen.

Trotzdem gilt auch heute noch ein gut verdienender Vorstandsvorsitzender als höchstes Gut seiner Firma. Die Verträge, die bei der Firmenübernahme ausgehandelt werden, garantieren den Bossen hohe Vergütungen, zahllose Vergünstigungen, Prämienzahlungen, Steuererleichterungen und eine dicke Abfindung, wenn sie in den Ruhestand gehen (die CEOs der großen Firmen durften sich 2004 auf eine garantierte Abfindung von durchschnittlich 16,5 Millionen Dollar freuen) – und all das auch dann, wenn sie das Unternehmen stracks in die Pleite führen. Wenn die Firma nicht mehr genügend Gewinn macht und Angestellte entlassen muss, kann das Salär des Vorstandsvorsitzenden sogar noch ansteigen. In Krisenzeiten greift nämlich der »CEO-Retention-Plan«, der – von den Betroffenen selbst eingeführt – die Führungskraft bei der Stange hält, denn nur ein gut bezahlter Manager ist angeblich in der Lage, eine Firma aus der Krise zu führen. Ich zum Beispiel lebe in Kalifornien. Dort wurde einer der größten Energieversorger des Landes, die Pacific Gas and Electric Company, so jämmerlich gemanagt, dass er 2002 Insolvenz beantragen musste. Das Unternehmen hatte sich auf eine schlecht geplante (und in vieler Hinsicht illusorische) Deregulierung eingelassen, die sich sowohl für die Firma als auch für die öffentliche Stromversorgung als katastrophal herausstellte. Nichtsdestotrotz genehmigten die Vorstände von PG & E sich Bonuszahlungen in Höhe von 80 Millionen Dollar, nachdem sie die Firma in den Ruin getrieben hatten. Allein der Vorstandsvorsitzende schenkte sich 17 Millionen Dollar, um sich selbst in der Firma zu halten.

Die Logik hat ihren eigenen Reiz. Geht es der Firma gut, verdient der Manager prima. Geht sie Pleite, verdient er spitzenmäßig. Der CEO ist der Kapitän des Schiffes. Wenn es zu schwanken beginnt, kann nur er es vor dem endgültigen Sinken bewahren. Doch wenn der CEO sich als gieriges Raubtier entpuppt, laufen Aktionäre, Angestellte und mittleres Management Gefahr, gnadenlos betrogen zu werden. Wenn je ein neuer Karl Marx die Weltbühne betritt, wird er sich vielleicht um die Rechte der Aktionäre kümmern und nicht um die des Proletariats.

An dieser Stelle sollten wir kurz innehalten und uns fragen, was die Über-Manager wohl zu ihrem Verhalten treibt. Ich persönlich verdächtige sie der Gier. Doch ist Gier wirklich ein ausreichend starkes Motiv, um einen Mann dazu zu bringen, noch weitere Millionen zu verdienen, wenn er doch ohnehin schon Milliarden besitzt? Vielleicht haben wir es hier eher mit einer Art Gefräßigkeit zu tun, einer psychotischen Fresslust, welche die Betroffenen dazu verführt, immer weiter zu essen, obwohl sie schon längst keinen Appetit mehr haben. Meiner Ansicht nach werden die Corporados von einem erbarmungslosen Zwang getrieben, einer krankhaften Wettbewerbssucht, die nur ein Psychiater wirklich begreifen kann. Schließlich kann niemand auf der Welt so viel Geld ausgeben, wie die Super-Manager tatsächlich verdienen. Sie benehmen sich wie Spieler in einem heißen Wettkampf, die verzweifelt darum ringen, mehr Punkte zu erzielen als die anderen. Es ist eine Frage des Stolzes, die Rivalen auszustechen, indem man ein paar Millionen Dollar mehr einstreicht. Gier kann irgendwann einmal befriedigt werden, doch das Verlangen, seine Mitbewerber auszustechen, hört niemals auf. Ein CEO, der seine Karriere als

Sport sieht, wird nie genug haben, weil in diesem Rennen immer einer da ist, den man überholen muss, oder einer, der einem dicht auf den Fersen ist. Bei Jungs im kritischen Alter mag man diese Art von Benehmen noch verständlich finden, bei Erwachsenen allerdings wirkt es eher abnorm.

Kriminelles Management

Doch was unsere Super-Manager auch immer antreiben mag, unstrittig ist, dass ihre Gier nicht vor den Schranken des Gesetzes Halt macht. In den letzten zwanzig Jahren erlebten die USA die wohl krasseste Welle krimineller Umtriebe, die je durch die Führungsetagen geschwappt ist. Wenn man den Wirtschaftsteil einer beliebigen amerikanischen Zeitung zur Hand nimmt, kann man feststellen, dass es in den meisten Berichten um kriminelle Machenschaften geht, die entweder bereits bewiesen sind oder noch untersucht werden. Und die in die Skandale verwickelten Firmen gehören zu den größten im Land.

Die Ursprünge dieses neuen Klimas finanzieller Zügellosigkeit lassen sich ohne Mühe zurückverfolgen bis in die achtziger Jahre. Als Ronald Reagan 1980 seine Präsidentschaft antrat, war eine seiner ersten Amtshandlungen die Deregulierung des amerikanischen Darlehens- und Sparkassenwesens, des zweitgrößten Bankensystems des Landes. In der Hauptsache handelte es sich dabei um die während des Rooseveltschen New Deal gegründeten Hypothekenkassen, deren einziger Zweck es damals war, Kredite für Hausbau oder -kauf bereitzustellen. Die Kassen verfügten über mehrere Billionen Dollar an Anlagevermögen. Reagans Deregulierungsmaßnahmen erlaubten ihnen nun, mit diesem Geld nach Belieben zu verfahren. Es gab keine staatliche Aufsicht über die Anlage mehr. Das Ganze wirkte wie eine Aufforderung: »Die Polizei hat Urlaub. Stehlen und rauben Sie nach Belieben.« Und genau das geschah dann auch. Die Vermögenswerte der Darlehens- und Sparkassen wurden für die wildesten Spekulationen eingesetzt, die man sich nur vorstellen konnte. Das ganze System wurde innerhalb kürzester Zeit von kriminellen Finanzhaien (von denen einige eindeutig zur Mafia gehörten) auseinander genommen. Später hieß es, hier habe die »größte Abzocke der Weltgeschichte« stattgefunden. Natürlich wurden auch einige der Protagonisten verhaftet, doch bestraft wurden lediglich ein paar Sündenböcke. Damals waren so viele Menschen wegen Unterschlagung angeklagt, dass die Gerichte gar nicht alle verurteilen konnten.

Da der Staat für die Darlehens- und Sparkassen geradestehen musste, war es an der Öffentlichkeit, die Schulden abzutragen, die diese Maßnahme hinterlassen hatte. Jeden Steuerzahler im Land kostete Reagans Strategie einige Tausend Dollar. Man möchte meinen, dies habe der breiten Öffentlichkeit als Lehrstück gedient. Eigentlich hätte sie schon damals alarmiert registrieren müssen, dass das Geschäftsleben mittlerweile von Banditen gelenkt wird. Die unerschütterliche Ruhe, mit der das amerikanische Volk diesen gewaltigen Diebstahl hinnahm, erstaunt mich noch heute. Dabei war das Debakel um die Darlehens- und Sparkassen nur der Anfang. In den nächsten zwei Jahrzehnten gingen die Vereinigten Staaten in der größten Welle von Betrügereien und Bilanztricksereien, die je über das Land hereingebrochen war, beinahe unter. Nur einige davon machten – wie der Enron-Skandal um den Energieversorger aus Texas, dessen Vorstand sich zu den engsten Freunden von George W. Bush und seinem Vize Dick Cheney zählen durfte – auch international Schlagzeilen.

Nach Bushs Wahl im Jahr 2000 gehörten die Enron-Bosse zu den ersten Geldgebern seiner Wahlkampagne, die in Washington ihre Aufwartung machen durften. Gemeinsam plante man eine neue, lukrativere Energiepolitik für die gesamten Vereinigten Staaten. Die Besprechungen waren geheim und wurden von Vizepräsident Cheney geführt. Ganz private Treffen auf CEO-Ebene also – unter Ausschluss von Verbraucherschutzorganisationen oder Umweltschützern.

Ohnehin ist der Enron-Skandal der Jahre 2001 und 2002 ziemlich aufschlussreich. Nie zuvor hatten die kriminellen Machenschaften auf Konzernebene solche Ausmaße erreicht. Enron, eine Erdgas-Gesellschaft, die erst 1985 gegründet worden war, schaffte es, sich mit erstaunlicher Geschwindigkeit in die nationale Energieversorgung einzuschleichen, und zwar auf eine Weise, die – vor allem in deregulierten Märkten – enorme Gewinne mit sich bringen würde. Zum ersten Mal trat die Firma 1988 als Zwischenhändler auf, als Premierministerin Margaret Thatcher die Stromindustrie in Großbritannien privatisierte. 1994 erfüllte Enron dann dieselbe Funktion in den Vereinigten Staaten, wo eine finanziell gut bestückte Bewegung auf die rasche Deregulierung der nationalen Stromindustrie zu drängen begann. Diese Deregulierung verkaufte man dem Volk wie immer mit dem Argument, der Wettbewerb auf einem freien Markt würde für niedrigere Preise sorgen. Was bisher noch nie irgendwo wirklich passiert ist. Stattdessen sorgte die Deregulierung dafür, dass Unternehmen wie Enron freie Hand bekamen, um den Markt »aufzurollen«: Sie manipulierten das

Angebot so, dass auf jeden Fall der höchste Preis dabei heraussprang. Es sagt viel über unsere Zeit aus, dass so etwas überhaupt möglich ist, dass es im Licht der Öffentlichkeit geschehen kann und nicht einmal ansatzweise kritisiert wird.

In kürzester Zeit wurde Enron so zum Kanal, durch den ein Großteil der nationalen Energieversorgung floss. Die Firma sorgte dafür, dass durch einen simplen Mausklick Energie von einem Markt zum anderen geleitet wurde. Und worum ging es bei all diesen Klicks? Natürlich um Profit. Enron selbst erfüllte eigentlich keine tragende Rolle. Das Unternehmen war damit beschäftigt, die Energiemärkte in den USA genauestens zu beobachten und Energie dorthin zu schicken, wo sie gerade den höchsten Preis erzielte. Enron selbst war nur ein schlichtes Gebäude in Texas, in dem viele Männer und Frauen gebannt auf den Bildschirm ihres Computers starrten, um Strom von einem Ort zum anderen zu schicken. So fragwürdig diese Tätigkeit auch war, sie war seit der Deregulierung ein völlig legales Geschäft und darüber hinaus noch ein Lehrstück, das zeigt, in welch ungeheurem Ausmaß die spezifische Leistung der Cyberwelt für Profitzwecke missbraucht werden kann.

Enron verdiente also schon mit seinen legalen Aktivitäten Milliarden von Dollar. Aber das war nicht genug. Die Manager gaben sich nicht damit zufrieden, den höchstmöglichen Preis aus dem amerikanischen Energiemarkt zu pressen. Sie erfanden Hunderte fiktiver Geschäfte an Orten, die nicht der Bankenaufsicht unterliegen. Mit den Umsätzen aus diesen nichtexistenten Deals verschleierten sie ihre ganz realen Schulden in der Bilanz und hievten die Gewinne entsprechend nach oben. Und auch damit waren sie noch nicht zufrieden. Zu den schlimmsten Verbrechen der Enron-Clique gehörte es zweifelsohne, dass das Unternehmen auch seine Wirtschaftsprüfer in die Betrügereien verwickelte. Was einst als Bastion gegen Bilanzfälschung gedacht war, wurde nun zum Teil des korrumpierten Systems. Enrons Buchhalter und Wirtschaftsprüfer fälschten ihre Prüfberichte und attestierten der Firma Gewinne, die diese nie gesehen hatte. Sie verschleierten Verluste und deckten kriminelle Machenschaften. Mit Hilfe von hohen Bestechungsgeldern überzeugten die Verantwortlichen bei Enron eines der respektabelsten Buchprüfungsunternehmen in Amerika, Arthur Andersen & Co., ihre illegalen Aktivitäten zu bemänteln. Die Unternehmensberatung Arthur Andersen, die mit Enron untergehen sollte (aber nicht, ohne vorher noch ein paar Tausend Seiten Aufzeichnungen durch den Reißwolf zu jagen), war die erste große Firma, an der deutlich wurde, wie korrupt die Wirtschaftsprüfungsunternehmen mittlerweile waren.

Früher nahmen die großen Buchprüfungsfirmen in der amerikanischen Wirtschaft einen besonderen Platz ein, galten sie doch als vertrauenswürdige Wachhunde des Marktes. Doch sobald bekannt wurde, dass die Wirtschaftsprüfer von Arthur Andersen den Verantwortlichen bei Enron geholfen hatten, die Rücklagen für die Betriebsrente der eigenen Angestellten zu stehlen und den Pensionsfonds abzuräumen, war klar, dass man keiner Aussage über die Finanzen dieses Unternehmens mehr vertrauen konnte, gleichgültig, von wem sie kam. Der Öffentlichkeit blieb somit keine objektive Möglichkeit mehr, sich über die Einkünfte, Schulden und Gewinne eines Unternehmens, über seine fundamentalen Daten also, zu informieren. Die Buchführung, einer der Grundpfeiler des kapitalistischen Systems, hatte damit ihren Vertrauensstatus eingebüßt.

Da die Lobbyisten der Unternehmen jeden Versuch, die Buchführungs- und Buchprüfungsvorschriften zu verbessern, erfolgreich vereitelten, ist aus grundsoliden amerikanischen Unternehmen eine Art Disneyland der Hochfinanz geworden, in dem gefälschte Zahlen, geheime Absprachen und massive Täuschung der Anleger quasi zum Handwerk gehören: eine Art »Amigo-Kapitalismus«. Doch auch nach dem Enron-Skandal gab es keine wesentlichen Reformen. Verurteilt und bestraft wurden nur ein paar untergeordnete Beteiligte. Die Corporados hingegen haben die Krise ausgesessen. Und das Spiel geht weiter.

Die Marie Antoinettes der Weltwirtschaft

Als Franklin D. Roosevelt gegen die »Wirtschafts-Royalisten« der 1930er Jahre wetterte, konnte er nicht ahnen, wie sehr sich die Lage in ein paar Jahrzehnten verschlimmert haben würde. Die Manager der großen US-Konzerne sind die Marie Antoinettes der Moderne – eine weitgehend geschlossene Kaste, die sich selbst erwählt und selbst regiert. Sie allein ernennen ihre Führungsmannschaft und besetzen den Vorstand der Firma mit Freunden. Sie schrecken nicht davor zurück, die Anleger genauso wüst auszunehmen wie die öffentlichen Kassen. Sie erledigen ihre Arbeit in einer Haltung des »Was schert mich die öffentliche Meinung«, die eines Commodore Vanderbilt würdig wäre, eines der berüchtigten Eisenbahn-Barone aus Amerikas Goldenem Zeitalter. Und was die praktische Seite angeht, so stehen sie letztlich über dem Gesetz. Wenn sie überhaupt je auf der Anklagebank landen, können sie sicher sein, dass ihre Anwälte sie durch zahlreiche taktische Manöver und unter Ausnutzung sämtlicher Verzögerungstechniken irgendwie herauspauken. Am Ende jedenfalls geschieht ihnen nichts, sie sind nur reich wie Krösus. In den 1990er Jahren haben zahlreiche Vorstandsvorsitzende in den USA gegen jede nur erdenkliche Buchführungsvorschrift verstoßen. Es gab einige Aufsehen erregende Festnahmen, doch nur die wenigsten Führungskräfte hatten strafrechtliche Konsequenzen zu befürchten. Meistens hatten sie irgendwelche Vereinbarungen getroffen, die ihnen erlaubten, das Geld zu behalten, das sie ihren Angestellten geklaut oder ihrer Firma unterschlagen hatten. Ein paar von ihnen genehmigten sich selbst als Sahnehäubchen obendrein noch lukrative Abfindungen, als sie aus der Firma ausschieden – meist in Form von Prämienzahlungen oder millionenschweren Pensionszusagen.

Das also sind die Leute, die die amerikanische Politik bestimmen. Sie kontrollieren Parteien und Politiker und üben so weltweit Macht aus. Trotzdem kann man sie nicht zur Verantwortung ziehen. In den vergangenen zwanzig Jahren scheinen sie auch noch das letzte Interesse verloren zu haben, sich zumindest den Anschein der Respektabilität zu geben. Eher bedienen sie sich heute noch schamloser, weil sie in gewisser Weise unangreifbar geworden sind. Tatsächlich handelt es sich bei den Corporados um die privilegierteste Klasse von Menschen, die die Welt seit den Tagen des Ancien Régime gesehen hat. Doch bislang sind keine Guillotinen in Sicht. Gibt es »Beweise« dafür, dass sie die treibende Kraft hinter dem Vormachtstreben der USA sind? Die Frage allein ist schon absurd. Nicht, weil die Corporados so gerissen sind, dass sie ihre Spuren kongenial verwischen würden. Das haben sie nämlich nicht nötig, weil sie erst gar keine Spuren hinterlassen. Wir reden hier schließlich nicht von finsteren Gestalten, die irgendwelche Verschwörungen planen, um ihre Ziele zu erreichen. Geflüsterte Botschaften, geheime Dokumente – solch einen Aufwand haben sie gar nicht nötig. Die Corporados sind eine Interessengemeinschaft, die so eng miteinander verflochten ist, deren Verbindungen mit der Politik so eng geknüpft sind, dass ihr Wunsch mehr oder weniger spontan zum Gesetz wird. Sie sind wie zahlreiche, von einem Gehirn gesteuerte Körper, und dieses Gehirn denkt nur eines: »Profit, Profit, Profit.« Und alles, was sie zum Erreichen dieses Ziels tun müssen, ist, die Regeln und Gesetze, die einzelne Regierungen dem Markt auferlegen, auszuhebeln und außer Kraft zu setzen. Und dieses Vakuum reguliert sich dann automatisch nach Maßgabe ihrer Interessen.

Man möchte meinen, dass die Corporados Erzkonservative aus Prinzip sind, deren Credo heißt: freier Markt, wenig Staat, schwache Bürger-, aber massive Eigentumsrechte. Doch tatsächlich gibt es nicht einen Grundsatz konservativer Politik, den sie nicht schon verraten hätten, falls dies ihren Interessen dienlich war. Was letztlich nur heißt, dass Geschäftsleute keine Philosophen sind. Betrachtet man die Geschichte einmal unter diesem Blickwinkel, wird klar, dass Amerikas Unternehmen noch nie »wenig Staat« angestrebt haben. Ganz im Gegenteil: Sie setzten sich immer schon für eine starke Regierung ein, die ihre Interessen unterstützt. Dazu gehört zum Beispiel auch ein Verteidigungsministerium, das lukrative Aufträge vergibt. Eine Armee, welche die Investitionen in Übersee schützt – und nebenbei vielleicht noch ein bisschen Kriegsbeute macht wie auf den Ölfeldern des Irak. Dazu gehört ein Innenministerium, das den Weg frei macht für Ölbohrungen, das Abholzen von riesigen Waldflächen sowie für flächenintensiven Tagebau. Und natürlich steuerfinanzierte Staatsschulden, die den Konsum anheizen. Sowie das Federal Reserve Board, das die wirtschaftlichen Rahmenbedingungen stabil halten und mit niedrigen Zinsen dicke Gewinne gewährleisten soll. Die amerikanischen Unternehmen haben kein Problem mit den die Bürgerrechte einschränkenden Aktivitäten des *Department of Home Security* (»Ministerium für Heimatschutz«) oder einem ausufernden FBI-Apparat, denn Freiheit ist für sie nur insofern ein Wert, als es um die Freiheit der Profitmaximierung geht. Auch hohe Steuerlasten lassen die Unternehmen kalt, solange sie diese nicht zu tragen haben. Mit hohen Steuern, die von der Arbeiter- und der Mittelschicht berappt werden, können die staatlichen Finanztöpfe gefüllt werden, aus denen man sich Bürgschaften, Subventionen oder Staatsdarlehen zur Abwendung von Insolvenzen und dergleichen Annehmlichkeiten mehr besorgen kann, ehe diese Gelder für demokratisch abgesegnete Zwecke verwendet werden können. Eine Art »Unternehmens-Sozialhilfe« also. Geschäfte mit der Regierung zu machen war in kapitalistischen Gesellschaften ja immer schon die schnellste Art, reich zu werden. Keine Investition an der Börse wird je so viel einbringen wie der Einkauf von Gesetzen und Gesetzgebern. Es gibt keine bessere Unternehmensstrategie als die finanziellen Zuwendungen an die richtigen Leute in Washington.

Was zudem den freien Markt angeht, so hat noch kein Unternehmen je auf seine Monopolstellung verzichtet, um den Wettbewerb am Markt nicht zu beeinträchtigen. Wie Microsoft heute, so versuchen die Managementstrategen schon seit den

Tagen von John D. Rockefeller und Andrew Carnegie, ihre Konkurrenten aus dem Markt zu drängen und sich selbst die größten Anteile zu sichern. Ironischerweise haben nur die von liberalen Regierungen ergriffenen Regulierungsmaßnahmen die Trusts, Kartelle und Industriekonglomerate daran gehindert, den Markt zu verschlingen.

Seit dem Zweiten Weltkrieg hat keine Interessengruppe im Land so intensiv darauf hingewirkt, den Regierungs- und Verwaltungsapparat aufzublähen, wie die amerikanischen Unternehmen. Wobei die Corporados nur am Machtzuwachs interessiert sind, den ihnen dieser vergrößerte Staatsapparat verschafft, während die damit verbundenen Kosten gern von jenen getragen werden dürfen, die sich keinen Platz im Steuerparadies an den Offshore-Finanzplätzen dieser Welt leisten können. Wenn das amerikanische Big Business davon spricht, den »Staat zu verschlanken«, dann ist damit einzig gemeint, sozialpolitische Maßnahmen herunterzufahren, die den Familien der Arbeiter- und Mittelschicht zugute kommen. Oder Regierungsaufgaben zu privatisieren, die künftig so erledigt werden sollen, dass sie Profit abwerfen.

Doch sind da noch weit bedenklichere Einflüsse, welche die neuen Management-Berühmtheiten auf das politische System Amerikas ausüben. Das viele Geld, das sie angesammelt haben, trägt ihnen grenzenlose Bewunderung ein. Das Wertesystem dieser Leute prägt die amerikanische Kultur in einem bisher ungekannten Ausmaß. Ihr Ansehen, ihr Glamour wuchs, und Amerika, das sich so leicht von Ruhm und Reichtum verzaubern lässt, war hingerissen. So setzten die Unternehmensvorstände neue Verhaltensstandards für Führungskräfte: Hart, entschlossen, praktisch orientiert sollen sie sein. Sie sind die

Männer, die wissen, wie man die Dinge anpackt. Männer, die von ihren Untergebenen bedingungslose Loyalität erwarten. Sie sehen keine Veranlassung, anderen Menschen ihr Handeln zu erklären – ob es sich nun um Aktionäre, Angestellte oder die öffentliche Meinung als solche handelt. Sie beanspruchen für sich das Recht, Macht mit absoluter Autorität und unbehelligt von jeder Kontrolle auszuüben. Nicht einmal die totale Rücksichtslosigkeit und die ständigen Betrugsmanöver konnten die Begeisterung der Öffentlichkeit für diese neuen Lichtgestalten des »Erfolgs« schmälern. So als könne man von Menschen, die milliardenschwere Unternehmen leiten, einfach nicht erwarten, nett, ehrlich oder demokratisch zu sein. In einer neuen Show, die Anfang des Jahres 2004 ausgestrahlt wurde, kämpften mehrere Kandidaten darum, Mitarbeiter von Donald Trump, dem abgebrühten und charismatischen Immobilien-Tycoon aus New York, zu werden. Von den Kandidaten wurde erwartet, dass sie über Leichen gehen. Sie sollten buchstäblich alles tun, um ihre Rivalen auszustechen und die Gunst des potenziellen Arbeitgebers zu erringen. So und nur so, suggerierte man den jungen Mitspielern, hätten sie eine Chance, eines Tages so reich zu werden wie Donald Trump.

Dies sind also die Männer, an die unsere Politiker sich wenden müssen, wenn sie gewählt werden wollen. Irgendwann musste der Stil der neuen Managerklasse auf die Politiker abfärben, die deren Unterstützung brauchten. Und tatsächlich ist dies der neue Kodex in Washington, den George W. Bush und sein Vizepräsident Dick Cheney eingeführt haben. Der Irakkrieg ist ein ausgezeichnetes Beispiel für diese Politik im Managerstil. Als George W. Bush die Zeit für gekommen hielt, sich auf selbstherrliche, manipulative und geheimnistuerische Art das Mandat für den Einmarsch in den Irak zu erschleichen, tat er nichts anderes als ein CEO: Er führte *seine* Regierung, wie ein Manager *sein* Unternehmen geführt hätte.

Die Rückkehr des Darwinismus

Die hier geschilderten Charakteristika sind keineswegs nur für die amerikanische Geschäftswelt typisch. Mit der Globalisierung wurde diese Rücksichtslosigkeit zum Stil aller Konzerne, ganz egal, wo sich der Firmensitz befindet. Die Business-Elite ist auf dem Weg, eine eigene internationale Gesellschaft zu werden, eine verschworene unternehmerische Bruderschaft, die mit zunehmender Verflechtung jede nationale Bindung verliert. »Patriotismus« als öffentliche Tugend wird nur noch von jenen erwartet, die Steuern bezahlen oder Leib und Leben riskieren, um das Land zu retten. Der Manager sei frei davon. Sie haben ihren Lehnsschwur längst anderswo geleistet: bei der internationalen Bruderschaft der Profiteure.

So verkündete Carly Fiorino, Vorstandsvorsitzende von Hewlett Packard und eine der wenigen Frauen, die es in den Olymp der Geschäftswelt geschafft haben, im Januar 2004 auf einer Pressekonferenz ihres Unternehmens, es gebe keinen »Job mehr, der Amerikas gottgegebenes Recht« sei. So verteidigte sie die Firmenstrategie, immer mehr Hightech-Arbeitsplätze nach China auszulagern. Tatsächlich wurde diese Konferenz veranstaltet, um Druck auf die Regierung auszuüben, damit diese den Transfer von Arbeitsplätzen vereinfachen sollte. Die Botschaft war klar und unmissverständlich: Wenn Amerikas Arbeitnehmer nicht bereit sind, für ähnlich niedrige Löhne wie die Chinesen zu arbeiten, werden sie bald keinen Arbeitsplatz mehr haben. Dabei vergaß sie zu erwähnen, dass die Hälfte der chinesischen Firmen, mit denen sie angeblich im Wettbewerb steht, ohnehin amerikanischen Gesellschaften gehören. Die Arbeitsplätze wandern aus, die Profite aber bleiben im Land. Was soll man auch von Vorständen erwarten, die in New York frühstücken, in Brüssel zu Mittag essen und abends in Tokio zum Dinner geladen sind? Vielleicht wird eines nicht allzu fernen Tages über allen multinationalen Konzernen der Welt die Flagge der steuerfreien Kayman-Inseln wehen.

Die Suche nach den billigsten Arbeitskräften ist in der globalisierten Wirtschaft mittlerweile gängige Praxis. Doch auch hier unterscheiden sich die amerikanischen Corporados radikal von den kapitalistischen Akteuren anderer Nationen. Sie zeichnen sich durch den quasi-religiösen Eifer aus, mit dem sie die darwinistische Doktrin des Eigeninteresses verfechten. Dies liegt vor allem daran, dass sie den Zaubersprüchen triumphalistischer Ideologen erlegen sind, die mit einem seltsamen Stolz verkünden, dass nach ihrer Sozialethik nur die Härtesten überleben. Ideologen, die all jene Maßnahmen rückgängig machen wollen, die in den letzten Jahrzehnten ergriffen wurden, um den Raubtierkapitalismus des frühen Industriezeitalters einzudämmen. Angesichts der enormen Produktivität der entwickelten Länder ist schon eine gewisse Findigkeit nötig, um das Leben so unsicher zu gestalten, dass die arbeitende Bevölkerung sich entsprechend krumm legt, um ihren Job zu behalten. Doch genau das ist den Corporados gelungen.

Bei der Wiederbelebung ihrer sozialdarwinistischen Ethik können die Corporados mit einem Mythos rechnen, der tief in der amerikanischen Seele verwurzelt ist. Die Weltsicht der

Amerikaner ist noch heute geprägt von der Grenzsituation des Pionierlebens, in der jeder für sich allein stand. In den frühen Tagen der Pioniere war dieser Kampfgeist lebensnotwendig – und ist es noch heute in allen Gesellschaften, die gerade erst entstehen. Doch wie jeder Historiker weiß, bemühten sich gerade jene, die den Westen aufbauten, um eine bessere Sozialordnung und versuchten, diese so schnell wie möglich durchzusetzen. Sobald das Land einmal kolonisiert war, wurden Städte gegründet – von der Regierung. Sie sorgte dafür, dass die grundlegenden Annehmlichkeiten des Lebens zur Verfügung standen, erhob Steuern, um Schulen einrichten und die öffentliche Ordnung aufrechterhalten zu können. Der Staat schickte Marshalls, eine frühe Form der Bundespolizei, um dem Unwesen der Revolverhelden ein Ende zu setzen. Auf diese Weise wurde der Westen besiedelt. Die Härte der Pioniertage wich schnell einer zivilisierten, auf Sicherheit bedachten Lebensweise. Und was sich im amerikanischen Westen abspielte, geschah so oder so ähnlich auch in der städtisch-industrialisierten Welt.

An dieser Stelle ist vielleicht ein kurzer geschichtlicher Exkurs angebracht.

In den letzten Jahren des viktorianischen Zeitalters eröffnete der englische Politiker Joseph Chamberlain eine prekäre Diskussion. Chamberlain war der im Aufsteigen begriffene Stern am Himmel von William Gladstones liberaler Partei, die damals für ein fortschrittliches Programm sozialer Reformen unter dem Titel »Municipal socialism« eintrat. Chamberlain, dem die Reformen noch nicht weit genug gingen, stellte in diesem Zusammenhang die entscheidende Frage: »Wie viel ist den Besitzenden ihre Sicherheit wert?« In ihrer Pointiertheit weisen diese Worte auf eine Entwicklung hin, welche die westlichen Gesellschaften massiv verändern sollte. In den letzten Jahren des neunzehnten Jahrhunderts erfasste eine historische Bewegung ganz Westeuropa, die mit Hilfe sozialer Reformen den Reichtum in den einzelnen Ländern gerechter zu verteilen suchte. Und die Unternehmer der damaligen Zeit wären vermutlich recht schockiert gewesen, hätten sie gewusst, dass Chamberlain nur der Schatten war, den die Zukunft warf. Damals entstand, was wir heute die »öffentliche Hand« nennen, der Sektor, in dem mit Steuergeldern für das Wohl der Gemeinschaft gesorgt wird, und mit ihm die Hoffnung auf ein neues Sozialsystem, das politisch weder rechts noch links stand.

Die Industriegesellschaft litt während der ersten zwei Jahrhunderte ihrer Entwicklung unter dem Kampf einander entgegengesetzter Ideologien, in denen ihre Vertreter jeweils den Entwurf der vollkommenen Gesellschaft sahen. Die konservativen Denker bauten die Idee vom freien Markt zu einem umfassenden ethischen, politischen und ökonomischen System aus, während die Radikalen große Pläne für eine Zukunft des Kollektivbesitzes unter Aufsicht eines paternalistischen Staates schmiedeten. Wenn wir aus dieser Zeit etwas gelernt haben, dann die Tatsache, dass die Wirklichkeit nie der reinen Lehre gehorcht. Gerade der Versuch, diese ideologische Reinheit durchzusetzen, führte zu Fanatismus und brutaler Unterdrückung. Trotz der ideologischen Grabenkämpfe der Rechten und Linken, die die moderne Politik vielfach geprägt haben, geht der Trend in den kapitalistischen Gesellschaften im Westen und in Japan zu gemischten Wirtschaftssystemen, in denen eine gewisse Form der Planwirtschaft sowie der öffentliche

Sektor eine immer größere Rolle spielen, um die Wirtschaft stabil zu halten und die ärgsten Auswüchse der Armut in den Griff zu bekommen. Im Gegenzug für die Freiheit, ihre Geschäfte auf innovative, riskante und häufig zerstörerische Weise betreiben zu können, haben die Unternehmer akzeptiert, dass der freie Markt mit Sicherheitsgurten und Airbags ausgestattet wurde, um die schlimmsten Formen von Instabilität und Elend zu verhindern. Dieses Arrangement hat durchaus seinen Sinn. Es befreit die Unternehmen von der Verantwortung, ein Sicherheitsnetz für den freien Markt bereitstellen zu müssen, sodass sie infolgedessen mehr Freiheit haben, das zu tun, was sie angeblich am besten können: erfinderisch und innovativ Risiken eingehen, um Geld zu verdienen.

Daher haben die meisten kapitalistischen Gesellschaften ein Wohlfahrtssystem eingeführt. Trotzdem gibt es in jeder Industriegesellschaft reiche Menschen. Das Unternehmertum wird für seine Risikofreude immer noch fürstlich belohnt. Und der Markt hat nach wie vor seine Boom- und Bust-Phasen. Gleichzeitig aber besteht eine stillschweigende Übereinkunft von Seiten der Politiker, ob sie nun dem rechten beziehungsweise linken Lager oder gar der Mitte angehören, einen allgemein hohen Lebensstandard zu bewahren. Keine Weltwirtschaftskrisen mehr, keine Hungerlöhne. Wenn diese Übereinkunft auch die Pole von Reichtum und Armut nicht aufgehoben hat, so hat sie zumindest dafür gesorgt, dass die Kluft zwischen den beiden sich ein wenig schließt. Man streitet nach wie vor darüber, wie hoch die Renten sein können, wie viel Geld für Bildung und Gesundheit ausgegeben wird oder wie viel bezahlten Urlaub ein Land sich leisten kann. Doch niemand hat je ernsthaft in Betracht gezogen, dass diese grundlegenden Errungenschaften nicht mehr aus dem nationalen Einkommen bestritten werden sollen. Die lange Geschichte der Reformen des Wohlfahrtsstaates hat eine Vision hervorgebracht, die zeigt, wie ein moderner Industriestaat aussehen sollte: eine stabile, gesunde Gesellschaft, der faires Teilen wichtiger ist als wettbewerbsbetontes Raffen.

Bisher gab es genau zwei Ausnahmen zu dieser allgemeinen Entwicklung: Großbritannien seit der Regierung Thatcher und die Vereinigten Staaten seit der Reagan-Ära. Beide Länder erlebten im späten zwanzigsten Jahrhundert das Wiederaufflackern einer krude individualistischen, kapitalistischen Ideologie, einen Rückfall in den ökonomischen Primitivismus des neunzehnten Jahrhunderts. In beiden Ländern wurden soziale Maßnahmen systematisch ausgedünnt, während die Wirtschaftspolitik sich zunehmend der orthodoxen Lehre vom freien Markt zuwandte. Margaret Thatcher sagte einmal, ihr Ziel sei es, »den Sozialismus auszumerzen«. Und Ronald Reagan definierte seine Absichten so: Er wolle dafür sorgen, dass alle Amerikaner »die Regierung abschütteln« könnten. In beiden Ländern wurde die Verhandlungsmacht der Arbeiterorganisationen massiv geschwächt. Große Teile des öffentlichen Sektors und Eigentums wurden privatisiert. Gleichzeitig wurden die trostlosen Parolen des Sozialdarwinismus, der in den restlichen Industriestaaten längst als ausgestorben galt, wieder aus der Mottenkiste gekramt.

Und so sieht das Ergebnis aus: In den Vereinigten Staaten gehen die Kinder der Schicht, welche die Regierung beschönigend »die arbeitenden Armen« nennt, hungrig zu Bett. In den billigeren Vierteln amerikanischer Städte wuchern Sweatshops. Mehr als 40 Millionen Menschen sind nicht krankenversichert. Wer arbeitslos ist, wird sehr schnell arm. Allein erziehende Mütter erhalten keinerlei Hilfe mehr vom Staat und sind deshalb gezwungen, schlecht bezahlte Jobs anzunehmen. In allen Städten Amerikas werden öffentliche Parks, Schulen, Bibliotheken und Krankenhäuser geschlossen, weil sie angeblich unbezahlbar geworden sind. Der ganz normale Angestellte trägt die Hauptlast. Von ihm erwartet man, wirtschaftliche Schwankungen in entfernten Weltregionen auszubaden, über die er nicht die geringste Kontrolle hat. Er soll zusehen, wie sein Arbeitsplatz in Billiglohnländer abwandert, und freiwillig seinen Lebensstandard beschneiden lassen. Dazu nur eine von vielen Zahlen, die eine recht deutliche Sprache sprechen: Seit Reagans Präsidentschaft 1980 begann, ist die Zahl der Obdachlosen und Ausgestoßenen, die in amerikanischen Städten an Unterkühlung, Auszehrung und anderen Krankheiten sterben, ständig gestiegen. Heute gehen in den meisten großen Städten pro Jahr etwa einhundert Menschen auf diese Weise zu Grunde.

Noch vor kurzem wäre diese Art tödlicher Interesselosigkeit sogar für amerikanische Konservative nicht hinnehmbar gewesen. Wie alle anderen entwickelten Länder hatte auch Amerika die Zeit, in der Menschen verwahrlost auf der Straße sterben, hinter sich gelassen. Dank der sozialdarwinistischen Wiedergänger wurden die Uhren zurückgedreht.

Die Corporados betrachten Elend wie dieses als legitimes Mittel, die arbeitende Bevölkerung zu disziplinieren und die Armen zu bestrafen. In ihrer Rhetorik nennt sich das »Menschen aus der Abhängigkeit befreien«. In ihren Augen ist es gut für die Seele der Nation, wenn man die Bevölkerung insgesamt den Unsicherheiten des Marktes überlässt. Wenn Angestellte sich um ihren Job, wenn nicht gar ums Überleben, Konkurrenzkämpfe liefern müssen, steigert dies angeblich Initiative und Erfindungsgeist – zwei Qualitäten, die Amerika groß gemacht haben. Im dauernden Kampf ums tägliche Brot würden wir schließlich wie sie: geschickt, selbstständig, hartgesotten. Wie alle Sozialdarwinisten vergangener Zeiten betrachten sich auch die Corporados als die Crème de la Crème der Zivilisation.

Bald stellte sich außerdem heraus, dass der darwinistische Führungsstil der Killer-CEOs unabdingbar war, wenn man in der neuen globalisierten Wirtschaft der 1990er Jahre überleben wollte. Die großen Handelsabkommen jener Zeit ermöglichten es den Führungskräften amerikanischer Unternehmen, jeden »kleinlichen Nationalismus« ein für alle Mal abzulegen. Mit NAFTA und GATT hat Präsident Clinton, ein Demokrat, den Corporados das größte Geschenk gemacht, das amerikanische Unternehmen je von einem Präsidenten erhalten haben, seit Calvin Coolidge 1920 die Gewerkschaften kaltstellte. Heute können die amerikanischen Firmen Güter, Fabriken, Kapital, ja ganze Industriezweige rund um den Globus exportieren. Auf diese Weise wandern immer mehr Jobs in Billigländer ab. Millionen amerikanischer Arbeiter, darunter auch so mancher teuer ausgebildete Hochschulabsolvent, werden arbeitslos und sind gezwungen, jeden beliebigen Job anzunehmen. Ein Programmierer, der in den Vereinigten Staaten 65 000 Dollar im Jahr verdiente, wird durch einen Inder oder Pakistani ersetzt, der dieselbe Arbeit für 10 000 Dollar erledigt. Die amerikanischen Unternehmen unter der Führung der Killer-CEOs machen die Wirtschaft ihres Landes kaputt. Und diese Art des Treuebruchs gilt ihnen auch noch als gesund, als

Rückkehr zur alten Arbeitsmoral, zur natürlichen Ordnung der Dinge, in der eben nur der am besten Angepasste des Überlebens würdig ist.

Götzendiener des Marktes

Mittlerweile hat »der Markt« bei den Corporados den Nimbus des Transzendenten erreicht. Der Begriff an sich wird – gewöhnlich ohne genauere Definition und historische Eingrenzung – als Synonym für den Lauf der Geschichte benutzt. Der »Markt« hat den Kalten Krieg gewonnen. Der »Markt« garantiert der ganzen Welt Freiheit und Wohlstand. Der »Markt« ist das Allheilmittel für soziale Probleme aller Art. Wie christliche Missionare, die einst auszogen, um die Heiden zum einen, wahren Glauben zu bekehren, so verkündet die amerikanische Konzernwelt der unwissenden Menschheit das Evangelium des freien Marktes.

Für einen triumphalistischen Konservativen kennt die Heilkraft des modernen Marktes keine Grenzen. Die Formen, die dieses numinose Dogma mitunter annimmt, grenzen ans Lächerliche. So präsentierte das Verteidigungsministerium im Juli 2003 stolz den »Policy Analysis Market« als neue Waffe im Kampf gegen den Terrorismus. Vorgestellt wurde sie von der renommierten *Defense Advanced Research Projects Agency*, einer Bundesbehörde, die sich innovative Konzepte der Landesverteidigung ausdenkt. Analog den Future-Märkten für Rohstoffe und Währungen sollte per Internet ein Future-Markt für Terroranschläge geschaffen werden. Nur dass die Investoren in diesem Fall auf Bombenanschläge, Attentate, Entführungen und Putschisten wetteten. Begründet wurde diese Idee mit der Wirtschaftstheorie von den effizienten Märkten. Diese geht davon aus, dass der Markt die ideale Nachrichtenquelle ist, weil sämtliche Informationen sofort in ihn einfließen und in Echtzeit verwertet werden. Sachkundige Menschen auf der ganzen Welt würden ihr Bestes tun, um die Wahrscheinlichkeit terroristischer Attacken einzuschätzen und ihr Geld dementsprechend zu platzieren. Dieses »smart money« würde dann automatisch die höchsten Wahrscheinlichkeiten für terroristische Angriffe lokalisieren, sodass die amerikanischen Geheimdienste an den entsprechenden Orten ihre Nachforschungen verstärken könnten. Stiege der Preis der Futures für einen Anschlag auf den Eiffelturm innerhalb der nächsten vier Wochen an, so hieße das, dass mit hoher Wahrscheinlichkeit tatsächlich ein solcher Terrorakt bevorstünde.

Der Vorschlag war so haarsträubend, dass einige Zeitungen ihn als Gag, sozusagen als verspäteten Aprilscherz präsentierten. Er wurde tags darauf verworfen, war aber ursprünglich durchaus ernst gemeint. Das Verteidigungsministerium hatte für seine Ausarbeitung schon fast eine Million Dollar ausgegeben und forderte nun drei Millionen Dollar nach. Das Interessanteste an der ganzen Idee ist ein Punkt, den ihre Väter übersehen haben, auch wenn die Kritiker schnell dahinter kamen: Terroranschläge folgen nicht den Gesetzmäßigkeiten der Weizen- oder Haferernte, die ja nicht von Menschenhand gesteuert wird. Für Al Qaida hingegen wäre solch ein Future-Markt ein wahres Gottesgeschenk. Dort könnten sie Gewinn bringend auf eigene Anschläge spekulieren oder – was noch wahrscheinlicher wäre – die Wahrscheinlichkeiten nach Gutdünken manipulieren. Dass dieser so offenkundige Mangel übersehen wurde, zeigt deutlich, wie blind Menschen allem gegenüber sind, was das Etikett »Markt« trägt.

Der »Markt« ist das neue Evangelium der amerikanischen Rechten. Wenn es nach den Corporados ginge, fände der Markt für jedes Problem eine Lösung. Bildung? Man löse das öffentliche Schulsystem auf und verteile Gutscheine an die Eltern, die diese an jeder Schule ihrer Wahl einlösen können. Gesundheitswesen? Am besten gesichert durch den Wettbewerb privater Krankenversicherungen. Renten? Am Kapitalmarkt erbringen die Ersparnisse der arbeitenden Bevölkerung die besten Renditen. Umweltschutz? Lasst uns doch den regulierenden Einfluss des Gesetzgebers durch Marktanreize ersetzen, zum Beispiel durch »Verschmutzungsrechte«, die von »sauberen« an »dreckige« Produzenten verkauft werden können. Und öffentliche Ländereien privatisiert man am besten auch gleich, dann werden sie vom Eigeninteresse der Eigentümer geschützt. Es mag unglaublich erscheinen, doch einige hyperkonservative Umweltschützer treten tatsächlich dafür ein, die Weltmeere mit all ihren Ressourcen an den Meistbietenden zu verkaufen. Solche Gruppen publizieren auch gleich Artikel zu dem Thema, wie man Fischschwärme kennzeichnen könne, um sie als Privateigentum zu deklarieren.

Die Götzendiener des Marktes haben sogar eine Lösung gefunden, wie sich der korrumpierende Einfluss des Geldes auf die amerikanische Politik vermeiden ließe. Wir sollten doch einfach aufhören, darüber nachzudenken. Der Markt wird die Politik doch früher oder später ersetzen. In ihren Augen ist der Markt der demokratischste von allen sozialen Mechanismen. Man muss nur die Menschen als Verbraucher sehen statt als Wähler. Kaufen heißt abstimmen – mit Hilfe des eigenen Einkommens. Was die Menschen kaufen, ist das, was sie wirklich brauchen. Wenn sie freiwillig mehr Geld für Basketball als für die Oper ausgeben, dann wäre es von Seiten der Regierung mehr als elitär, wenn sie mit Steuergeldern die Oper subventionierte. Wenn die Bürger lieber ein Home-Entertainment-Center hätten als eine Schule, dann sei es. Sobald sämtliche öffentlichen Institutionen und Maßnahmen auf den Markt übertragen sind, werden sogar Politiker überflüssig. Die unsichtbare Hand des freien Marktes wird alle Probleme lösen.

Und wenn wir schon dabei sind: Warum sollten Wahlen nicht ebenfalls für den freien Einsatz von Geld offen sein, wie der Markt es ist? Verbraucher kaufen Produkte, weshalb sollten Politiker nicht auch Wählerstimmen kaufen können? Wer immer das Geld hat, die nötigen Stimmen zu kaufen, dem sollte das nicht verboten werden. Die Freiheit, sich Wählerstimmen zu kaufen, ist schließlich ein ebenso wertvolles Gut wie die Freiheit der Rede. Geld ist das Ausdrucksmittel der Reichen. Lassen wir also jene, die der Markt begünstigt hat, ihren Reichtum zum Kauf eines politischen Amtes verwenden – und zwar nicht heimlich und verstohlen, sondern offen und voller Stolz. In den letzten zwanzig Jahren haben ohnehin mehr und mehr Millionäre ihr Geld genutzt, um sich Wahlkampagnen zu finanzieren. 1996 gab ein Kandidat, der für Kalifornien in den Senat einziehen wollte, 40 Millionen Dollar seines eigenen Vermögens aus, um seinen Wahlkampf zu finanzieren. (Er verlor.) Ein Kandidat für den Posten des Bürgermeisters in New York City machte 70 Millionen Dollar für seine Wahl locker. (Er gewann.) Mehr und mehr Amerikaner sehen Millionäre in der Politik als die ideale Lösung für das hoffnungslos korrupte Wahlsystem der Vereinigten Staaten. Sie gelten als ehrlich, weil sie ihr eigenes Geld ausgeben, um gewählt zu werden. Dahinter steht die illusorische Vorstellung, sie müssten keine unsauberen Deals mit anderen eingehen.

Im Jahr 2002 strahlte der Sender Public Broadcasting System in den Vereinigten Staaten eine Fernsehserie aus, die den Titel *The Commanding Heights*, auf Deutsch etwa *An den Schaltstellen der Macht*, trug. Der Wirtschaftswissenschaftler Daniel Yergin zeichnet für das Script der mit hohem Budget und reißerischem Gestus produzierten und beworbenen Serie verantwortlich. Wenn man berücksichtigt, wie viel Geld und Wissen hinter dieser Produktion steckt, handelt es sich vermutlich um die Fernsehsendung mit dem höchsten Quotienten an Fehlinformationen, die je ausgestrahlt wurde. Doch gerade dieser Konstruktionsfehler zeigt, wie abhängig die triumphalistisch orientierten Konservativen mittlerweile von der Ideologie des freien Marktes sind. Darüber hinaus lassen sich darin bequem gebündelt all jene Grundprinzipien ablesen, die schon bald die amerikanische Außenpolitik prägen werden, wenn die Corporados und ihre intellektuellen Handlanger ihren Willen durchsetzen.

Zu Beginn der Serie wird eine neue Dichotomie skizziert. Die Geschichte der modernen Wirtschaftswissenschaften, so heißt es, pendle zwischen dem Gedankengut des rechten und des linken politischen Flügels. Auf der Seite der politischen Rechten haben wir die »Marktbefürworter« wie Friedrich Hayek und die von ihm inspirierte Chicago School. Der Großteil der Serie ist ein Loblied auf Hayeks Genialität, der als der größte Ökonom seit Adam Smith bezeichnet wird. Immer und immer wieder werden die langen Jahre beklagt, in denen Hayek die gebührende Anerkennung versagt geblieben ist. Tatsächlich liefert sein triumphaler Aufstieg aus der Bedeutungslosigkeit das dramatische Grundgerüst der ganzen Serie.

Wenn Hayek also dem rechten Flügel der modernen Wirtschaftswissenschaft zuzurechnen ist, wen haben wir dann auf Seiten der Linken? Namen aus dem sozialistischen oder kommunistischen Lager drängen sich auf: Vielleicht Karl Marx? Oder Mao Tse-tung? Die britische Fabian-Gesellschaft? Die Sozialdemokratie? Weit gefehlt. Für Daniel Yergin wird das äußerste linke Spektrum von John Maynard Keynes und dem Sozialstaat besetzt.

Nun sind die Historiker sich zwar einig, dass Keynes' wichtigste Funktion für die moderne Wirtschaft in der Rettung des Kapitalismus aus seiner dunkelsten Stunde besteht. Tatsächlich wollte Keynes seine Theorien immer in dieser ausgesprochen un-revolutionären Art und Weise verstanden wissen. Ihn als Vertreter des angeblich diskreditierten linken Flügels der Wirtschaftswissenschaft zu sehen, ist geschichtlicher Revisionismus, der der Orwellschen Utopie in nichts nachsteht. Mit einem Streich verschwindet das erste und trostlose Jahrhundert des Industriezeitalters mit all seinem Leid, seinem Elend und seiner Ungerechtigkeit aus dem Blickfeld – und mit ihm der radikale, sozialistische Teil des modernen wirtschaftlichen Denkens. Dass die Sowjetunion zusammenbrach, wird als Beleg dafür zitiert, dass das Streben nach sozialer Gerechtigkeit auch im Kapitalismus sinnlos ist. So bleibt also nur die wirtschaftswissenschaftliche Mitte übrig, die nun an den äußersten linken Rand rückt.

Ein sehr interessanter Versuch der Geschichtsklitterung. Denn dadurch wird liberales Denken zum Hauptfeind des freien Marktes stilisiert. Und alle Themen, die früher Gegenstand wichtiger ökonomischer Debatten waren, wie die Frage nach dem Recht auf Eigentum, unzulässiger Bereicherung, Kontrolle über die Produktionsmittel und Regulierung des Marktes, verschwinden im Abfalleimer der Geschichte. Keine dieser großen moralischen Fragen wird auch nur ansatzweise erwähnt. Not, Elend, Ausbeutung haben nie existiert. Die Industrialisierung kam in die Welt als *deus ex machina* und erwies sich von Anfang an als wunderbare Sache für alle Betroffenen – und ihre Kritiker waren nichts weiter als ewig nörgelnde Ideologen.

Genau denselben Standpunkt vertritt Hayek selbst in seinem 1954 erschienenen Buch *Capitalism and the Historians*, in dem er einen recht merkwürdig anmutenden Überblick über die Entwicklung der Industriegesellschaft gibt. Kaum haben die Dampfmaschinen in Mittelengland ihre Arbeit aufgenommen, sieht die gesamte Arbeiterklasse sich auch schon in bessere wirtschaftliche Verhältnisse hineinkatapultiert. Und er bemüht zahlreiche Statistiken, um diese »Tatsache« zu belegen. Der Preis für Tee und Zucker fiel. Unterwäsche und Beerdigungen wurden billiger. Wie also kommen so viele Historiker zu der Aussage, der Beginn der industriellen Revolution sei für die meisten Menschen mit Armut und Elend verbunden gewesen? Ganz klar: Die Kritiker vom linken Flügel haben die Geschichte verfälscht. Also war, bevor Keynes kam, mit den Industriegesellschaften alles in bester Ordnung. Es gab schlicht keine Probleme, die der Staat hätte lösen müssen. Und so wird Hayeks einseitig verklärende Sicht der Dinge zum einzig vernünftigen Standpunkt der Wirtschaftswissenschaft erklärt, während Keynes kurz abgefertigt wird. Er lag halt einfach daneben. Kein Wort davon, dass Hayeks Theorie des freien Marktes in der Volkswirtschaft als unangreifbar galt, bis die Weltwirtschaftskrise klar zeigte, dass der unregulierte Markt, der einzig von der Ethik des Eigeninteresses getrieben wurde, versagen musste und niemals in der Lage sein würde, innerhalb eines politisch tragbaren Zeitrahmens für wirtschaftliche Erholung zu sorgen. Nicht die Vorurteile seiner Volkswirtschaftskollegen waren es, die Hayek und seine Chicago School nach 1930 in die Wüste schickten. Ihre Theorien hatten sich de facto als inadäquat erwiesen. Und natürlich spart die Serie auch die wichtige Rolle keynesianischer Politik bei der Behebung der Schäden aus, welche die Große Depression angerichtet hatte. Hätte man Hayek zum Ratgeber während der Depression in den schwierigen dreißiger Jahren gemacht, würde die Welt vielleicht immer noch darauf warten, dass die Wirtschaftskrise endlich zu Ende ginge.

Bricht also jetzt endlich die Stunde Hayeks an, da wir die schrecklichen Jahre der Depression hinter uns gelassen haben? Nur wenn wir uns dem Wunschdenken der Triumphalisten anschließen. Wir sollten nicht vergessen, dass es zwischen Keynes' und Hayeks Theorien einen großen Unterschied gibt: Erstere wurden in der Praxis erprobt, Letztere nie. Keynes' Ideen trugen in der praktischen Erprobung vielleicht so manche Schramme davon, doch Hayeks Theorien funktionieren nur in einem idealen Markt, der noch nie existiert hat. Man betrachte nur einmal den größten Unterschied zwischen beiden: Hayek lehnte Keynes' Vorstellungen ab, weil er glaubte, dass jede Art von Wirtschaftspolitik, die sich nicht auf die Preisfindungsmechanismen des freien Marktes verließ, letztlich zu einem diktatorischen System führen würde. Und wenn wir den Machern von *The Commanding Heights* glauben wollen, dann sind die politischen Führer in aller Welt sich einig, dass es keinen besseren Preisfindungsmechanismus als den freien Markt gibt.

Aber das ist blanker Unsinn. Zunächst einmal, weil diese Theorie nur zwei Extreme kennt: den unregulierten Markt oder den diktatorischen Sozialismus. So betrachtet wird die Wirtschaft entweder vom einen oder vom anderen beherrscht. Wir sollen also die Tatsache ignorieren, dass in aller Welt Mischformen existieren, in denen der öffentliche und der private Sektor in unterschiedlichem Verhältnis zueinander stehen. Deutschland, die Niederlande und die skandinavischen Staaten beispielsweise leisten sich eine recht hohe Staatsquote. Haben die Bürger dieser Länder ihre Freiheit verloren, nur weil sie viele Wochen bezahlten Urlaub und ein funktionierendes Gesundheitswesen haben? Sind die Vereinigten Staaten »freier«, weil es dort 40 Millionen Bürger gibt, die sich keinerlei Krankenversicherung leisten können? Sehen wir uns doch einmal die Vereinigten Staaten, die weltweit größte kapitalistische Volkswirtschaft, genauer an. Gibt es dort überhaupt einen Sektor mit einem wirklich freien Markt? Wohl kaum. Unternehmensfusionen und -übernahmen haben die amerikanischen Firmen zu gewaltigen Oligopolen gemacht, welche die Preise nach ihren Wünschen diktieren können. Man hätte vermutlich größte Schwierigkeiten, in den USA auch nur einen Industriezweig zu finden, in dem die Preise – oder die Löhne, Zinsen beziehungsweise Produktqualität – tatsächlich von den Kräften des Marktes gesteuert werden. Oder wie der Sprecher der Ford Motor Company meinte, als man ihn fragte, weshalb das Unternehmen denn die Preise erhöhe: »Wir tun das, um mit der Konkurrenz mithalten zu können.«

Jedes Jahr sehen die USA weniger Unternehmen in einem bestimmten Industrie- oder Dienstleistungszweig um Marktanteile konkurrieren. Einige Monopolisten wie Microsoft sind mittlerweile so fest verankert, dass die Regierung es aufgegeben hat, sie kontrollieren zu wollen. Als sei dies ein Naturgesetz, entwickelt sich der Wettbewerb in den Vereinigten Staaten auf eine Art Oligopol-Wirtschaft hin. Wenn überhaupt, dann können die USA höchstens als Beispiel dafür dienen, wie eine bestimmte Unternehmensstruktur den freien Markt kaputtmachen kann. Wäre Hayek, wenn er noch lebte, aufrichtig genug zuzugeben, dass der unregulierte private Sektor ebenso zur Planwirtschaft werden kann wie jedes sozialistische Staatssystem?

Die Thesen der Produzenten von *The Commanding Heights* scheinen unumstößlich das Schicksal der Menschheit zu prognostizieren. Der stetige Fortschritt des freien Marktes wird als Naturgesetz präsentiert, das letztendlich über alle mangelhaften Versuche, an den delikaten Mechanismen der Volkswirtschaft herumzubasteln, triumphieren muss. Sich selbst überlassen, bewegt die Weltwirtschaft sich so natürlich auf den freien Markt zu, wie der Regen vom Himmel fällt oder Ebbe und Flut die Gestade der Weltmeere umspülen. Zumindest sollen wir das glauben. Tatsächlich allerdings ist es eher der erbarmungslose Druck von Seiten der Konzerne, der mittlerweile die ökonomische Zukunft der Welt bestimmt. Die Globalisierung ist das Ergebnis der unausgesetzten, heftigen Bemühungen von Unternehmern und Finanziers, die Welt nach ihrem Bilde zu formen. Jedes Meeting der Welthandelsorganisation, der Weltbank oder des Internationalen Währungsfonds (IWF) dient einzig dazu, neue Deals und Manöver zu ersinnen, um die Banken und Unternehmen der großen Industrienationen zu bereichern und kleinere, lokale Alternativen kaputtzumachen. Und wenn die Macht des Geldes nicht zu den gewünschten Resultaten führt, dann kommt brutale Militärgewalt zum Einsatz. Genau das lässt sich in der Folge des Irakkriegs beobachten. Tatsächlich ist der Irak ein Testfall für die globalen Ambitionen von Amerikas Unternehmenswelt. Auf dem Boden dieses Landes dienen die Visionen, die in *Commanding Heights* noch mit wissenschaftlicher Zurückhaltung präsentiert wurden, nicht mehr der Fernsehunterhaltung, sondern werden zur Blaupause für Machtausübung und Vorherrschaft.

Der Irakkrieg: wie man heute Geschäfte macht

Der Irakkrieg wurde angeblich deshalb begonnen, weil man den Irak demokratisieren wollte. Während der 1990er Jahre gaben sich Washingtons Triumphalisten, die mit diesem Krieg seit den Tagen des ersten Präsidenten Bush schwanger gingen, redlich Mühe, die Staaten im Nahen Osten als »nicht funktional« darzustellen. Die rückständigen arabischen Länder mussten endlich aus ihrer mittelalterlichen Vergangenheit befreit und in die moderne Welt geführt werden. Und der Irakkrieg würde den Irakern alle Segnungen der Freiheit und des Wohlstands bringen. Es handele sich also um einen wohlwollenden, effizienten und konstruktiven Krieg.

Kaum aber war der Sieg verkündet, fiel das Versprechen, den Irak schnellstens seinen Bewohnern zurückzugeben, der Vergessenheit und den wüstesten Vernebelungstaktiken anheim. Tatsächlich war dieses Versprechen nie mehr als Propaganda. Denn das amerikanische Vormachtstreben zeigte sich schon, lange bevor es zu den ersten zaghaften Versuchen einer Demokratisierung des Irak kam. Während die amerikanische Besatzungsarmee noch darum kämpfte, in den Straßen der größeren Städte Frieden und innere Sicherheit zu erhalten, machte die amerikanische Verwaltung in Bagdad den Irak zu der Nation, die den Corporados vorschwebte. Ohne die irakische Bevölkerung auch nur ansatzweise zu befragen, verfügte die amerikanische Verwaltung die Privatisierung sämtlicher staatlicher Industrien. Davon hatte die Bush-Regierung vor dem Krieg nie gesprochen – weder vor den Vereinten Nationen noch vor dem amerikanischen Kongress. Gleichzeitig wurden sämtliche Importzölle mit einem einzigen Federstrich abgeschafft. Ob es das nun wollte oder nicht, die amerikanische Regierung entschied, dass das irakische Volk eine Marktwirtschaft brauche, die dem globalen Wettbewerb offen stehe. Was bedeutet, dass fast alle existierenden irakischen Unternehmen zerstört wurden, denn nur die wenigsten können mit den billigen Produkten konkurrieren, die der Weltmarkt aus den entwickelten Ländern an ihre Ufer schwemmt. War es das, was das irakische Volk wollte? Kümmert das eigentlich irgendjemanden in Washington?

Wenn der Irak dann endlich eine demokratische Regierung haben wird – falls dieser Tag überhaupt je kommt –, ist die wirtschaftliche Neuordnung des Landes abgeschlossen, und seine Industrieanlagen sind an ausländische Investoren verpachtet. Wasser-, Gas-, Öl- und Stromversorgung werden von privaten Anbietern übernommen, wobei eine erkleckliche Anzahl der betroffenen Unternehmen fest in fremder Hand sein wird. Eine solche Politik, die einem Akt der Plünderung gleichkommt, verletzt eigentlich geltende internationale Rechtsstandards, doch die einzige Antwort aus Washington ist weiteres Säbelrasseln. Und wer kann es sich schon leisten, sich mit der letzten verbliebenen Supermacht anzulegen? Der Verdacht drängt sich auf, dass die anhaltende Desorganisation und die fehlende Sicherheit im Alltag des Nachkriegs-Irak Teil einer bewussten Strategie sind, mit Hilfe derer die besiegte Nation am Rand des Chaos belassen wird, damit die Besatzer währenddessen systematisch ihre Reichtümer ausbeuten und ihre wirtschaftliche Zukunft in die für sie günstigste Richtung dirigieren können. Die militärische Besatzung des Landes mag irgendwann einmal zu Ende gehen, die wirtschaftliche Besatzung jedoch wird andauern.

Bereits jetzt bringt die Besatzung des Irak handfeste diplomatische und wirtschaftliche Vorteile. Regierungschefs aller möglichen Länder bemühen sich, den amerikanischen Wünschen Folge zu leisten, um ihren Anteil an der Kriegsbeute zu sichern. Kanada zum Beispiel stand irgendwann einmal auf der Liste derer, die Washington von Aufträgen im Nachkriegs-Irak ausgeschlossen hatte. Ein wenig später, als dies der amerikanischen Regierung diplomatisch von Vorteil schien, erlaubte sie kanadischen Firmen, ebenfalls Angebote für Dienstleistungen oder Wiederaufbauarbeiten abzugeben. Die zukünftigen Präsidenten Amerikas werden es schwer haben, diese Praxis wieder aufzugeben, seien sie nun Demokraten oder Republikaner. In Wirklichkeit ist der Irak längst das, was die Amerikaner einen »slush fund« nennen – ein Konto für Bestechungsgelder. Und dasselbe wird mit jeder anderen Brutstätte des Terrors geschehen, in die die USA in den nächsten Jahren einmarschieren werden. Wann immer ein amerikanischer Politiker verkündet, die Vereinigten Staaten könnten sich jetzt nicht einfach aus dem Irak zurückziehen, weil der Weg zur Demokratie lang und schwierig sei, drängt sich mir der Verdacht auf, dass der wahre Grund für dieses Zögern der mangelnde Wille ist, auf all die schönen, lukrativen Verträge zu verzichten, die die Besatzung so mit sich bringt.

Mit dem Irakkrieg ist Amerikas Status als Supermacht in eine neue Phase getreten. Früher war das Pentagon zufrieden, wenn es Waffen produzieren und lagern konnte. Heute fragt man sich dort, warum man diese wunderbaren Maschinchen verkommen lassen sollte. Wäre es nicht besser, sie einzusetzen? Zumindest für kleinere Militäroperationen wie die Unterwerfung unbedeutender Staaten? Sobald dieses Ziel auf effiziente Weise umgesetzt wurde (mit einer Anzahl von Toten, die der Bevölkerung akzeptabel erscheint, also nicht mehr als 200, 500 oder 600), kann der militärisch erschlossene Bereich von den Corporados wirtschaftlich bis an seine Grenzen ausgebeutet werden. Einige Firmen wie der Baukonzern Bechtel zum Beispiel stehen bereit, um die Infrastruktur wieder zu reparieren. Solche Kontrakte sind besonders lukrativ, denn wer macht sich je die Mühe zu überprüfen, ob die Arbeiten auch tatsächlich ordentlich ausgeführt wurden? Und was passiert, wenn das Ergebnis nicht zufrieden stellend ausfällt? Dann bewilligt der Kongress neue Mittel, um die ganze Arbeit noch mal zu machen – immer und immer wieder. Und so konnte sich der Bechtel-Konzern im März 2003, noch bevor der Irakkrieg losging, über Verträge mit einer Auftragssumme von 680 Millionen Dollar freuen. Im August desselben Jahres entschied die Firma, dass dies nicht ausreichen würde. Auch die US-Verwaltung in Bagdad empfahl, Bechtel Aufträge über weitere

350 Millionen Dollar zu erteilen. Damals war bereits bekannt, dass der Ölkonzern Halliburton, der früher von George W. Bushs Vizepräsident Dick Cheney geführt worden war, vom *Army Corps of Engineers* bislang nicht öffentlich gemachte Aufträge erhalten hatte, die der Firma 1,7 Milliarden Dollar bringen würden. Und sicher gibt es noch zahlreiche andere Firmen, die ohne jede Ausschreibung Aufträge erhalten, um die Wirtschaft der besetzten Nation wieder aufzubauen.

Zumindest geschieht dies im Augenblick mit den irakischen Ölfeldern, mit deren Wiederinstandsetzung die amerikanische Verwaltung bereits die großen Ölkonzerne beauftragt hat. Hier liegt eine andere Form von Vertrag vor. Die Firmen, welche die irakischen Ölfelder wieder förderfähig machen sollen, dürfen sich über Vertragsbedingungen freuen, die ihnen erlauben, einfach mehr Geld abzurufen, wenn sich die ursprünglich genehmigte Summe als zu niedrig erweisen sollte – was natürlich immer der Fall ist. Dies ist eine Variante der üblichen »Kosten-Plus-Verträge«, die in den amerikanischen Waffenprogrammen gängige Praxis sind. Ein Unternehmen gibt ein Angebot zur Produktion einer bestimmten Waffe ab. In diesem Angebot steht einfach irgendwas. Das Unternehmen kann es sich durchaus leisten, einen niedrigen Betrag anzugeben, denn die anfänglich genannte Summe ist nicht von Belang. Schon im nächsten Jahr werden die Vertreter des Unternehmens wieder beim Verteidigungsministerium vorstellig, weil das Projekt sich »urplötzlich« als so viel teurer erweist als vordem veranschlagt. Und nun stellen Sie sich einmal vor, was Kontrakte zum Wiederaufbau eines Landes auf einer Basis wie dieser einbringen.

In den Monaten vor dem Irakkrieg bemühte sich der Sprecher des Weißen Hauses, jene Kritiker des Irakkrieges, die meinten, in diesem Konflikt ginge es nur um Öl, als dumme Kinder dastehen zu lassen. Höflich meinte er, wenn dem so wäre, dann könnte die Regierung ja dem Beispiel anderer Nationen (zum Beispiel einiger der europäischen Verbündeten) folgen und mit Saddam Hussein Geschäfte machen. Klar und deutlich war der Sinn dieser Botschaft zu vernehmen: Amerikanischen Firmen würden allein ihre hohen moralischen Wertvorstellungen verbieten, mit einem blutigen Tyrannen Handel zu treiben. Was natürlich nicht den Tatsachen entspricht. Halliburton, eben jene Firma, die früher von Vizepräsident Dick Cheney geleitet wurde und nun lukrative Verträge zur Instandsetzung der irakischen Ölfelder erhalten hat, stand in den neunziger Jahren in intensiven Handelsbeziehungen mit Saddam Hussein. Über Zwischenhändler im Nahen Osten schloss der Konzern Verträge mit demselben Regime, das der Vizepräsident später so gern zerstört sehen wollte. Als Vorstandsvorsitzender von Halliburton betrieb Cheney aktive Lobbyarbeit in Washington, damit die Handelssanktionen der US-Regierung gegen den Irak aufgehoben werden sollten.

Doch auch im Wissen um diese Tatsachen klingt das Argument des Weißen Hauses irgendwie einleuchtend. Man hätte mit Saddam Hussein doch einfach einen Handel abschließen können, nicht wahr?

Nein, denn der Irakkrieg sorgte für eine Ausgangssituation, die sich von jedem normalen Handelsvertrag deutlich unterschied. In jedem normalen Vertrag geht es um Regeln, Beschränkungen, Verpflichtungen. Warum sollte man sich so etwas antun? War es nicht besser, stattdessen das Militärpotenzial der Supermacht einzusetzen? Ein Krieg auf Kosten des

Steuerzahlers würde den USA erlauben, die irakischen Ölvorräte zu erobern und mit ihnen zu verfahren, wie es dem Präsidenten und seinen Beratern beliebte. Und was taten der Präsident und seine Berater mit dem irakischen Öl? Sie vergaben die Lizenz zur Ölförderung mit Hilfe großzügiger Arrangements, die von der amerikanischen Verwaltung zusammen mit den Vertretern der großen Ölkonzerne ausgearbeitet wurden – ohne Kontrolle durch die Öffentlichkeit. Ist das nicht weit effektiver als langwierige Verhandlungen mit einem unberechenbaren Diktator, die auch noch von den Vereinten Nationen überwacht werden?

Was die Ausgestaltung dieses Arrangements angeht: Hätte Saddam Hussein wirklich bessere Konditionen bieten können als die Regierung Bush? Im Mai 2003 erließ des Weiße Haus eine direkte Verfügung des Präsidenten in Bezug auf die Irak-Kontrakte amerikanischer Ölfirmen. Diese so genannte »Executive Order« ist eine der verstecktesten Aktionen, die ein US-Präsident überhaupt durchführen kann. Diese Verfügungen werden vom Präsidenten erlassen. Sie müssen weder von einer Abgeordnetenkammer abgesegnet noch mit irgendeiner anderen demokratischen Instanz abgestimmt werden. Normalerweise erregen sie auch nicht allzu viel Aufmerksamkeit. In diesem Fall aber gruben ein paar aufmerksame Leute in Washington die Executive Order Nr. 13303 aus, die den wohlklingenden Titel trägt: »Schutz der Gelder für den Wiederaufbau und anderer Eigentumsrechte, an denen der Irak ein Interesse hegt.« Mit EO 13303 verfügte der Präsident nun, dass amerikanische Ölfirmen im Irak nicht per Gesetz für ihr Tun zur Verantwortung gezogen werden können. Sie können also ungestraft jede Art der Menschenrechtsverletzung oder Umweltverschmutzung begehen. Sie sind befreit von jeglicher rechtlicher Verantwortung für Nichteinhaltung von Verträgen, Umweltkatastrophen, Verletzung von Antidiskriminierungs- oder Arbeitschutzbestimmungen und anderer Regelungen des internationalen Rechts. Die Verfügung garantiert jedem, der im Irak Öl fördert, verkauft und vermarktet, vollkommene Immunität vor irakischem, amerikanischem oder internationalem Recht. Wie ein Anwalt einer öffentlichen Rechtsberatung meinte, ist dies »ein Blankoscheck für unternehmerische Anarchie«. Das ist die Politik der Killer-CEOs in ihrer reinsten Form: Man versucht schamlos, das Treiben der Konzerne über das Gesetz zu stellen – wie die Monarchen vergangener Zeiten, die ebenfalls über jegliches Recht erhaben waren.

Doch diese praktischen Arrangements sind nicht nur auf die Ölförderung beschränkt. Da sich der Irak auf unabsehbare Zeit unter der Kontrolle der USA befinden wird, steht die gesamte Wirtschaft des Landes jeder Form von Ausbeutung offen. Das Ausbluten des Irak zu Profitzwecken hat bereits begonnen.

Zu den lukrativsten Besitztümern des Landes gehören ausgedehnte Wasservorräte. Wer sie kontrolliert, darf sich über gewaltigen Einfluss im Nahen Osten freuen. Was Washington damit zu tun gedenkt, ist jetzt schon klar. Der Bechtel-Konzern hat ohne Ausschreibung den Zuschlag für den Wiederaufbau der irakischen Wasserversorgung erhalten. Danach wird das gesamte System vermutlich bald privaten Investoren gehören, auf ähnliche Weise wie westliche Firmen sich auch in Asien und Afrika die Monopolrechte auf die Wasserversorgung gesichert haben. Mit dem Resultat, dass das Wasser mittlerweile mehr kostet, als so mancher arme Einwohner sich leisten kann.

Der Rücksichtslosigkeit der Corporados scheinen dabei keine Grenzen gesetzt. Meist machen sie sich nicht einmal die Mühe, ihre unendliche Gier zu verschleiern. Und so werden sie das Gerippe Irak wohl bis auf den letzten Knochen abnagen. So gab Joe Allbaugh, ein alter texanischer Freund von George W. Bush und sein Wahlkampfmanager bei der Präsidentschaftswahl, im Mai 2003, als die Operation »Befreiung für den Irak« gerade beendet war, seinen Job in der Regierung auf und wechselte ins Lager der künftigen Kriegsgewinnler. Er und ein paar andere enge Freunde des Präsidenten gründeten ein Beratungsunternehmen mit dem Namen New Bridge Strategies. Seine »Beratung« bestand vor allem darin, dass er Firmen Tipps gab, wie sie an Irak-Kontrakte kommen konnten. Dies kündigte er auf seiner Webseite folgendermaßen an: »Die Gelegenheiten, die sich heute im Irak bieten, sind von so ungewöhnlicher Natur und Ausrichtung, dass keine andere Firma über genügend Know-how und Erfahrung verfügt, um sowohl in Washington D. C. als auch vor Ort im Irak effektiv für Sie da zu sein.« Das Unternehmen, dem natürlich kein einziger Iraker angehört, gab als Zielsetzung »wechselseitige Befruchtung« an. »Verscherbeln von Einfluss« wäre wohl ein passenderer Ausdruck. Es würde mich kaum überraschen zu hören, dass solche Leute auch Penizillin an Kinderkrankenhäuser verkaufen, obwohl das Verfallsdatum längst abgelaufen ist.

So also sieht das politische Gewissen Amerikas aus: Während unsere Soldaten im Irak und in Afghanistan sterben, haben die engsten Freunde unseres frommen Präsidenten nichts Eiligeres zu tun, als so schnell wie möglich sämtliche Profite einzustreichen, welche die imperialistischen Abenteuer unserer Nation möglich machen. Der Präsident äußerte sich nicht zu dem Vorfall, und die Wahlkampfstrategen preisen immer noch seine »Führungsqualitäten«.

Wenn die Corporados im Irak bekommen, was sie wollen – also endlose Millionenverträge sowie die uneingeschränkte Möglichkeit, über die Ressourcen des Landes und seine wirtschaftliche Zukunft zu bestimmen –, dann wird aus dem amerikanischen Imperium vermutlich bald ein neuer Unternehmenszweig: eine profitorientierte Regimewechsel-Industrie mit Direktvermarktung. Die Konzerne werden die Kriege ausfechten, die Besatzung organisieren, die vom Krieg zerstörte Infrastruktur wieder aufbauen, neue Regierungsmannschaften rekrutieren und die Nachkriegswirtschaft managen. Vielleicht entstehen ja auch noch Bildungskonzerne, die der besiegten Bevölkerung die Feinheiten der Konsum-Demokratie nahe bringen und ganze Horden fundamentalistischer Rechtgläubiger aussenden, um die heidnischen Seelen vor der Verdammnis zu retten.

Natürlich wird das Ganze weitgehend vom Steuerzahler finanziert, aber es gibt durchaus noch andere Verdienstmöglichkeiten. So gab es während der Kongress-Anhörungen vor dem Irakkrieg einige Abgeordnete, die ganz offen zugaben, dass die Vereinigten Staaten die Profite aus dem Geschäft mit dem irakischen Öl verwenden würden, um den Wiederaufbau des Landes nach amerikanischen Vorstellungen zu finanzieren. Dass der Wiederaufbau allein Aufgabe amerikanischer Konzerne sein würde, verstand sich von selbst. Niemand schien sich darüber Gedanken zu machen, wer die Buchführung eines solchen Unternehmens überwachen beziehungsweise die Qualität der durchgeführten Maßnahmen prüfen würde. Würde ein irakisches Parlament oder der amerikanische Kongress irgendeinen Einfluss auf dieses gewaltige Vorhaben ausüben können? Oder bliebe es dem Verteidigungsministerium, dem *Army Corps of Engineers* und anderen Institutionen überlassen?

Im Sommer 2003 legte Halliburton einen Plan vor, der dem Unternehmen die uneingeschränkte Finanzierung all seiner tatsächlichen und angeblichen Aktivitäten im Irak von Seiten der Regierung sichern würde. Der Halliburton-Konzern, der Anfang 2004 bei der Ausstellung überhöhter Abrechnungen und der Annahme von Bestechungsgeldern bei seinen Irak-Projekten erwischt wurde, schlug vor, man solle ihm doch einen gewissen Prozentsatz der irakischen Öleinkünfte zugestehen. Und falls eine künftige irakische Regierung dagegen Einspruch erheben sollte, müsse eben der amerikanische Steuerzahler für die entgangenen Einnahmen aufkommen.

Was immer jetzt im Irak geschieht, wird ganz sicher zum Modell künftiger Besatzungen von Seiten des US-Militärs. Schließlich gibt es immer Reichtümer und Ressourcen, die der Sieger übernehmen, vermarkten und an den Meistbietenden verkaufen kann. Und die Corporados stehen Gewehr bei Fuß, um diese verantwortungsvolle Aufgabe zu übernehmen. Früher hätte man solch ein Verhalten als Plünderung bezeichnet. Amerikas Führungsmannschaft nennt es »den Aufbau der Demokratie«.

Solches Streben nach einem allmächtigen, hoch militarisierten Staat unter strenger Aufsicht großer Konzerne lässt einige Menschen (wie mich zum Beispiel) an faschistische Tendenzen in der amerikanischen Unternehmenswelt denken. Mag sein, dass die Killer-CEOs solche Gedanken nicht hegen, weil sie ganz und gar damit beschäftigt sind, Macht und Profit anzuhäufen. Vermutlich sehen sie sich selbst nur als kluge Unternehmer, die eben alle geschäftlichen Möglichkeiten ausnutzen. Doch Unternehmungen, die von Menschen mit solcher Machtbefugnis durchgeführt werden, nehmen automatisch eine politische Dimension an. Also müssen diese Leute ihre Einnahmequellen vor der Kritik und dem wachsamen Auge der Öffentlichkeit schützen. Und so legen die Konzernherrn mit jedem Vertrag, mit jeder Subvention die Grundlagen für genau jenen Staat, den die faschistischen Diktatoren des zwanzigsten Jahrhunderts anstrebten. Sollten die Vereinigten Staaten diesem Schicksal entgehen, dann nur, weil die Corporados ihr Ziel, unsere Gesellschaft nach ihren Vorstellungen zu formen, nicht erreicht haben.

3 Die Triumphalisten

»Deshalb: Unsere Herrscher werden häufig Trug und Täuschung anwenden müssen zum Vorteil der Beherrschten. Und all dies ist, wie wir sagten, nutzbringend wie eine Arznei.
Und mit Recht.«

Plato, *Der Staat*

»Daher muss Philosophie oder Wissenschaft immer die Domäne einer kleinen Minderheit bleiben, und Philosophen oder Wissenschaftler müssen die grundlegenden Ansichten, auf denen eine Gesellschaft beruht, respektieren. Sie zu respektieren heißt nicht notwendigerweise, sie für wahr zu erachten. Philosophen oder Wissenschaftler, welche die Beziehung zwischen der Gesellschaft und der Philosophie beziehungsweise Wissenschaft unter diesem Blickwinkel sehen, müssen sich in ihren Schriften einer bestimmten Ausdrucksweise bedienen, um das, was sie als die Wahrheit erkannt haben, nur den Wenigen zu enthüllen, ohne andererseits den unbedarften Glauben der Menge an die Grundsätze der Gesellschaft zu erschüttern. Sie müssen zwischen der wahren Lehre als der esoterischen Lehre und der sozial nützlichen Lehre als der exoterischen Lehre unterscheiden.«

Leo Strauss, 1959, *What is Political Philosophy?*

Der beherrschende Einfluss
der Hyperkonservativen

In den Vereinigten Staaten bezeichnet man jene, die ich hier »Triumphalisten« (manchmal auch »Hyperkonservative«) nenne, gewöhnlich als »Neokonservative« oder »Reagan-Konservative«. Ich persönlich ziehe den Begriff »Triumphalisten« vor allem deshalb vor, weil darin die aggressive »Der Sieger kassiert alles«-Mentalität dieser Gruppierung besser zum Ausdruck kommt. Nicht, dass die triumphalistische Spielart des Konservativismus irgendwie neu wäre. Das Thema ist vielmehr, dass sie durch und durch rücksichtslos ist, die gewissenloseste Interessengruppe, die je in der Geschichte Amerikas über die Ressourcen einer der großen politischen Parteien verfügt hat.

Wir sprechen hier von einer Hand voll Leute, die nichtsdestotrotz die Richtung vorgeben, wobei sie sich nach einer ganz bestimmten innen- und außenpolitischen Agenda richten. Die Zahl der Akteure ist – wie gesagt – gering, doch sind sie durchweg an strategisch wichtigen Stellen postiert*. Abgesehen von

---

* Da Namen und Netzwerke der Hyperkonservativen sich in den nächsten Jahren verändern werden, sollen sie hier eher als politische Gruppe denn als Einzelpersonen dargestellt werden. Ein paar Namen, die vermutlich auch in den folgenden Jahren die amerikanische Politik prägen werden, seien trotzdem genannt. Für das Jahr 2003 sind als prominenteste Hyperkonservative in und um die Regierung Bush zu nennen: Donald Rumsfeld, Verteidigungsminister, Paul Wolfowitz, stellvertretender US-Verteidigungsminister, Richard Perle, ehemaliger Vorsitzender des US Defense Policy Board (Ausschuss für Verteidigungspolitik), Douglas Feith, Staatssekretär im Verteidigungsministerium, William Luti,

Donald Rumsfeld, der während des Irakkrieges kurzfristig zum Medienstar avancierte, nimmt keiner der führenden Triumphalisten eine wichtige Position in der Regierung ein. Keiner von ihnen wurde von der Bevölkerung gewählt. Die meisten von ihnen sind Bürokraten der zweiten Reihe, die in Ausschüssen mit dem Etikett »Top Secret« sitzen und ihr Augenmerk darauf richten, persönliche Allianzen zu knüpfen, um bestimmte Abgeordnete zu unterstützen und andere auszubooten. Andere Mitglieder dieses Netzwerks sind außerhalb des Regierungsapparates in Think Tanks oder bei konservativen Zeitschriften tätig – so genannte Fachleute, die in Nachrichtensendungen oder Talkshows auftreten, um ihre »Expertenmeinung« zum Besten zu geben. Sosehr man in Washington auch darauf achtet, dass diese Leute nicht zu sehr ins Licht der Öffentlichkeit geraten, sind einige für das besser informierte Publikum keine Unbekannten mehr. Tatsächlich besitzen nur wenige Bürokraten und Politikexperten eine ähnlich hohe Medienpräsenz wie diese. Kaum ein Monat vergeht, in dem die amerikanische Öffentlichkeit – wenn sie denn darauf achtet – nicht ein weiteres Mitglied dieses illustren Zirkels kennen lernt, der die Entscheidungen des Verteidigungsministeriums, der CIA und des Außenministeriums sowie der Waffenexperten im Pentagon so nachhaltig beeinflusst hat. Einige von ih-

Staatssekretär im Verteidigungsministerium, James Woolsey, ehemaliger Chef der CIA, I. Lewis Libby, Stabschef des Vizepräsidenten, Abram Shulsky, Leiter der Geheimdienststelle Office of Special Plans, Robert Bolton, Staatssekretär im Verteidigungsministerium, Richard Armitage, stellvertretender Außenminister, Richard Haas, Leiter des Ausschusses für strategische Außenpolitik im Außenministerium, Stephen Cambone, Staatssekretär für Geheimdienstinformationen im Pentagon, Michael Ledeen vom American Enterprise Institute, einem konservativen Think Tank, sowie Robert Kagan, David Frum und William Kristol, die Herausgeber des *American Standard*.

nen sind regelmäßige Gäste im Fernsehen und verbreiten sich dort über ihre Politik (auch wenn sich ihre Ausführungen nicht immer mit den Tatsachen decken). Die Triumphalisten scheuen das Rampenlicht keineswegs. Man hat sogar eher den Eindruck, als hofften sie insgeheim, eines Tages aus ihrem Herzen keine Mördergrube mehr machen zu müssen und ihre wahren Ziele offen verkünden zu können und so die Amerikaner – vielleicht sogar die ganze Welt – zu Begeisterungsstürmen hinzureißen. Möglicherweise glauben sie wirklich, dass die Menschen allüberall das amerikanische Imperium mit lautem Jubel begrüßen werden, weil sie ihm endlich Dank für den Schutz und den Wohlstand bezeigen können, den es ihnen geschenkt hat. Doch bis dahin müssen sie eben weiterhin Kreide fressen, müssen bestechen und Zwang ausüben.

Ironischerweise sind die Triumphalisten sozusagen die intellektuelle Vorhut der amerikanischen Konservativen, die legitimen Erben Ronald Reagans, der sicher einer der am wenigsten intellektuellen Präsidenten Amerikas war. In dieser merkwürdigen Allianz zwischen einem Schauspieler und den konservativen politischen Strategen waren die Gaben recht klar verteilt: Hie Grips, da Charme. Die Triumphalisten fanden in Reagan einen glaubhaften Antikommunisten, der (zumindest auf dem Bildschirm) ausreichend Charisma besaß, um eine breite Masse an Wählern anzusprechen. Reagan überzeugte Arbeiter ebenso wie die Vertreter der Mittelschicht. Er gewann sogar im Süden der USA Stimmen, der bis 1980 ausschließlich Domäne der Demokraten gewesen war. Aus all diesen Elementen schmiedete Reagan eine machtvolle Wählerkoalition: die neue republikanische Mehrheit, wie man sie nannte. Doch in gewisser Weise war Ronald Reagan kein echter Republikaner. Er war nämlich ein absoluter Verschwender. Obwohl er behauptete, »fiskalpolitisch konservativ« eingestellt zu sein, häufte er die bislang höchsten Defizite in der amerikanischen Geschichte an. Sobald er sicher im Weißen Haus saß, vergeudete Reagan keinen Gedanken mehr an einen ausgeglichenen Haushalt oder niedrige Staatsausgaben. Stattdessen gab er Geld aus – viel Geld. Und zwar nicht für soziale Maßnahmen, sondern für das Militär. Reagans strammer Antikommunismus machte eine Militärmaschinerie nötig, die jedem Land der Welt überlegen war. Den Triumphalisten eröffnete sich so eine wunderbare neue Welt: ein militärischer Konservativismus, der sich, da frei von allen budgetpolitischen Einschränkungen, die neuesten Technologien sichern und so dem Volk eine von Hoffnung und Nationalstolz kündende Botschaft vermitteln konnte.

Tatsächlich schlugen Reagan und seine hyperkonservativen Berater ein neues Kapitel in der Geschichte des amerikanischen Militär-Industrie-Komplexes auf. Die wichtigste Antriebskraft hinter ihrer Entschlossenheit, den Kalten Krieg zu gewinnen, speist sich zweifelsohne aus der Erfahrung des Zweiten Weltkriegs, dem wohl einschneidendsten Ereignis des zwanzigsten Jahrhunderts. Vor dem amerikanischen Kriegseintritt schmiedete die Regierung Roosevelt eine Allianz zwischen der Verwaltung und den größten Unternehmen des Landes, welche die Grenzlinie zwischen Zivil- und Militärgesellschaft verschwimmen ließ. Seit Ende des Zweiten Weltkriegs kommt es immer wieder vor, dass hochrangige Militärs, wenn sie aus der Armee ausscheiden, wichtige Positionen in eben jenen Unternehmen einnehmen, die das Pentagon beliefern. Man spricht hier auch vom »Rotations-Prinzip«: heraus aus dem öffentlichen Sektor und hinein in die Privatwirtschaft. Auf jeden Fall zahlt es sich aus, in altgediente Krieger zu investieren, denn diese können ihre langjährigen Kontakte nutzen, um profitable Verträge mit der Regierung auszuhandeln. Generäle und Admirale sind also Corporados in Ausbildung.

Der Begriff »Militär-Industrie-Komplex« wurde 1960 von Präsident Dwight D. Eisenhower geprägt. Er benutzte ihn in seiner Abschiedsrede an die Nation und verband damit eine eindringliche Warnung: »Wir in den Regierungsgremien müssen uns davor hüten, dem Militär-Industrie-Komplex zu viel Einfluss zu überlassen, sei dieser nun beabsichtigt oder nicht. Das Potenzial für ein katastrophales Anwachsen fehlgeleiteter Machtbefugnisse ist da und wird immer da sein.« Dies war der einzige Begriff, den Eisenhower prägte, und für einen alten General ist dies doch eine recht denkwürdige Äußerung. Doch schließlich hatte er in den Kriegsjahren den Militär-Industrie-Komplex heranreifen sehen. Bis zu dem Tag, an dem er das Kommando über die Landung der alliierten Streitkräfte an den Küsten Frankreichs führte, war Eisenhower immer eher Verwaltungsbeamter als Militärführer gewesen. Während seiner Präsidentschaft bemühte er sich darum, wichtige Ämter zunehmend den Führern großer Unternehmen zu übertragen. Er nannte dies »dynamischen Konservativismus«. Er galt als offener Bewunderer der Unternehmensbosse und ihrer Führungstechniken, daher hätte man gerade von ihm am allerwenigsten erwartet, dass er sich offen gegen die Methoden seiner Kollegen im Pentagon aussprach. Doch seine Warnung kam zu spät. Als er sich vom Amt des Präsidenten verabschiedete, gehörte der Militär-Industrie-Komplex längst zum amerikanischen Weg. In ihm war der Wohlstand der Nation verankert, weil er riesige Profite und ansehnliche Gehaltsschecks garantierte. Die fortdauernde Allianz von Generälen und Corporados machte aus den Vereinigten Staaten eine Konsumgesellschaft.

1960 bildete der Militär-Industrie-Komplex die Grundlage für einen neuen Sozialvertrag in den USA. Während der ersten vierzig Jahre des Arrangements zeigten sich die Konzerne durchaus willig, mit hohen Löhnen und garantierten Bonuszahlungen zum Wohlstand einer prosperierenden Arbeiterschicht beizutragen. Nie zuvor in der amerikanischen Geschichte war die Arbeiterklasse so großzügig an den Profiten des Big Business beteiligt worden wie während der Jahre zwischen 1940 und 1980. Doch diese Großzügigkeit, die das Amerika der Konzerne an den Tag legte, sollte nicht von Dauer sein. Unter Ronald Reagan nahm der Militär-Industrie-Komplex eine Neuausrichtung vor. Er wurde zum Bindeglied zwischen Innen- und Außenpolitik der Triumphalisten.

Der Militär-Industrie-Komplex: Phase 2

Als Ronald Reagan, der Frontman des erstarkenden konservativen Rollbacks, sein Amt antrat, war er fest entschlossen, alle sozialen Maßnahmen, welche die Liberalen unter der Ägide von Roosevelts New-Deal- und Lyndon B. Johnsons Great-Society-Programm eingeführt hatten, gnadenlos zu stutzen beziehungsweise zu streichen. Sein Angriff auf liberale Positionen kam jedoch von gänzlich unerwarteter Seite. In der Vergangenheit hatten die Konservativen meist auf eine verantwortungsvolle Finanzpolitik gepocht, um den Programmen der Liberalen einen Riegel vorzuschieben: niedrige Steuern und niedrige

Staatsausgaben. Dies war eine zwar umsichtige, gleichzeitig aber auch wenig brillante Strategie. Die Reagan-Republikaner hingegen verfolgten eine neue Taktik. Sie nutzten den Militär-Industrie-Komplex, um die Sozialprogramme auszuhebeln, die auch die Mittel- und Arbeiterschicht am Wohlstand der Nation teilhaben ließen. Sie trieben einfach das Militärbudget in bislang ungeahnte Höhen. Es lebe das Defizit, das gewaltige Defizit, ein Defizit, dessen schieres Ausmaß selbst dem verschwenderischsten Liberalen Angstschauer über den Rücken jagen würde. Doch dieses Geld floss nicht in Sozialprogramme, sondern in die nationale Verteidigung. Damit hatte der Präsident ein schlagkräftiges Argument bei der Hand, wenn es um die Kürzungen im Sozialetat und die Verminderung der staatlichen Regulierung ging. Und so lautete die Botschaft an das amerikanische Volk: »Gewehre *und* Butter auf dem Brot können wir uns nicht leisten. Entscheiden wir uns also für die Gewehre – zum Wohle der nationalen Sicherheit.« Und so wandelten sich die Republikaner mit atemberaubender Geschwindigkeit von einem Haufen fiskalpolitisch konservativer Pfennigfuchser zu einer Horde Geldverschwender, die sämtliche Ausgabenrekorde brachen.

Und als strategischen Auftakt leitete Reagan seine Präsidentschaft mit einer bisher ungekannten Verunglimpfung der Sowjetunion ein. Er beschimpfte das Land als »Imperium des Bösen« und gelobte, die Sowjets unnachgiebiger zu bekämpfen als jeder Präsident vor ihm. Gleichzeitig verkündete er eine enorme Steigerung des Militärbudgets. Dann erfüllte er sein Wahlversprechen, das Steuersystem gründlich zu reformieren, indem er die Steuern für höhere Einkommen deutlich senkte. In den achtziger Jahren ließ Reagan so viel Geld ins

Pentagon fließen, dass man hätte glauben können, der ultimative Weltkrieg stünde unmittelbar bevor. Insider berichteten, die Generäle hätten das viele Geld, das ihnen regelmäßig zufloss, gar nicht ausgeben können. So erhielten sie Befehl, Wunschzettel zu schreiben, auf die sie die teuersten und exotischsten Waffensysteme setzen sollten, die sie sich nur vorstellen konnten.

Doch Reagan hatte ein Problem. Als die Sowjetunion langsam, aber sicher auf ihren Zusammenbruch zutaumelte, verloren seine Argumente für extrem hohe Militärausgaben zunehmend an Plausibilität. Der Krieg der Sowjets in Afghanistan war ganz klar ein Fehlschlag. Der eiserne Griff des Kreml um die Staaten Osteuropas lockerte sich allmählich. Die Wirtschaft der Sowjetunion litt unter Korruption, schlechter Planung und ebenfalls unter einem überhöhten Militärbudget. Doch obwohl der Kalte Krieg sich eindeutig seinem Ende zuneigte, bestand Reagan darauf, dass die Sowjets eine größere Bedrohung als je zuvor darstellten. Als Michail Gorbatschow seine Politik der Glasnost einleitete und umfassende Abrüstungsverhandlungen anbot, verlor die harte Linie Reagans jeden Sinn. Nichtsdestotrotz gab er weiter Unmengen Geld für Waffen aus. Als die Sowjetunion schon deutliche Zeichen des Zusammenbruchs erkennen ließ, stellte Reagan seine »Strategic Defense Initiative« (SDI) vor, ein Programm, das eine Billion Dollar kosten sollte. SDI, ein Waffensystem, dessen Ziel es war, sowjetische Angriffsraketen noch im Anflug zu eliminieren, war eine durch und durch absurde Idee. Sämtliche Berechnungen zeigten nämlich, dass dieses System seinen Zweck gar nicht erfüllen konnte. Doch das war nicht die Frage, die Reagans hyperkonservative Berater beschäftigte. Schließlich ging es einzig darum, so viel Geld wie möglich zu verbrennen, um es dem liberalen Zugriff zu entziehen.

Unter Reagans Präsidentschaft wurde die Außenpolitik erstmals zum strategischen Anhängsel eines triumphalistischen Haushaltsprogramms. Seine Militärpolitik hatte nur wenig mit dem Kalten Krieg zu schaffen. Er sah seine Aufgabe weniger darin, Waffen zu produzieren, als vielmehr ein gigantisches Haushaltsdefizit zu schaffen. Doch das Resultat seiner Politik entbehrt nicht einer gewissen Ironie. Vermutlich trug er nicht wenig dazu bei, dass die Sowjetunion schließlich in die Knie ging. Es ist durchaus möglich, dass die UdSSR Ende der achtziger Jahre vollkommen bankrott war. Reagans Wettrüsten versetzte dem Land den Todesstoß, sodass die Sowjetunion schließlich unterging – und Reagan sowie seinen Nachfolger im Geiste, den ersten George Bush, ohne vernünftige Rechtfertigung für ein solch ausufernd hohes Militärbudget zurückließ. An diesem Punkt wurde das Vokabular amerikanischer Politik um ein neues Schlagwort bereichert: »die Früchte des Friedens«. Die politischen Führer der Liberalen setzten sich immer häufiger dafür ein, das Militäraufkommen im Haushalt zu schmälern und es für Sozialprogramme einzusetzen. Nichts war für den Militär-Industrie-Komplex zermürbender als die Aussicht auf Frieden. Wenn es wirklich zum Frieden käme, wie konnte man dann das Land noch davon abhalten, tatsächlich Schwerter zu Pflugscharen zu machen?

Das hätte durchaus geschehen können, hätte für die Vertreter der Militärindustrie nicht die Gunst der Stunde geschlagen. 1991 nämlich lieferte Saddam Hussein dem ersten George Bush einen einigermaßen überzeugenden Grund für einen Angriffskrieg. Der Golfkrieg bot den Triumphalisten eine fantastische Gelegenheit, die Politik der Reagan-Jahre fortzusetzen. Die Ölstaaten des Nahen Ostens, überwiegend instabile Diktaturen, waren ein ideales Betätigungsfeld für neue militärische Abenteuer. Als der erste George Bush es versäumte, den Golfkrieg in eine dauerhafte Besatzung des Irak umzufirmieren, tobten die Triumphalisten in seiner Regierungsmannschaft. Für sie war dies die letzte Gelegenheit, eine argumentative Grundlage für eine neue Welle von exzessiven Militärausgaben wie zu Zeiten des Kalten Krieges zu schaffen. Zweifelsohne sahen manche Triumphalisten in Bushs Entscheidung, den Krieg zu stoppen, auch eine verpasste Gelegenheit, in Amerikas Beziehungen zu Israel mehr Druck auszuüben und so dauerhaften Frieden im Nahen Osten zu schaffen.

Präsident Clinton zeigte wenig Interesse an den triumphalistischen Methoden der Außenpolitik. Obschon die Strategen des rechten Flügels auch ihm ihre ehrgeizigen Pläne zur Absetzung Saddam Husseins schmackhaft zu machen versuchten, ließ er sich nur zu einer warnenden Bombardierung Bagdads bewegen. Seine innenpolitischen Prioritäten waren anderer Natur. So bemühte er sich um ein landesweites Krankenversicherungssystem, dem sich jedoch die Versicherungsindustrie hartnäckig widersetzte. Das hieß nun aber nicht, dass die Triumphalisten ihr Vorhaben aufgegeben hätten. 1997 gründeten sie eine neue, finanziell gut ausgestattete Lobbyisten-Gruppe mit dem Namen *The Project for a New American Century*. Diese Gruppierung ließ Clinton im März 1998 ein Positionspapier zukommen, in dem sie ganz offen für eine expansive Politik im Nahen Osten eintrat. Dieses Papier enthielt eine aus heutiger Sicht recht ominöse Prophezeiung. Es heißt darin, dass es unter Umständen lange dauern wird, bis die Vereinigten

Staaten auf den von der Gruppe intendierten Kurs einschwenken würden – wenn es nicht zu »einer Katastrophe wie Pearl Harbor käme, welche die Ereignisse beschleunigen würde«.

Dieses Ereignis trat am 11. September 2001 ein. Dies war ein Angriff, der traumatischere und kostspieligere Folgen nach sich zog, als jede sowjetische Bedrohung während des Kalten Krieges dies vermocht hatte. Plötzlich gab es eine neue nationale Mission: den Krieg gegen den Terrorismus, der so lange geführt werden musste, wie irgendwo auf der Welt ein Feind existierte, der im Stande war, eine Bombe zu zünden. Die Suche nach den Übeltätern war ein gigantisches Projekt, das eine breite militärische Basis erforderte sowie jede Art von teurer Ausrüstung und Militärstützpunkte in der ganzen Welt. Es bot weit bessere Aussichten als weiland der Kalte Krieg und war außerdem psychologisch noch weit effektiver, wenn es darum ging, die Öffentlichkeit zu mobilisieren.

Während der Hexenjagd McCarthys in den 1950er Jahren hatte man das amerikanische Volk glauben gemacht, die kommunistische Bedrohung lauere in jeder finsteren Ecke des Landes. Doch die Furcht vor dem Kommunismus hatte längst ihre Überzeugungskraft verloren. Terroristen waren da doch etwas ganz anderes. Der 11. September belegte, dass sie das Land bereits infiltriert hatten. Sie konnten überall lauern, und ihre Waffen waren grauenvoll. Terroristen schienen noch Furcht erregender als Kommunisten. Man musste sich nur ihre dunklen, verschlossenen Gesichter mit den dichten Bärten ansehen, damit einem Schauer über den Rücken liefen. Hier war nun endlich der perfekte Feind: geheimnisvoll, hochintelligent, erbarmungslos und von einer irrwitzigen Ideologie getrieben. Terroristen waren noch viel fremdartiger als Kommunisten. Sie trugen exotische arabische Namen und glaubten an einen fremden Gott. Und was noch beängstigender war: Sie waren Fanatiker, jederzeit bereit, ihr Leben für ihre Sache zu opfern. In der nationalen Propaganda wurden den Terroristen all jene Züge zugeschrieben, die George Orwell in seinem Roman *1984* für Emmanuel Goldstein erfunden hatte, den mythischen Staatsfeind, der bei allen Bürgern nichts als Hass auslöste. Osama bin Laden hat dieser Gestalt Leben eingehaucht.

Über Nacht tauchten in jedem politischen Lager Terrorismusexperten auf. Mehr als zwanzig Jahre alte Fachbücher wurden dem staunenden Publikum serviert. Wüste Szenarien erfüllten die Medien, in denen alle neuralgischen Punkte des Landes zum Opfer terroristischer Attacken wurden: die Wasser- und Lebensmittelversorgung, das Stromnetz, die Atemluft. Warnsysteme wurden ersonnen, inklusive eines Farbcodes für terroristische Aktivitäten.

Was konnten die Triumphalisten sich mehr wünschen? Fraglos wird der Krieg gegen den Terrorismus die Existenz des Militär-Industrie-Komplexes noch für lange Zeit sicherstellen, wahrscheinlich wird er seine Protagonisten sogar noch reicher machen. Denn anders als der Kalte Krieg, der sich auf die Aktivitäten anderer Nationen konzentrierte – in erster Linie auf China und die Sowjetunion –, ist der Krieg gegen den Terrorismus eine dunkle Sache, die potenziell endlos dauern kann. Was tun die Terroristen im Augenblick? Wie viele sind es? Was planen sie? Das weiß nur die Regierung. So kann sie auf der Basis geheimer Informationen jederzeit eine nationale Krise ausrufen, kann behaupten, die Gespräche von Terroristen mitgehört zu haben und so über die Gefahr eines unmittelbar bevorstehenden Angriffs informiert zu sein.

Gemeinsam mit den Corporados haben die Triumphalisten den Krieg in ein Festgelage wirtschaftlicher Chancen verwandelt, bei dem alles, was irgendwie profitabel ist, auch verscheuert wird. Die Milliardendeals im Irak zum Beispiel, die an große Unternehmen wie Halliburton oder Bechtel gingen, wurden ohne Ausschreibung vergeben. Das Verteidigungsministerium hat dafür extra eine völlig neue Vergabepraxis geschaffen, für die Ausschreibungen nicht mehr nötig sind. Bushs Republikaner, die niemals müde werden, die Vorteile des Wettbewerbs im freien Markt zu zitieren, sind der Ansicht, es hätte viel zu lange gedauert, andere Angebote einzuholen. Außerdem war ohnehin zu erwarten, dass die großen Unternehmen mit den guten Beziehungen als Sieger aus dem Geschäft hervorgehen würden, denn nur sie haben die nötige Größe und Erfahrung für diesen Job. Beinahe möchte man meinen, diese Unternehmen seien, zusammen mit den großen Ölkonzernen, Ehrenmitglieder der Regierung.

In den siebziger Jahren stellte Ronald Reagan sich an die Spitze der so genannten »Steuerzahler-Revolte«. Deren Impetus dehnte sich in der Folge auf alle Bereiche der Verwaltung aus, ob es nun um Städte, Gemeinden, Länder oder den Bund ging. 1980 trug er diese Revolte sodann ins Weiße Haus. George W. Bush hingegen schaffte es, den Einfluss des rechten Flügels innerhalb der Republikanischen Partei entscheidend zu stärken. Seine massiven Steuersenkungsprogramme haben die Steuerlast von den sehr Reichen hin auf die Arbeiter- und Mittelschicht verlagert. So kamen im Jahr 1950 noch ein Viertel der Bundessteuern aus den Kassen der Unternehmen. Im Jahr 2000 waren sie zwar reicher als je zuvor, zahlten aber nur noch ein Zehntel. Dieses Phänomen ist größtenteils darauf zurückzuführen, dass viele Unternehmen mittlerweile überhaupt keine Steuern mehr bezahlen. Sie haben alle möglichen Schleichwege gefunden, die sie dem Zugriff der Steuerbehörde entziehen. So können sie zum Beispiel ihren offiziellen Firmensitz in eines der zahllosen Steuerparadiese verlegen. Die berüchtigte Halliburton Company, die – wie bereits erwähnt – wegen Bestechung und Betrug ins Zwielicht geriet, bringt ihre enormen Gewinne (zum Beispiel aus den lukrativen Irak-Verträgen) auf den Kayman-Inseln, Bermuda, Trinidad, Tobago und Vanuatu im Südpazifik sowie in Panama und Liechtenstein in Sicherheit. An all diesen Orten hat der Halliburton-Konzern Büros, in denen nichts geschieht. Es geht nur um die Adresse. Resultat: Das Unternehmen zahlt fast keine Steuern.

Und trotz dieser massiven Steuersenkungen trat George W. Bush im Jahr 2002 vehement für die Wiederbelebung von Ronald Reagans Plan für ein Raketenabwehrsystem ein, das Milliarden Dollar kosten sollte. Er war sogar noch mutiger als Reagan. Er verlangte, dass dieses System sofort angeschafft werden sollte, ohne die Standardprozedur des Pentagons durchlaufen zu müssen, bei der das Waffensystem getestet wird, bevor es in Produktion geht. Wie unter der Reagan-Präsidentschaft geht es bei diesem erschreckenden Aktionismus einzig und allein darum, das Land durch hohe Haushaltsdefizite nahezu in den Bankrott zu treiben, was wiederum zur Folge hat, dass die Ausgaben für den öffentlichen Sektor drastisch verringert werden müssten. Kein Wunder also, dass im September 2003, als George W. Bushs Antrag auf die Zuweisung eines Etats von 87 Milliarden Dollar für den Irakkrieg positiv beschieden wurde, erste Gerüchte laut wurden, die von einer drakonischen Kürzung der Haushaltsausgaben sprachen. Das ist triumphalistische Politik in höchster Vollendung, ein glänzendes Beispiel dafür, wie Innen- und Außenpolitik in den Vereinigten Staaten koordiniert werden.

Programm »Transformation«: die Welt als Computerspiel

Aus triumphalistischer Sicht sind die Milliarden, die bislang für den Irak- beziehungsweise Afghanistankrieg ausgegeben wurden, nur der erste Schritt zu einer gewaltigen Aufblähung des Haushaltsdefizites, die letztlich zu einer Revolution der Außen- und Militärpolitik führen wird. Die Kosten des weltweiten militärischen Angriffsplans der USA treten erst nach und nach zu Tage. Mit unglaublicher Geschwindigkeit hat sich der Krieg gegen den Terrorismus als überaus dankbare Rechtfertigungsstrategie für uferlose Militärausgaben erwiesen. Der ursprüngliche Militär-Industrie-Komplex gab Milliarden für schwere Waffen aus, die das Gleichgewicht des Schreckens mit der Sowjetunion aufrechterhalten sollten. Diese Aufwendungen wurden nie ernsthaft heruntergefahren. Darüber hinaus plant der neue Militär-Industrie-Komplex jedoch die Anschaffung kostspieliger Hightech-Waffen. Das Objekt der Begierde ist technisch so ausgefeilt, dass dagegen sogar das Gerät aus dem Golfkrieg wirkt wie Steinaxt und Keule eines Neandertalers. Unter der Führung von Bushs Verteidigungsminister hat eine neue Waffenstrategie Einzug ins Pentagon gehalten: Das Programm »Transformation« hat sich zum Ziel gesetzt, mehr als 150 neue Technologien zu entwickeln, die ihr Zerstörungswerk nun mit computergestützter Genauigkeit und elektronischer Geschwindigkeit betreiben können. »Transformation« allein erfordert eine über Jahrzehnte gehende Finanzierungsleistung. Wie die Kriege in Afghanistan und im Irak auch immer enden mögen, das Militärprogramm des Imperiums schreitet voran. Fehlschläge sind aus triumphalistischer Sicht durchaus akzeptabel, wenn sie nur genügend Geld kosten. Neben Thermonuklearraketen und bewaffneten Bodentruppen setzt das Transformation-Programm unter anderem auch auf das Internet als neue Kampfzone. Dort sollen amerikanische Truppen weltweit den terroristischen Feind jagen und mit nahezu chirurgischer Präzision zur Strecke bringen. So zumindest die Versprechungen der neuen Strategen. In seinen Presseberichten verweist das Verteidigungsministerium stolz auf die erfolgreiche Umsetzung dieser elektronischen Präzisionskriegsführung in Afghanistan. Dort gelang es den amerikanischen Streitkräften – in einigen wenigen Fällen – einzelne Talibanführer ausfindig zu machen, um sie dann von eingeflogenen Soldaten mit tödlicher Präzision zur Strecke zu bringen. Auch die erste Bombardierung Bagdads im März 2003 zielte darauf ab, die irakische Regierung quasi zu »enthaupten«, indem man Saddam Hussein und seine militärischen Führer tötete. Die Geheimdienstinformationen waren falsch, der Versuch schlug fehl, doch die Strategie als solche wird nicht in Frage gestellt. Das amerikanische Militär behauptet nach wie vor, es könne einzelne Gebäude, Fahrzeuge und Menschen mit hundertprozentiger Genauigkeit treffen.

Ein Schlüsselelement dieser neuen Militärstrategie ist die *National Geospatial Intelligence Agency* (NGIA). Sie war ursprünglich für geologische und kartografische Forschungsarbeiten gegründet worden, doch im Jahr 2003 wurde sie vom

Pentagon übernommen. Nun ist ihr Hauptziel, im Krieg gegen den Terrorismus »überlegene Kenntnisse des Kampfgebietes« zu liefern. Mit Hilfe globaler Ortungssysteme und thermaler Bildgebungsverfahren werden die Daten zu Videobildern verarbeitet, die in Sekundenschnelle an die Truppen zu Lande, zu Wasser und in der Luft gesandt werden können. Die Befehlshaber der US-Streitkräfte können auf diese Weise »Chatroom-Kriege« führen, online über die strategischen Erfordernisse der Kampfsituation beraten, deren Anzeige auf ihrem Laptop gerade aktualisiert wird. Jede Entscheidung wird vom Computer sofort in das Taktikprogramm eingerechnet. »Intelligente« Raketen und unbemannte Drohnen werden präzise auf ihre Ziele zugesteuert.

Eine der wichtigsten Waffen des Transformation-Programms ist das ungeheuer kostspielige Stryker-Kampffahrzeug, das mit enormer Geschwindigkeit gut ausgebildete Spezialeinheiten der leichten Infanterie transportieren kann. Anders als der schlichte Panzer früherer Kriege ist der Stryker mit zahlreichen Geräten zur elektronischen Kommunikation und Bildgebung ausgestattet, sodass er problemlos über Satellit Kontakt zu den Befehlshabern in Kommandozentralen weitab vom Kriegsschauplatz aufnehmen kann. Irgendwann in ferner Zukunft wird der Stryker von Roboterfahrzeugen ersetzt werden, die Soldaten erst gar nicht mehr nötig machen. In den Augen der Triumphalisten ist dies der reizvollste Teil des Transformation-Programms. Die so genannte »netzwerk-orientierte« Kriegsführung benötigt immer weniger Soldaten. Auf diese Weise kann Amerika seine militärische Vorherrschaft über den Globus ausdehnen, ohne selbst allzu viel Menschenleben einsetzen zu müssen.

In den Videospots des Verteidigungsministeriums wird die militärische Strategie von Amerikas imperialer Zukunft mehr und mehr zum Szenario eines Science-Fiction-Films. Die Speerspitzen der technologischen Erneuerung der Streitkräfte klingen in ihrer naiven Begeisterung wie zwölfjährige Jungs, für die der Krieg weder politische noch ethische Fragen aufwirft. Wenn man diesen Hightech-Kriegern zusieht, kann man nicht umhin, sich für die mangelnde geistige Reife zu schämen, welche heute die amerikanische Politik prägt. Für sie ist die ganze Welt nichts weiter als ein Computerspiel, in dem ganze Völker und Nationen zu elektronischen Schachfiguren reduziert werden. Die Kurzsichtigkeit und Arroganz der amerikanischen Außenpolitik ist für sich genommen schon problematisch, doch die Erkenntnis, dass der hegemoniale Drang unserer Nation dem pubertären Eifer solcher Führer entspringt, ist geradezu bestürzend.

Die nationale Sicherheit

Der Irakkrieg lieferte die Antwort auf eine Frage, die seit dem Fall der Berliner Mauer über der Welt schwebte. Was wird auf der internationalen Bühne den Kalten Krieg ablösen? Die Triumphalisten haben darauf schon seit den achtziger Jahren eine Antwort parat. Sie teilen das tiefe Misstrauen in internationale Institutionen, das den rechten Flügel der republikanischen Partei prägt. Daher gilt ihnen das gähnende Machtvakuum, das der Niedergang der Sowjetunion hinterließ, als ideale Gelegenheit, die einzige Weltordnung zu errichten, die sie akzeptieren können: eine unilaterale Dominanz Amerikas. Das ist es, was Amerikas Status als einzige verbliebene Supermacht in ihnen auslöst. Ihre Absicht ist es daher, den Augenblick zu nutzen, um der Welt ein für alle Mal das politische Antlitz zu verpassen, das sie für richtig halten.

Obwohl die Triumphalisten ständig tönen, die Macht des Staates auf ein Minimum beschränken zu wollen, geschieht mit der Einführung des von ihnen gewünschten »National Security State« genau das Gegenteil. Keine politische Kraft in der Geschichte der Vereinigten Staaten war je so verliebt in die Macht, so überzeugt von ihrer eigenen Rechtschaffenheit, so entschieden, die Opposition zu den eigenen Ansichten zu bekehren, wie die Triumphalisten. Sie sind wild entschlossen, auf Bundesebene einen Koloss aus der Taufe zu heben, der in der Lage sein soll, alle Widerstände zu brechen. Der ärgste Hemmschuh sind die leidigen Bürgerrechte, welche die *Bill of Rights* den Amerikanern garantiert. Kein Justizminister seit dem Zweiten Weltkrieg hat je mehr Freiheiten verlangt als John Ashcroft. George W. Bushs oberster Justizbeamter behält sich vor, Menschen ohne Verhandlung festzuhalten und mit Hilfe modernster Technologie zu bespitzeln, um persönliche Informationen zu erhalten. Des Terrorismus Verdächtige will er allen möglichen Zwangsmaßnahmen aussetzen, ja sogar foltern. Die Schranken des Gesetzes sollen für alle gelten, nur nicht für den Staat.

Bald nach dem 11. September führte Bushs Justizministerium das »Total Information Awareness Program« (»Programm zur umfassenden Informationsbeschaffung«) ein, das der Regierung die Zusammenführung aller möglichen Daten erlaubt: aus medizinischen, psychologischen, gesetzlichen Quellen. Sogar die Ausleihen in den öffentlichen Bibliotheken werden den Beamten zugänglich gemacht. Angestellte im öffentlichen

Dienst (zum Beispiel der Postbote) werden ermutigt, verdächtige Tatbestände zu melden. Mittlerweile wurde das Programm in »Terrorist Information and Prevention Program« (TIP) umbenannt, damit es weniger bedrohlich klingt. Inhalte und Durchführungsmodalitäten des Gesetzes allerdings blieben unverändert. Der nicht minder beunruhigende *Patriot Act* erlaubt dem FBI, Personen ohne richterliche Anordnung zu überwachen sowie die »vorbeugende« Schnüffelei mit Hilfe elektronischer Überwachungsgeräte. Auf diese Weise sind die Bundesbeamten sogar in der Lage, das Internet-Surf-Verhalten und den Bücherkauf einzelner Personen im Auge zu behalten. Vordergründig zielt dieses Gesetz auf die Kontrolle terroristischer Aktivitäten ab, doch die damit geschaffenen Möglichkeiten wurden bereits zu anderen Zwecken wie zum Beispiel der Strafverfolgung von Porno-Produzenten eingesetzt. Sogar Mitglieder von George W. Bushs eigener republikanischer Partei erhoben gegen dieses Gesetz Einwände. Doch das Justizministerium hat bereits den noch weiter gehenden Entwurf eines zweiten *Patriot Act* in der Schublade, welcher der Regierung einen noch leichteren Zugriff auf die persönlichen Daten ermöglicht. Das Gesetz erweitert beispielsweise die Möglichkeiten, behördliche Vorladungen ohne richterliche Zustimmung ausstellen zu können. Einige der Triumphalisten fordern den Einsatz hoch entwickelter Technik auch bei der Überwachung. So soll der amerikanische Personalausweis bald auch biometrische Daten enthalten (Fingerabdrücke, Netzhaut-Scans und DNS-Profile). Wenn sie sich durchsetzen, werden die Amerikaner in einem grandiosen Akt Orwellscher Ironie bald zum bestüberwachten und -dokumentierten Volk der Erde – alles im Namen ihrer zu verteidigenden Freiheit.

Die Bestrebungen der Triumphalisten machen aber keineswegs an den Grenzen der Vereinigten Staaten Halt. Hinter der konservativen Revolution in den USA zeichnen sich Pläne ab, die globale Ziele verfolgen. Die Generation von Triumphalisten, die in den letzten Jahren an die Spitze Amerikas aufgestiegen ist, mag vom selben ideologischen Eifer erfüllt sein, wie er das Weiße Haus unter Ronald Reagan beherrschte, doch einige neue Faktoren lassen ihre Intentionen heute gefährlicher erscheinen als damals. Gegenwärtig steht weit mehr auf dem Spiel. Mit dem Fall der Sowjetunion eröffnete sich ein Machtvakuum, das den Triumphalisten Möglichkeiten bietet, die bei weitem noch nicht ausgeschöpft sind. Sie hoffen, dass die neue globalisierte Wirtschaft sich bald vollständig in den Händen einer amerikanisch dominierten Business-Elite befinden wird, die ihre Macht wiederum dazu nutzt, den ungebremsten freien Markt überall auf der Welt dauerhaft zu etablieren. Dann müssen die Vereinigten Staaten ihre Militärmacht nutzen, um alle Wettbewerber aus dem Feld zu schlagen. Diese neue Weltordnung wurde schon unter Reagans Präsidentschaft ausformuliert. Dahinter stand der damalige Sachverständige im Verteidigungsministerium Paul Wolfowitz. Er hielt explizit fest, dass der US-Hegemon »auf die Interessen der fortgeschrittenen Industrieländer so weit eingehen muss, dass diese jedes Interesse daran verlieren, ihm seine Führerschaft streitig zu machen«.

Dies war die herrschende Meinung unter den Triumphalisten Mitte der achtziger Jahre. Heute fragt man sich, ob die Interessen der anderen Industrieländer in den USA überhaupt als berücksichtigenswert gelten. Es gibt Grund genug zu der Annahme, dass einige der militärischen und diplomatischen

Strategen in den USA mittlerweile glauben, alles allein in den Griff zu bekommen. So entwickelte das Pentagon unter der Bush-Regierung Pläne, das Atomwaffen-Arsenal der USA so weit aufzustocken und zu modernisieren, dass keine andere Nation mehr mithalten kann. Das Wettrüsten mit der Sowjetunion mag zu Ende sein, doch die USA bemühen sich nach wie vor, den Rest der Welt möglichst weit hinter sich zu lassen. Dabei geht es letztlich darum, die Vereinigten Staaten mit »einsetzbaren« Nuklearwaffen für den so genannten »begrenzten Krieg« auszurüsten. Auf welche Länder aber zielt diese Maßnahme ab? Doch wohl in erster Linie auf andere Nationen, die im Besitz von Nuklearwaffen sind. Sie dienen also in erster Linie der Abschreckung. Ist es wirklich gänzlich unvorstellbar, dass die Triumphalisten ihre früheren Verbündeten zur atomaren Abrüstung zwingen? Bereits 1992 verhärtete sich die Haltung der Triumphalisten gegenüber ihren Verbündeten. In einem Strategiepapier, das in jenem Jahr unter Washingtons Hardlinern kursierte, wurde dem Pentagon eine neue, recht beunruhigende Mission zugedacht. Es sei die Aufgabe des Militärs, »eine neue Weltordnung herzustellen und zu bewahren«. Innerhalb dieses Rahmens, so hieß es, müssten »die USA sichergehen können, dass potenzielle Wettbewerber nicht nach einer bedeutenderen regionalen oder globalen Rolle strebten«. Wer immer also glaubt, dass Frankreich, Deutschland, Russland und an einem bestimmten Punkt auch China sich verbünden könnten, um der amerikanischen Macht Widerstand zu leisten, sollte nie vergessen, dass die Triumphalisten sich geschworen haben, ebendies zu verhindern.

Eine Entschuldigung für die Unterwerfung einstiger Verbündeter ist ja immer bei der Hand. So hat Washington dem Iran schon vor dem Irakkrieg bedeutet, das Land möge sich doch etwas intensiver um die Bekämpfung des Terrorismus bemühen, da man sonst intervenieren und diese Aufgabe mit eigenen Streitkräften erledigen müsse. Der Krieg gegen den Terrorismus hat die nationale Sicherheit Amerikas zu einer Angelegenheit der ganzen Welt gemacht. Wer hätte je gedacht, dass neunzehn Männer mit Teppichmessern, die am 11. September 2001 vier Flugzeuge entführten, den Vorwand dafür liefern würden, dass amerikanische Militäreinsätze in aller Welt plötzlich gerechtfertigt scheinen? Man stelle sich nur einmal vor, welch enorme Überwachungsmaschinerie nötig sein wird, um einen ähnlichen terroristischen Akt zu vermeiden. Und wenn andere Nationen nicht dieselbe Wachsamkeit zeigen, die die Vereinigten Staaten von ihnen erwarten? Washington hat sich schon mehrfach beschwert, dass die Sicherheit auf den Flughäfen anderer Länder nicht dem amerikanischen Standard entspräche. Vielleicht müssen die USA intervenieren, um diesen Ländern zu zeigen, wie man diesen Job richtig macht? Wie sagte doch George W. Bush (recht kriegerisch) in seiner Rede zur Lage der Nation vom Januar 2004: »Amerika wird nicht erst um Erlaubnis bitten, für seine Sicherheit sorgen zu dürfen.« Nichts, was der Präsident an jenem Tag sagte, rief bei den anwesenden Gesetzgebern mehr Applaus hervor.

Das Unternehmen Krieg:
die Rückkehr der Söldner

Im Zentrum des amerikanischen Imperiums steht seine überwältigende Militärmacht. Der Wille, diese Vormacht auch ins
Spiel zu bringen, ist das Hauptmerkmal triumphalistischer Politik. Leider gibt es da ein kleines Problem, das dem bedarfs-
gerechten und unbürokratischen Einsatz dieses Machtmittels
entgegensteht. Dieses Problem ist die Tradition der Wehr-
pflicht, die Bürger zu Soldaten macht und ein grundlegendes
Element der amerikanischen Demokratie ist. Doch das neue
amerikanische Imperium braucht eine andere Art von Militär-
kraft: jederzeit verfügbare, hochtrainierte und möglichst gehorsame beziehungsweise abhängige Kämpfer. Die Schaffung
einer solchen Streitkraft ist für die Fraktion der Triumphalisten
von höchster Bedeutung.

»Die Demokratien«, bemerkte de Tocqueville über die Vereinigten Staaten, als diese noch eine Pioniergesellschaft waren,
»können niemals hoffen, von ihren Soldaten diesen blinden,
genauen, ergebenen Gehorsam zu erlangen, den die aristokratischen Völker den ihren mühelos aufzwingen.« De Tocquevil-
les Worte sollten sich als prophetisch erweisen. In den Zeiten
unilateraler, »vorbeugender« Kriege sind Bürgersoldaten eine
Belastung. Als zu Beginn des Irakkriegs ein Kongressabgeord-
neter vorschlug, einen Einberufungsbefehl zu erlassen, um die
Truppenstärke der USA zu erhöhen, hatte die Regierung Bush
nichts Eiligeres zu tun, als diesen Vorschlag abzuschmettern.
(Was dem Kongress übrigens ebenso am Herzen zu liegen
schien. Ein einziger Abgeordneter hatte einen Sohn, der in diesem Krieg diente. Alle anderen schienen recht froh darüber zu

sein, dass ihre Kinder nicht in den Irak ziehen mussten.) Also verkündete das Pentagon, dass es viel zu lange dauere, neue Rekruten auszubilden. Außerdem seien sie keine guten Kämpfer. Der Vietnamkrieg hatte ja schon hinreichend bewiesen, wie lähmend es sich auswirken kann, wenn die Armee weitgehend aus Wehrpflichtigen besteht. Ein Einberufungsbefehl füllt die Reihen der Truppen mit armen, ungebildeten, schlecht trainierten und renitenten Soldaten. So zusammengesetzte Truppen machen auf die eine oder andere Weise ihrer Unzufriedenheit Luft. Die Disziplin bricht zusammen, die Armee wird demoralisiert. Wie in Vietnam ist die Gefahr groß, dass die Armeeangehörigen zu Drogen greifen. Möglicherweise »mischen sie ihre Offiziere auf«, was bedeutet, dass sie sie niederschießen oder anderweitig eliminieren. An der Heimatfront wird währenddessen das Umgehen der Einberufung zum allseits geübten Volkssport, sodass es gar keinen Sinn hat, Einzelne deswegen zu bestrafen. Außerdem erzeugt die Praxis der Einberufung ein gewisses Protestpotenzial, was meiner Ansicht nach der Hauptgrund ist, warum man nicht zu diesem Mittel gegriffen hat. Sie trägt den Krieg mitten ins Heim der Amerikaner, und das auf eine Weise, welche die Triumphalisten doch lieber vermeiden.

Das neue amerikanische Militär ist mit der einstigen Armee der Wehrpflichtigen gar nicht mehr zu vergleichen. In der öffentlichen Meinung zeichnet Spezialistentum das Bild des Soldaten von heute aus, hier wird in einer militärischen Karrieretruppe gekämpft. Das sind nicht mehr die netten GIs früherer Jahre. Nein, diese Militärs sind hochgradig professionelle Elitetruppen, hartgesottene, kaltblütige Delta-Force- und Navy-Seal-Krieger, die mindestens ebenso sehr James-Bond-Agenten sind wie Soldaten. Sie werden in Spezialeinheiten hart trainiert und kämpfen mit komplexen, gewöhnlich elektronischen Waffen. Anders als im Vietnamkrieg setzt sich diese Streitkraft nicht mehr aus Vertretern der Unterschicht zusammen. Seine Vertreter stammen weitgehend aus dem Arbeitermilieu, junge Männer und Frauen, die früher einen Job in der Fertigungsstraße großer Fabrikhallen hatten, doch diese gingen ja mittlerweile an die Globalisierung verloren. Dies ist die Keimzelle der neuen, imperialen Streitkräfte. Sie stehen bereit, um von einer Minute zur anderen irgendwo auf der Welt zum Einsatz zu kommen. Denn so sieht die neue Militärdoktrin aus: schnell einfallen, das Problem lösen und ohne große Verluste wieder nach Hause ziehen.

Doch die Triumphalisten professionalisieren das Militär nicht nur, sie privatisieren es auch. Dies passt zu ihren ideologischen Bemühungen um die Minimierung des öffentlichen Sektors. Triumphalisten sehen das Allheilmittel für alle sozialen Belange darin, deren Erfüllung von der Regierung auf die Privatwirtschaft zu übertragen. Letztere wird – so argumentiert man – Mittel und Wege finden, Kosten zu senken und in die Gewinnzone zu kommen, sodass die Dienstleistungen insgesamt billiger werden. Wie das funktionieren soll? Angeblich ist der private Sektor effektiver als der öffentliche. Daher würden triumphalistisch eingestellte Konservative alle Aspekte des sozialen Lebens privatisieren und die Regierungstätigkeit am liebsten durch unternehmerische Initiative ersetzen. In allen Bereichen solle statt öffentlicher Leistungen künftig das Streben nach Gewinnmaximierung als treibende Kraft stehen. Der Bildungssektor soll nach Möglichkeit ebenso privatwirtschaftlich organisiert werden wie der Wetterdienst. Wenn sie nur

könnten, würden sie sämtliche Nationalparks und andere un-
bebaute Flächen Amerikas an die Wirtschaft verkaufen. Die
Gefängnisse des Landes sind ohnehin schon fest in privater
Hand. Dort arbeiten die Gefangenen für die niedrigsten Löhne in den USA. Früher war es in den Vereinigten Staaten ein
Verbrechen, Gefängnisinsassen wirtschaftlich auszubeuten.
Solch ein Gebaren war gesetzlich verboten. Heute zählt es –
wie die Kinderarbeit, die so viele US-Firmen im Ausland ganz
selbstverständlich praktizieren – zu den normalen Geschäfts-
praktiken.

Die Privatisierung des Militärs ist die weitreichendste und
am wenigsten ins Bewusstsein tretende Innovation amerikanischer Politik von Seiten der Triumphalisten. Das Söldnerge-
schäft ist ein Wachstumszweig der globalisierten Wirtschaft.
Weltweit werden heute mehr als 100 Milliarden Dollar für militärische Dienstleistungen der Privatwirtschaft ausgegeben.
Die Vereinigten Staaten sind dabei der weitaus größte Kunde.
Im Irakkrieg soll diese Politik getestet werden. Söldner sind
ein zentrales Element in Washingtons Bemühungen um einen
angeblich autonomen, sich selbst regierenden Irak. Die amerikanische Militärverwaltung in Bagdad mag vielleicht abzie-
hen, doch die Streitkräfte des Irak werden weiterhin unter
amerikanischer Kontrolle stehen – wie dies bei allen Satelli-
tenstaaten der Fall ist. Dies liegt unter anderem daran, dass ein
Großteil dieser Kräfte von amerikanischen Privatunternehmen ausgebildet und ausgewählt wird.

Setzen die Triumphalisten auch auf diesem Gebiet ihren
Willen durch, so wird das für die Welt im Allgemeinen bedroh-
liche Konsequenzen haben. Wenn die bewaffneten Truppen
Amerikas mehr und mehr durch Kräfte profitorientierter Ver-

tragssoldaten ersetzt werden, verfügt der Kommandeur der Streitkräfte über eine Militärgewalt, die nicht mehr direkt dem Kongress und dem Volk verantwortlich ist. Die Söldner stehen gewöhnlich nicht im Blickpunkt der Öffentlichkeit. Viele Amerikaner wissen gar nicht, dass sie eingesetzt werden. In beiden Irakkriegen waren, soweit wir wissen, amerikanische Spezialtruppen vor Ort, lange bevor die eigentlichen Kampfhandlungen begannen. Sie bereiteten das Terrain für die künftigen Angriffe vor. Möglicherweise eine kluge Taktik. Doch man fragt sich, ob die Vereinigten Staaten künftig irgendwo in Kriege verwickelt sein werden, von denen die Bevölkerung gar nichts weiß. Dies wird umso wahrscheinlicher, wenn die eingesetzten Truppen nicht der Kontrolle durch eine gewählte Autorität unterliegen, sondern nur privaten Arbeitgebern gegenüber verantwortlich sind.

Militärisches Outsourcing ist in den letzten Jahren ohnehin unter der Hand immer stärker angewachsen. Ein Unternehmen aus Virginia wurde zum Beispiel schon 1975 von der US-Armee angeheuert, um die Nationalgarde Saudi-Arabiens zu schulen. Dieses Arrangement hatte zur Folge, dass der Firmensitz der Vinnell Corporation zum Ziel mehrerer terroristischer Attacken wurde. Unter Präsident Clinton wurden sodann Söldner nach Kolumbien geschickt, um dort Amerikas weitgehend geheimen Drogenkrieg zu führen. Das war keine große Sache, nur eine geringe Anzahl privater Truppen einer Firma namens Military Professional Resources Inc., doch dieses Beispiel zeigt sehr schön, wie man militärische Aktionen vor der Öffentlichkeit verbergen kann. Die Triumphalisten hingegen sind fest entschlossen, ihr militärisches Outsourcing in weit ehrgeizigeren Dimensionen zu betreiben. Sie arbeiten unentwegt daran, die militärischen Kräfte der Nation in ein Portfolio lukrativer, gewinnorientierter Dienstleistungen umzuwandeln, ganz so, als kollidiere eine staatlich kontrollierte Militärmacht mit ihren Plänen. Wieder einmal wurde die Vinnell Corporation angeheuert, um Friedenstruppen für den Irak auszubilden, welche die Ordnung im Land aufrechterhalten sollen, falls die US-Armee je abzieht. Solange allerdings die amerikanischen Besatzer im Kreuzfeuer irakischer Guerillakämpfer stehen, wurden extra Söldnertruppen zum Schutz der amerikanischen Soldaten angeheuert. Ein anderes Unternehmen aus Virginia, Blackwater USA, soll militärisches Personal für den Irak ausbilden. Ein ähnlicher Vertrag wurde mit URS abgeschlossen, einem Unternehmen aus Kalifornien. Ein Subunternehmen der Halliburton Company kümmert sich um die logistische Versorgung der Besatzungstruppen mit Lebensmitteln et cetera. Früher war dies Aufgabe des armeeeigenen Verpflegungskorps. Andere Firmen, die mit dem *Army Corps of Engineers* Verträge abgeschlossen haben, bauen Straßen, Brücken, Häfen und Laderampen, die das Militär zu Kampfzwecken oder zur Organisation der Besatzung braucht. Wieder andere Unternehmen bieten Dienstleistungen zur Feindaufklärung an. Es gibt kaum noch einen Aspekt militärischer Aufgabenbereiche, der noch nicht in der ein oder anderen Form der Kontrolle durch die Privatwirtschaft unterliegt.

Wer hat nach dem Pentagon das größte Truppenkontingent in den Irak entsandt? Die Briten etwa? Nein. Die richtige Antwort lautet: private amerikanische Dienstleister. Volle 15 000 Personen der Polizei- und Sicherheitskräfte, Ausbilder, Fahrer und Hilfskräfte sind Angestellte von Privatunternehmen. Man fliegt sie mit riesigen Maschinen, üblicherweise russischer Bauart, von Einsatzort zu Einsatzort. Sollen sie bei Kampfhandlungen eingesetzt werden, springen sie einfach mit dem Fallschirm ab. Sie sind bewaffnet, sie kämpfen, sie töten, sie sterben – aber praktischerweise tauchen die so Gefallenen in keiner Statistik auf, was den Eindruck vermittelt, der Krieg koste heute kein Blut mehr. Von den 87 Milliarden Dollar, die der Kongress 2004 für den Irakkrieg genehmigte, gingen 30 Milliarden an private Militärunternehmen. In den letzten zehn Jahren vergab das Pentagon mehr als dreitausend Verträge an die Privatwirtschaft. Und es sind keineswegs nur die Vereinigten Staaten, die den Krieg zum gewinnträchtigen Unternehmen umgestalten. Auch die Briten verlassen sich mehr und mehr auf Söldner, wenn es um Ausbildung und Einsatz von Truppen geht. Die Soldaten der Queen sind heute Angestellte von Global Risk Strategies, Erinya International oder Genric Ltd. Da das Völkerrecht den Einsatz von Söldnern verbietet, rechnet man die Vertragsstreitkräfte nicht zu den kämpfenden Truppen – obwohl sie die Lizenz zum Töten besitzen. Sie tragen Waffen und waren durchaus schon in Feuergefechte verwickelt. Der Militärforscher Peter Singer vom renommierten Washingtoner Brookings Institute, Autor des Buches *Corporate Warriors*, meint, dass im Irak einige Dutzend dieser Vertragssoldaten getötet oder verwundet wurden, obwohl sie nicht zu den eigentlichen Kriegsopfern zählen. Zahlreiche dieser Söldner sind ehemalige Angehörige von Polizei oder Spezialeinheiten. Andere sind ausgebildete Soldaten aus anderen Ländern. Eine Einheit von Sicherheitskräften, die im Sold von Kellogg, Brown & Root stehen, einem Subunternehmen der Halliburton Company, besteht aus nepalesischen Gurkhas. Andere, vom Pentagon über Privatfirmen angeheuerte Soldaten kommen aus Chile, der Ukraine, Israel, Südafrika und den Fidschi-Inseln.

Als Teil der imperialen Strategie Amerikas ist die Beschäftigung von Söldnern durchaus ein Wachstumsmarkt. Schließlich ist der Krieg ein schmutziges Geschäft, genau die Art von niedriger Tätigkeit, die die Amerikaner nicht so gern selbst machen. Hier decken die Absichten der Triumphalisten sich ausnahmsweise mit dem Volkswillen. Wie lange wird es also dauern, bis die amerikanischen Streitkräfte nicht mehr aus US-Bürgern bestehen, sondern aus Söldnern aus aller Herren Länder, die von Privatfirmen mit Langzeitverträgen gestellt werden, bereit, jederzeit in den Krieg zu ziehen, auch ohne Zustimmung und Finanzierung durch den Kongress, wie einst die Soldaten der East India Company, bevor die Krone sie an die Kandare nahm? Und wenn der Krieg erst zu Ende ist, verfügen die Profis idealerweise auch noch über die nötigen politischen Fähigkeiten für eine Langzeitbesatzung und die Verwaltung des besiegten Landes. Diese Rolle der Streitkräfte ist so neu, dass Militärforscher die amerikanischen Truppen schon als »enforcers«, als »Durchsetzer«, bezeichnen statt als Soldaten. Und was setzen sie durch? »Normen für internationales Verhalten.« Einer Aufgabe dieser Größenordnung sind normale Soldaten natürlich nicht gewachsen. Und so sollen die amerikanischen Streitkräfte zu »Diplomaten, internationalen Verhandlungsführern und Hütern der wirtschaftlichen Sicherheit« werden – wenn es nach einem ihrer Befehlshaber ginge.

Rudyard Kipling meinte einst, die Angehörigen der von Großbritannien abhängigen Völker seien »halb Teufel und halb Kinder«. Es sei die »Bürde des weißen Mannes«, sie zu zivilisieren. Amerikas neue Prokonsuln, die amerikanische Vorstellungen in den eroberten Ländern »durchsetzen«, scheinen die Dinge ganz ähnlich zu sehen. Sobald sie den Völkern der Welt beigebracht haben, wie man sich richtig benimmt, kommt es – zumindest in den Augen der Triumphalisten – zum »nation building«, zum Aufbau eines demokratischen Staates, denn nur diese Strategie kann langfristig dem Terrorismus ein Ende setzen.

Von Europa lernen

Zwischen Europa und den Triumphalisten besteht ein eigentümliches Band. Die amerikanischen Konservativen der Generation nach dem Zweiten Weltkrieg verfielen in besonderem Maße dem Einfluss emigrierter europäischer Intellektueller, welche die schrecklichen Lehren mit in die neue Welt brachten, die sie zwangsweise aus dem Faschismus hatten ziehen müssen. Figuren von zum Teil höchstem akademischem Rang wie Friedrich Hayek, Leo Strauss, Hans Morgenthau, Erich Voegelin, Ludwig von Mises, Karl Popper, Hannah Arendt, Richard Pipes und Henry Kissinger kamen während der dreißiger und vierziger Jahre nach Amerika. Sie betrachteten es als ihre Mission, die naiven Amerikaner wachzurütteln und ihnen das hässliche Gesicht der Gegenwart zu zeigen. Auch Ayn Rand, deren Lebenserfahrung von der Frühzeit der Sowjetunion geprägt war, kann zu dieser Gruppe gerechnet werden. Rand, die als Romanschriftstellerin und Filmemacherin enormen Einfluss ausübte, wurde zum Kopf eines kleinen, dafür aber umso giftigeren ideologischen Zirkels, der sein Gedankengut als »Objektivismus« etikettierte. Dieser Zirkel hatte sich die Förderung eines kapitalistischen Systems reinsten Wassers auf die Fahnen geschrieben, weil ihm nur dieses als Garant der Freiheit galt.

Die Warnungen solcher Kreise mögen durchaus ihre Berechtigung gehabt haben, doch indem sie ihre Totalitarismuskritik auf den Staat konzentrierten und die Rolle der Geldgeber des Faschismus völlig außer Acht ließen, zeichneten die europäischen Emigranten dafür verantwortlich, dass der Klub der Unternehmer a priori aus dem Kreis der üblichen Verdächtigen ausgeschlossen wurde. Ihnen war nicht bewusst, dass ein Unternehmen potenziell über nationale Grenzen hinauswachsen und sich zum Staat im Staat entwickeln kann, der häufig größer und finanziell besser bestückt ist als so mancher Kleinstaat. Bereitwillig verschlossen sie die Augen vor der Tatsache, dass amerikanische Unternehmen wie die Ford Motor Company mit dem Nazi-Regime lukrative Geschäfte gemacht hatten. So waren sie einerseits zwar völlig von der Rolle des Geldes in der Gesellschaft besessen, andererseits entstand innerhalb der europäischen Emigrantengemeinde keinerlei Sensibilität für die Tatsache, dass große Vermögen in privater Hand den politischen Prozess auf ungeahnte Weise korrumpieren können. Ihr Denken war von der brachialen Gewalt von Schlagstöcken und Gewehren geprägt, sodass ihnen völlig entging, wie viel Einfluss und Macht sich mit schnödem Mammon kaufen lässt.

Als weiterer Umstand kommt hinzu, dass die europäischen Intellektuellen, sobald sie amerikanischen Boden betreten hatten, ihre Kritik vor allem auf die sozialliberale Politik hier richteten, da sie darin eine gefährliche Stärkung des Staates ausmachten. Einige glaubten, in dieser Art von Politik dieselben Schwächen widergespiegelt zu sehen, die einst die Weimarer Republik zerstört hatten. Andere wiederum waren der Ansicht, dass die Liberalen viel zu nachsichtig mit den Kommunisten umgingen. So brillante Köpfe sich teilweise unter den Eingewanderten auch fanden, so gelang es ihnen doch nicht, die vollkommen unterschiedliche Sozialstruktur der Vereinigten Staaten zu begreifen: die Abwesenheit jeglicher aristokratischen Tradition, die geringere Bedeutung des Militärs, die nahezu schwindsüchtige Verfassung des linken Flügels der amerikanischen Politik, die allgemein nicht-ideologische Natur der amerikanischen Gewerkschaftsbewegung und die Stärke der verfassungsmäßigen Rechtsgarantien. Doch so wenig die eingewanderten Intellektuellen auch von den Verhältnissen in Amerika verstanden, so lässt sich doch ohne Schwierigkeiten begreifen, wie befriedigend es für sie gewesen sein muss, für ihr neues Heimatland die Kassandra zu geben. Dies steigerte ihr Selbstwertgefühl sicher ganz enorm.

So vermachten sie einer ganzen Generation junger konservativer Amerikaner das monströse Bild einer Staatsmacht, das mit den Traditionen des eigenen Landes nicht das Geringste zu schaffen hatte. Tatsächlich hatten sie sich eine Weltsicht zu Eigen gemacht, die die gesamte westliche Zivilisation mit einzubeziehen schien. In den Augen von Strauss, Voegelin und Popper reichte der Totalitarismus in die frühesten Tage europäischer Philosophiegeschichte zurück. Sie schrieben ihm eine fürchterliche historische Strahlkraft zu, gegen die der moderne Liberalismus scheinbar nur unzureichenden Schutz bot. Die Liberalen, so meinten sie, verfügten nicht über genügend moralische Substanz, um dem Bösen wirksam entgegenzutreten. Die pluralistische und moralisch relativistische Einstellung der Liberalen zeugte in den Augen der Emigranten nicht gerade von ausreichender Wertschätzung für das Absolute. Unter dem Einfluss charismatischer Lehrergestalten wie Strauss waren empfängliche Studenten offenkundig bereit, an die universale Gültigkeit bestimmter Ideale zu glauben, nur weil ihr Lehrer ihnen versichert hatte, dass dies so sei. Wo hier der Unterschied zur Hitlerjugend sein soll, die auch glaubte, der Führer habe immer Recht, oder zu den Taliban, die jedes Wort des Korans für göttlich halten, ist mir nicht klar. Wir alle, und seien wir auch – wie ich – Liberale, haben Ideale und würden gern sehen, dass alle anderen Menschen deren absolute Gültigkeit anerkennen. Nur gehe ich nicht davon aus, dass ich das Recht besitze, andere zur Annahme meiner Werte zu zwingen. Es ist wohl genau dieser Unterschied, warum die Konservativen davon überzeugt sind, Liberale hätten keine Überzeugungen.

In schamloser Übertreibung gab Hayek, der bald zum Schutzpatron des freien Marktes aufstieg, seinem meistgelesenen Werk den Titel *The Road to Serfdom* (wörtlich: »Der Weg zur Leibeigenschaft«, auf Deutsch erschienen unter dem Titel *Der Weg zur Knechtschaft*). Damit aber bezog er sich auf einen historischen Tatbestand, der in der amerikanischen Geschichte unbekannt ist. Und selbst wenn man den Begriff der »Leibeigenschaft« als Metapher benutzen wollte, so würde er sicher besser auf die Arbeitsverhältnisse in der amerikanischen Industrie des neunzehnten Jahrhunderts passen, also noch bevor die Gewerkschaften den Arbeitern in der politischen Arena endlich ein wenig Verhandlungsmacht sicherten. Lange bevor es in den Vereinigten Staaten auch nur ein einziges liberales politisches Programm gab, war die Wirtschaft dieses Landes geprägt von Trusts und Monopolen, von Streikbrechern und Militärmilizen, denen die Arbeitnehmer einfach nichts entgegenzusetzen hatten. Nur ein von ideologischen Positionen vollkommen verblendeter Mensch kann behaupten, dass es in den Vereinigten Staaten keine Strukturen der »Leibeigenschaft« gegeben habe, als hier noch der freie Markt herrschte. Zu jener Zeit fochten Arbeitnehmer und Unternehmer harte Kämpfe. Die Industriekapitäne heuerten Streikbrecher an oder riefen das Militär zu Hilfe, wenn die Arbeiter sich organisierten. Es war die Zeit der *company towns*, in der die Arbeitskräfte wie Sklaven an ihren Arbeitgeber gekettet waren, weil sie ihm ständig Geld für Obdach, Kleidung und Ernährung schuldeten. Hätte sich Hayek der Antistaats-Doktrin, die er aus Mitteleuropa mitbrachte, nicht so blind verpflichtet gefühlt, hätte er zumindest ansatzweise begriffen, welch zerstörerische Funktion Monopolkapital in den USA ausgeübt hatte. Doch ebenso wie seine europäischen Exilkollegen konnte auch er die Regierung einfach nicht in der Rolle sehen, die sie in den Vereinigten Staaten gespielt hatte, als sie die Interessen der kampfbereiten Farmer verteidigte, die kollektive Verhandlungsmacht der Arbeitnehmer förderte und die rassistischen Institutionen auflöste, die die Sklaverei dem Land hinterlassen hatte.

Hin und wieder macht sich der Feudalstatus amerikanischer Konzerne heute noch bemerkbar, mitunter auf recht erstaunliche Weise. So brachten im Jahr 2002 Finanzjournalisten ans Licht, dass viele US-Firmen Kapital aus einem durchaus legalen Spielchen schlagen, das auf so genannten »Dead-Peasant«-Policen beruht. In einigen Bundesstaaten der USA ist es nämlich erlaubt, auf die eigenen Angestellten ohne deren Wissen Lebensversicherungen abzuschließen. Diese Policen werden dann zum Gegenstand diverser lukrativer Absprachen zwischen Versicherung und Unternehmen. Stirbt der Angestellte, kassiert die Firma die Versicherungssumme, auch wenn er längst nicht mehr für sie arbeitet – als sei er Leibeigener seiner Firma.

Niemand, der die Geschichte des zwanzigsten Jahrhunderts auch nur ansatzweise kennt, würde die Gefahren des Totalitarismus leugnen. Wir haben Grund genug, vor dem Big-Brother-Potenzial moderner Staaten auf der Hut zu sein. Doch wenn die Triumphalisten von Hitler-Diktatur sprechen, wenn es um die sozialpolitischen Reformen des New Deal und der Great Society beziehungsweise um die Bürgerrechte geht, lassen sie sich – milde ausgedrückt – von ideologischer Übertreibung fortreißen. Und so betrachten sie die Post, den Wetterdienst, die Sozialversicherung und die Nationalpark-Verwaltung als Vorläufer des Faschismus, während sie geflissentlich übersehen, dass die Konzentration von Geld und institutionalisierter Macht in den Händen einer Konzern-Elite möglicherweise eine viel größere Gefahr für die Demokratie darstellt.

Andererseits ist ohnehin nicht ganz geklärt, ob die Triumphalisten die Demokratie tatsächlich *wollen*. Mitunter nämlich verführt ihre Angst vor den rohen, tumben Massen sie zu dem Schluss, dass eine gewisse Form autoritärer Machtausübung durchaus nötig sein mag, um den eigenen Besitz und die intelligente politische Führungsschicht zu schützen. Leo Strauss beispielsweise war der Ansicht, es gebe durchaus Grund für jene »edlen Täuschungen«, deren Gebrauch Plato empfahl, um die soziale Kontrolle zu behalten. In Strauss' Augen entspringen die besten Täuschungen der Religion. Wie Marx hielt er Religion für »Opium«, nur fand er es ganz in Ordnung, wenn man das Volk damit ruhig stellte. In Wahrheit pflegen die Triumphalisten in ihren politischen Ansichten mitunter einen recht elitären Ansatz, als wollten sie damit ihre intellektuellen Fähigkeiten unter Beweis stellen. So unterstreichen sie in ihrem Dauerkampf mit den Liberalen gern, dass die Vereinigten Staaten ja niemals als Demokratie gedacht waren, sondern als »Republik«, welche die Macht einigen verantwortungsbewussten Vertretern übertrug, aber niemals dem Volk direkt. Dieser feine Unterschied ist nicht von der Hand zu weisen. Er ist ein wesentlicher Bestandteil des politischen Systems in Amerika, das auf allen Ebenen nur wenige Möglichkeiten für basisdemokratische Partizipation bereitstellt. Gemeinhin ist die Repräsentation durch gewählte Volksvertreter die Regel. Nur wenige Bundesstaaten lassen Volksabstimmungen im Gesetzgebungsverfahren zu. In einigen können politische Führer oder Richter durch Volksentscheid abberufen werden. Aber das ist eher die Ausnahme denn die Regel. Allein die Tatsache jedoch, dass der angeblich »un-amerikanische Charakter« der Demokratie den Triumphalisten so sehr zu schaffen macht, lässt im Hinblick auf ihre wahren Absichten nichts Gutes ahnen.

Die vernichtende Wut, die diese politischen Kreise in den Vereinigten Staaten den Liberalen entgegenschleudern, ist ohnehin höchst aufschlussreich. Sie offenbart nämlich einen bedauerlichen Mangel an Sinn für die Angemessenheit und historische Dimension des eigenen Tuns. Ihr Hass auf den politischen Liberalismus ist so absolut, dass sie nicht einmal zu begreifen versuchen, welchen Umständen sich die regulatorischen Aktivitäten des Sozialstaats verdanken. Wer nicht tausendprozentig auf ihrer Linie liegt, gilt ihnen ebenso viel wie der übelste Kommunist. Der Geist, der George W. Bushs Außenpolitik vom ersten Moment seiner Präsidentschaft an prägte (»Entweder ihr seid für mich oder gegen mich«), wurzelt in jener pauschal urteilenden Intoleranz, in jenem Extremismus, mit dem seine triumphalistischen Berater ihre Ziele in innen- und außenpolitischer Hinsicht verfolgen. All die Wut, welche die Konservativen einst der kommunistischen Bedrohung entgegenbrachten, konzentriert sich nun auf das liberale Denken, das in den Augen der Triumphalisten die Quelle allen Übels ist, das Amerika befallen hat. Diese Leute brauchen einen Feind, und dieser Feind wiederum muss durch und durch schlecht sein.

Worin aber bestehen nun die schrecklichen Sünden, derer die Triumphalisten die amerikanischen Liberalen zeihen? Im Glauben, dass der Reichtum gleichmäßiger verteilt werden sollte; dass man zu diesem Zweck Wohlhabende stärker besteuern sollte als Mittellose; dass die Regierung ihre Macht dazu nützen sollte, das Leben mit sozialpolitischen Maßnahmen etwas sicherer zu machen; dass der freie Markt im Interesse aller reguliert werden müsste. Diese Ziele sind bescheiden, ja beinahe schlicht. Tatsächlich ist liberales Denken keine besonders aufregende oder spektakuläre Angelegenheit. Das Pathos einer aufgeblasenen Ideologie hat darin keinen Platz. Zudem fehlt es ihm an philosophischer Eleganz. Im Grunde handelt es sich um einen Flickenteppich gut gemeinter Maßnahmen, die Ungerechtigkeit und Ungleichheit dort entgegenwirken sollen, wo sie entstehen. Sogar ich als Liberaler gestehe jederzeit gerne ein, dass diese Maßnahmen nicht immer funktionieren. Sie sind manchmal teuer und ineffizient. Ist dies der Fall, so sollten sie gestrichen werden. Sozialpolitische Maßnahmen haben – wie alles, was in großem Maßstab getan wird – einen gewaltigen und seelenlosen bürokratischen Apparat im Schlepptau.

Wie im Übrigen auch die Konzerne. Ich gestehe anderen gern das Recht zu, mit allen oder einigen der vorgenannten Ziele nicht einverstanden zu sein. Doch zumindest äußern »die Liberalen« offen und ehrlich ihre Absichten, die in zwei Jahrhunderten der Reformpolitik entwickelt wurden. Das liberale Denken ist weder fremdartig noch neu. Es ist Teil des politischen Mainstreams innerhalb der amerikanischen Kultur und tut nicht so, als sei es in irgendwelchen transzendenten Werten oder göttlichen Wahrheiten verankert.

Und doch entfaltet der triumphalistische Kampf gegen die Liberalen mitunter einen geradezu großinquisitorischen Eifer, der diese Häresie am liebsten mit Stumpf und Stiel ausrotten möchte. So hat sich einer der führenden Köpfe der amerikanischen Rechten, Grover Norquist, zum Ziel gesetzt, die liberale Bewegung »finanziell auszutrocknen«. »Wir werden«, schwört er, »einen um den anderen jagen und all ihre Geldquellen zum Versiegen bringen.« Anne Coulter, eine populäre rechte Journalistin, ging so gar so weit, all jene, die sich dem Irakkrieg widersetzten, als »Landesverräter« zu bezeichnen. In den 1950er Jahren erhob Senator Joseph McCarthy denselben Vorwurf gegen die Liberalen, weil sie angeblich viel zu nachgiebig gegenüber den Kommunisten seien. In ihrem deplatzierten Zorn schreckte Coulter nicht einmal davor zurück, McCarthy rehabilitieren zu wollen. In ihren Augen nämlich reicht der Sündenfall der Liberalen in jene Zeit zurück, als McCarthy vor fünfzig Jahren seine Macht einbüßte. Und wie einst Senator McCarthys Ziel nicht nur ein gutes Wahlergebnis für die Konservativen war, so reicht auch Coulters Absicht weit darüber hinaus. Wie alle Triumphalisten will sie die Opposition völlig vernichten. Nun nennen Sie mir bitte einen besseren Maßstab für totalitäre Tendenzen in einem politischen System als dessen Bestrebungen, einen Einparteien-Staat zu schaffen.

In den Augen der Triumphalisten kommt die mangelnde Ehrfurcht der Liberalen vor dem freien Markt, vor Wettbewerb und der Moral der Mittelschicht einem Krieg um Ideale gleich. Denn Ideale, die viel beschworenen »Werte«, sind in den Vereinigten Staaten die Domäne des rechten Flügels. Ideale – ihre Ideale – müssen respektiert und dürfen nicht in Frage gestellt werden. Und nichts scheint die Empfindsamkeit der Triumphalisten mehr zu verletzen als die Allianz zwischen den Liberalen und der Kunst, nutzen die Liberalen doch das Recht auf freie Rede dazu, den moralischen Alleinherrschaftsanspruch der Triumphalisten dreist in Frage zu stellen. Seit den Tagen des »Federal Arts Project«, das Franklin D. Roosevelt in den dreißiger Jahren aus der Taufe hob, um arbeitslosen Künstlern zu helfen, stecken die Liberalen – zumindest glauben das die Konservativen – mit den Künstlern unter einer Decke. Frage: Was sind Künstler? Bohemiens, Herumtreiber, Libertins, Atheisten. Haben nicht die Liberalen 1965 die Stiftung *National Endowment for the Arts* gegründet, die zahllose obszöne Werke ohne jeden Geschmack gefördert hat? »Weg mit dem Müll!«, meinen die Triumphalisten und beziehen sich dabei gleichzeitig auf den gesamten liberalen Flügel amerikanischer Politik.

Konservative und Intellektuelle

Die Konservativen in den Vereinigten Staaten waren zwar schon immer gegen einen mächtigen Staat, doch noch nie haben sie sich so viel Mühe gegeben, ihre Ansichten intellektuell herauszuputzen wie in den letzten Jahren. Seit den Achtzigern hat der Konservativismus eine erstaunliche Mutation vollzogen. Es ist ihm ein Gehirn gewachsen. Bis in die Mitte des zwanzigsten Jahrhunderts war Intelligenz ein Monopol der Liberalen. Das »Progressive Movement« zur Zeit Teddy Roosevelts hatte Bücher und Zeitschriften hervorgebracht, wissenschaftliche Forschungsarbeiten und kluge Gespräche gesehen. Die Progressiven waren eifrig darauf bedacht, den Intellekt in die Politik einzubringen. Für ihre Expertenkommissionen auf Bundes- und Landesebene holten sie Spezialisten aus den Universitäten. Von diesem Moment an hatten die Liberalen immer eine starke Bindung an die Universitäten, während die Konservativen – vor allem in den Unternehmen – den Intellektuellen misstrauten, weil sie sie als Sprecher der Reformbewegung erlebten, die in ihren Augen einer Revolution gleichkam. Der Intellekt war der natürliche Feind des Reichtums. Daher wurden Konservative häufig als Kulturbanausen gesehen, die kein Interesse an der Welt des Geistes zeigten. In der Literatur jener Zeit trat der rechte politische Flügel Amerikas nur als Klasse des Typus auf, den Sinclair Lewis in *Babbitt* so treffend porträtiert hat. Und jene, die diesem Beispiel nacheiferten, gehörten der »Boobocracy« an, der »Doofokratie«.

In den dreißiger Jahren fand das liberale Denken verstärkten Zulauf aus den Reihen der Intellektuellen, weil Roosevelt während des New Deal zahlreiche Förderprogramme für diese Bevölkerungsschicht auflegte. Er selbst war stolz darauf, von einem »Brain-Pool« umgeben zu sein, der in erster Linie aus Universitätsprofessoren bestand. Mitte des zwanzigsten Jahrhunderts gehörten die führenden Köpfe an den Universitäten (sogar in den Privat-Universitäten der illustren *Ivy League*, in denen die Elite des Landes herangebildet wird), in den Medien und in der Welt des Geistes im Allgemeinen entweder dem linken Flügel an oder rechneten sich wenigstens der Mitte zu. Die Liberalen gaben dicke Zeitschriften mit klarer politischer Orientierung heraus. Auf ihre Initiative hin entstanden Studienzentren und Think Tanks, in denen neue Ideen und sozialpolitische Maßnahmen angedacht wurden. Am linken Rand ging das liberale Denken in offenen Marxismus der einen oder anderen Spielart über. Sogar Autoren, die die Sowjetunion scharf verurteilten und die kommunistischen Methoden äußerst kritisch betrachteten, wagten nicht, über Politik oder Wirtschaft zu schreiben, ohne Marx zumindest aus der Ferne die Honneurs zu erweisen. Mit der komplexen Geschichte des radikalen linken Denkens, seinen verschiedenen Fraktionen und Flügelkämpfen vertraut zu sein, war Ausweis eines hoch entwickelten politischen Bewusstseins.

Doch seit den 1970er Jahren investieren auch die Konzerne in Intelligenz. Sie finanzieren Zeitschriften, Bücher und Stiftungen, die ihren Interessen dienen. Und sie haben politische Gruppierungen gegründet (auch sie gewöhnlich gut mit Finanzmitteln versorgt), die schon an den Universitäten junge Leute ansprechen. Heute gibt es in den Vereinigten Staaten zahllose Think Tanks, deren Mittel von großen Unternehmen stammen. Dort sitzen dann konservative Sachverständige und geben Bücher heraus, in denen sie vorzugsweise den erzkonservativen Philosophen Edmund Burke (der im achtzehnten Jahrhundert zum Kreuzzug gegen die Ideen der Französischen Revolution aufrief) oder die *Federalist Papers*, Schriften aus der Gründerzeit der amerikanischen Verfassung, zitieren, um ihre Empfehlungen bestimmter politischer Maßnahmen zu untermauern. Der pompöse Schreibstil, der auf konservative Journalisten wie William F. Buckley und George Will zurückgeht, setzt auf große Worte, gewundene Sätze und einen selbstgefälligen Ton. Mittlerweile gilt er als Markenzeichen für den politischen Standort des Schreibers. Die Anzahl konservativer Zeitschriften ist deutlich angestiegen, selbst in einer Zeit, in der es immer schwieriger wird, Zeitschriften ökonomisch am Leben zu halten. Kein seriöses politisches Magazin kann heute ohne die Gelder von Stiftungen oder privaten Sponsoren überleben.

Es ist ja löblich, dass nun auch Konservative die intellektuelle Auseinandersetzung suchen. Doch wie die liberalen Denker schon vor langer Zeit lernen mussten, können große Ideen, also solche, die den Sinn des Lebens und höhere Werte betreffen, auch berauschen. Man zitiert und zieht damit die Autorität des Schriftstellers auf seine Seite, sei dies nun Plato, Locke oder Hegel. Dies führt schnell zu einer unerträglichen Arroganz. Wenn man liest, was heute aus konservativen Federn fließt, gewinnt man den Eindruck, als hätten manche Ideen sich mittlerweile verselbstständigt, ohne noch auf solche Banalitäten wie die Realität oder den gesunden Menschenverstand Rücksicht zu nehmen. An diesem Punkt verhärten die Ideen sich zur Ideologie, einem geschlossenen System unangreifbarer Prinzipien und unumstößlicher Schlussfolgerungen, denen ein höherer Stellenwert eingeräumt wird als der Erfahrung.

Vielleicht sind diese Bestrebungen tatsächlich nur der Mühe geschuldet, ein intellektuelles Forum zu schaffen, das zum linksliberalen Kulturbetrieb, der sich unter Federführung so bekannter politischer Publikationen wie der *Partisan Review*, dem *Commentary*, der *New Masses* oder *Dissent* (die hin und wieder ebenfalls unter einer recht elitären Gelehrsamkeit litten) etabliert hat, ein Gegengewicht bildet. Hayek (den die Konservativen inzwischen nicht mehr nur als Wirtschaftswissenschaftler handeln, sondern als den größten Philosophen unserer Zeit) löst den Philosophen John Dewey ab, Leo Strauss ersetzt den Literaturkritiker Lionel Trilling, George Will nimmt die Rolle des Kulturkritikers Walter Lippman für die Rechte ein.

Wie absurd dieses ideologische Fabulieren ist, wird deutlich, wenn man sich einmal klar macht, worum es den konservativen Intellektuellen, auch wenn sie mit Fußnoten und Bibliografien um sich werfen, wirklich geht: um Geld und Privilegien, und zwar das Geld und die Privilegien einer ohnehin schon einflussreichen Konzern-Elite. Und hier gibt es nun einen deutlichen Unterschied zwischen der Rechten und der Linken. Liberale und linke Autoren haben von Gewerkschaften und Arbeitslosen nie dicke Schecks erhalten. Niemand ist je reich geworden, weil er für die Rechte der Armen und Benachteiligten eintrat. Auf der anderen Seite verfügt der rechte politische Flügel Amerikas durchaus über ausreichend Geld, um die Politiker, Medien und Anwälte zu kaufen, die nötig sind, um seine Interessen zu verteidigen. Von allen rechten Intellektuellen, die in den Vereinigten Staaten Gehör gefunden haben, war niemand aufrichtiger als Ayn Rand. Sie war der festen Überzeugung, dass nur der Reichtum des Kapitalisten ein sicheres Bollwerk gegen den Bolschewismus darstellt, und betete daher den Dollar ganz unverhohlen an. Für sie war Politik zuallererst einmal Geld. Und danach kam … gar nichts.

Noch absurder werden die Ideen der Triumphalisten, wenn

man sie auf reale politische Fragen anwendet, zum Beispiel, wie man Kinderbetreuung für die Mütter der *working poor* organisiert oder die gesundheitliche Versorgung alter Menschen sicherstellt. Sozialpolitische Maßnahmen, die den ärmsten Bürgern zu einem besseren Leben verhelfen, werden von konservativen Denkern heftig kritisiert, weil sie angeblich eine Bedrohung unserer Freiheit darstellen. An diesem Punkt wird die grandiose philosophische Rhetorik, die den Konservativen mittlerweile so sehr ans Herz gewachsen ist, auf ihren wahren Kern zurückgestutzt: auf das misslaunige Gezeter von Geizhälsen wie Ebenezer Scrooge aus Dickens' Weihnachtsgeschichte. Der intellektuelle Anstrich, den die Triumphalisten sich gern geben, erweist sich schnell als Oberflächenkosmetik, wenn man sich klar macht, wie abhängig sie von der Freigebigkeit der größten Konzerne im Land sind. Denn ohne das dicke Polster der Konzernmillionen könnten konservative Politiker nicht mehr gewählt werden, was zur Folge hätte, dass es keine rechte Politik mehr gäbe. Und was bedeuten den Corporados die ewigen Wahrheiten eines Plato oder Spinoza? Sicher nichts. Für die CEOs ist die einzig wichtige »Literatur« der Aufdruck auf den Geldscheinen, mit deren Hilfe sie ihren Einfluss finanzieren. Daher brauchen konservative Intellektuelle vor allem ein Talent: die Begabung, ihre eigene Verlegenheit unter den Teppich zu kehren, wenn sie die größten Ideen der größten Denker der Geschichte den Zasterfürsten der Konzerne zu Füßen legen.

Als Schüler von Leo Strauss müssen die Triumphalisten ohnehin mit dem Widerspruch zwischen der Wahrheit, die sie glauben, und derjenigen, die sie anderen mitteilen, leben. Heimlich streben sie nach den Privilegien intellektueller Überlegenheit, in der Öffentlichkeit allerdings behaupten sie nach wie vor, für das Volk einzutreten. Im stillen Kämmerlein glauben sie, jeden schmutzigen Trick anwenden zu dürfen, um an die Macht zu gelangen. Vor den Augen der Öffentlichkeit allerdings verkünden sie lauthals ihre Tugendliebe. Tief im Herzen glauben sie, dass die Überzeugungen der Gründerväter der amerikanischen Nation – und mit ihnen alle Ideen der Aufklärung, denen die USA verpflichtet sind – nur ein radikaler Irrweg für Mensch und Natur sind. Öffentlich allerdings treten sie als echte Patrioten auf. Eigentlich sind sie gegen gleiches Recht für alle, nach außen hin allerdings setzen sie sich scheinbar für das Volk ein. Im Geheimen betrachten sie Religion als Aberglauben für die geistig Schwachen, die Öffentlichkeit jedoch sieht sie in fundamentalistischen Bibelkreisen, wo sie apokalyptische Visionen nachbeten.

Und woran liegt es nun, dass einigermaßen gebildete Menschen sich derart in Widersprüche verstricken? Vielleicht steht hinter der ganzen Doppelmoral ja nur der Wunsch nach sozialem Aufstieg. Wir sehen uns hier Menschen gegenüber, deren edle Prinzipien vom Hunger nach Macht aufgefressen werden. Wann immer sich eine Gelegenheit bietet, dienen sie sich an als Redenschreiber und Berater für einige der geistig verarmtesten Politiker, die je in Amerika die politische Bühne betreten haben, zum Beispiel Ronald Reagan und George W. Bush. Sie, die in ihren Sonntagsreden den Wert eines Menschen über jede Institution und jedes sozialpolitische Programm stellen, arbeiten für eine politische Partei, die mit den anrüchigsten Wirtschaftskriminellen in der Geschichte der USA aufs Innigste verquickt ist. Sie betrachten Religion als Opium für die Massen, kaschieren jedoch geschickt ihre Verachtung für jene, die

diesen Suchtstoff brauchen, um die Stimmen der fundamentalistisch-christlichen Wählerschaft zu gewinnen. Doch wozu bemüht man nun Plato, die Philosophie, esoterische Geheimleh-
ren oder irgendwelche ewigen Wahrheiten? Wann hat je ein Politiker Plato gebraucht, um Täuschungsmanöver, Betrug, Bluff
oder den Abschluss eines äußerst vorteilhaften Deals reinzu-
waschen? So wie die Triumphalisten Leo Strauss interpretieren, war jeder betrügerische Parteichef der amerikanischen
Geschichte ein geborener Straussianer.

Der merkwürdigste Nebeneffekt triumphalistischer Intel-
lektualität ist die an den Tag gelegte Faszination von esoterischen Lehren. Offenkundig hat man diese Neigung von Leo
Strauss geerbt. Wenn man jenen seiner Schüler, denen er angeblich seine intimsten Gedanken anvertraute, Glauben schenken darf, war Strauss davon überzeugt, dass es in den klassischen Texten, deren Studium er sein Leben widmete, wohl ver-
borgene Bedeutungsebenen gab. In einigen Fällen entdeckte er
Botschaften, die hinter merkwürdigen Zahlencodes versteckt
waren. Diese Botschaften konnten nur von einigen wenigen
Auserwählten dechiffriert werden. Außerdem waren sie so brisant, dass man sie vor den unerleuchteten Lesern verbergen
musste. Der Pöbel sollte auf keinen Fall wissen, was Plato
wirklich gedacht hatte! Die Angst der Straussianer, die Masse
könnte von den geheimen Lehren ihres Mentors erfahren, ist
beinahe komisch. Es gibt wohl kaum viele Autoren, die weniger Gefahr laufen, plötzlich populär zu werden, als Strauss.
Wenn es esoterische Botschaften in seinem Werk geben sollte,
sind sie vor der Öffentlichkeit absolut sicher! Sofern er nicht
gerade an seiner Dissertation schreibt, ist wohl kaum jemand
bereit, auch nur ein Viertelstündchen auf die Lektüre seiner

Traktate zu verwenden. Er ist ein extrem pedantischer Denker. Seine Prosa ist dicht, subtil und komplex wie die jener Schriftsteller, mit denen er sich sein Leben lang beschäftigte: Plato, Lukrez, Aristoteles, Machiavelli, Spinoza. Selbst am akademischen Schreibstil gemessen gehört Strauss zu den anspruchsvollsten (und ermüdendsten) Autoren. Was nicht heißen soll, dass er nicht zu Tiefe und Einsicht fähig wäre. Doch wie viele andere große Geister verlangt er vom Leser harte Arbeit. Wenn Strauss sagt, dass »Philosophen oder Wissenschaftler sich in ihren Schriften einer bestimmten Ausdrucksweise bedienen müssen, um das, was sie als die Wahrheit erkannt haben, nur den wenigen zu enthüllen«, dann kann man eines auf jeden Fall mit Sicherheit sagen: Er hat diese Kunst gemeistert wie kaum ein Zweiter.

Andererseits wirkt Strauss' Leidenschaft für die Esoterik beunruhigend, wenn man sich vor Augen führt, welchen Einfluss er auf jene seiner Schüler hatte, die in die Politik gegangen sind, vor allem auf die höchst aktiven grauen Eminenzen im Verwaltungsapparat. Strauss war davon überzeugt, dass Nietzsches Übermenschen in unserer Gesellschaft eine wichtige Rolle zukommt. Er ist der Führer, der bereit ist, sich die Hände schmutzig zu machen, um für die unbedarften Massen eine bessere Welt zu schaffen. Vorstellungen wie diese können sich als sehr gefährlich entpuppen, wenn politisch ehrgeizige Typen sie sich zu Eigen machen, die in jeglicher konventionellen Moral ohnehin nur Ballast sehen, den sie nur zu gern über Bord werfen. Man lasse sich nur eine These wie die folgende (aus Strauss' 1963 publiziertem Essay »On Tyranny«) einmal auf der Zunge zergehen: »Die Herrschaft des Tyrannen, der sich – nachdem er durch Betrug, Gewalt und alle möglichen kriminellen Machenschaften an die Macht gekommen ist – nun dem Rat weiser Männer beugt, ist auf jeden Fall rechtmäßiger als die Herrschaft gewählter Volksvertreter …« Das liest sich, als gäbe jeder verbrecherische und korrupte Tyrann einen akzeptablen Herrscher ab, wenn er nur bereit ist, Rat von jenen anzunehmen, die ihm intellektuell überlegen sind. Tatsächlich ist Strauss' Auffassung keineswegs so eindeutig. Möglicherweise spielt er an dieser Stelle nur eine Idee durch, die er bei dem griechischen Philosophen Xenophon entdeckt hatte. Doch wenn ich diese Passage lese, läuft es mir kalt den Rücken hinunter. Ich sehe hinter diesem Nietzsche-Duktus, den Strauss bei seinen Schülern förderte, die triumphalistischen Strategen an der Arbeit, die eifrig ihre Propagandamärchen ausbaldowern, um die Nation in den Krieg zu führen – all das im überzeugten Glauben an die eigene moralische Berechtigung. Auch ich wünsche mir von Herzen, diese Möchtegern-Übermenschen strausssscher Prägung, die heute die amerikanische Außenpolitik bestimmen, als lächerliche Idioten abtun zu können. Bedauerlicherweise aber haben sie mittlerweile genügend Möglichkeiten, in der Welt eine Menge Schaden anzurichten.

Am rechten Rand

Am Standard anderer Industrieländer gemessen besetzen schon Amerikas Triumphalisten den äußersten rechten Rand. In Europa gibt es lediglich einige rassistische Gruppierungen, die vor allem auf das Thema »Zuwanderung« gereizt reagieren und die im Spektrum noch weiter rechts stehen. Die Milch dieser Denkungsart speist auch einige amerikanische Hirne. Hier präsentiert sie sich als biederer »Amerika zuerst«-Populismus, dessen prominentester Vertreter Ronald Reagans früherer Berater Patrick Buchanan ist. Buchanan, dessen politische Vorstellungen auf Isolation der USA und staatlicher Protektion ihrer Wirtschaft hinauslaufen, ist die Stimme eines Konservativismus der alten Garden, der auf die Barry-Goldwater-Republikaner der 1960er Jahre zurückgeht. Buchanan wird nicht müde, für das Präsidentenamt zu kandidieren, obwohl er seine Anhängerschaft weitgehend an die Triumphalisten verloren hat. Doch gibt es da noch andere Elemente des Rechtsaußen-Lagers, mit denen die Triumphalisten seltsame Beziehungen pflegen. So ermutigte und legitimierte das Erstarken der Triumphalisten auf nationaler Ebene die fanatischeren Vertreter der Rechten, deren oberstes Ziel es ist, die Regierung ganz abzuschaffen.

Denn trotz aller rhetorischer Ablehnung einer zentralen Staatsgewalt wollen die Triumphalisten eben jene ausüben. Sie streben nach Ämtern und wollen Politik machen. Ihre Kritik am Staat ist letztlich nichts weiter als ein Lippenbekenntnis, denn ihre Ziele sind voll und ganz von der Realpolitik geprägt. Ihr Ziel ist nicht, die Staatsgewalt abzuschaffen, sondern sie zu übernehmen und sie zum Aufbau einer globalen Vormachtstellung zu nutzen. Eben dieses Ziel zwingt sie dazu, eine starke, dominante Regierung zu schaffen. Sie brauchen die Steuerhoheit des Kongresses, die Exekutivmacht des Präsidenten sowie funktionierende Militär- beziehungsweise Geheimdienststrukturen. Tatsächlich bestand der erste bedeutsame Schritt der Triumphalisten, nachdem George W. Bush das Weiße Haus übernommen hatte, darin, eine eigene Top-Secret-Geheimdienst-

Einheit zu gründen: das *Office of Special Plans*, dessen Chef Abram Shulsky wurde, einer der Schüler von Leo Strauss. Überzeugt, die CIA sei nicht vertrauenswürdig genug, um das in die Tat umzusetzen, was den Triumphalisten vorschwebte, suchten sie mit kalter, dem Kreml würdiger Entschlossenheit nach einer Methode, wie sie die für sie wichtigen Informationen zum Krieg gegen den Terrorismus entsprechend sieben konnten. Im Geheimdienstjargon nennt man dies »sich die Kirschen herauspicken«. Und so nutzten sie das *Office of Special Plans* dazu, ein Rechtfertigungspapier für einen Krieg gegen den Irak zusammenzubasteln, eine hastig fabrizierte Mischung aus schamlosen Übertreibungen und glatten Lügen. Die wichtigsten Informationsquellen hierzu waren der Irakische Nationalrat, eine Exilantengruppe unter der Führung von Ahmad Chalabi, einer zwielichtigen Gestalt, die sich schon seit Jahren in Washington herumtreibt. Also wählten die Triumphalisten ihn aus, um die neue irakische Regierung zu gründen. In einem Manöver, das ob seiner Unbedarftheit schon komisch wirkte, brachte man Chalabi nach Beginn der Invasion mit seiner privaten Söldnertruppe in den Irak, weil man annahm, er könne sich an die Spitze des inner-irakischen Widerstands setzen, der ihn dann zum neuen Präsidenten ausrufen würde. Das Unternehmen schlug kläglich fehl, doch Chalabi bleibt trotzdem der Mann der Triumphalisten in Bagdad.

Diese Besessenheit von der totalen Kontrolle ist auch der Grund, weshalb die Triumphalisten keine Verbündeten unter den anderen konservativen Strömungen finden. Einige erklären sich dieses Streben der Triumphalisten mit einer historischen Haltung, die auf den progressiv-demokratischen Präsidenten Woodrow Wilson zurückgeht. Dieser versuchte nach dem Ersten Weltkrieg, die Vereinigten Staaten zum Schiedsrichter in internationalen Konflikten zu machen. Andere Interpreten sind da weniger positiv. Sie sehen im Triumphalismus eine entfernte Reflexion der Autoritätsgläubigkeit, welche viele enttäuschte Stalinisten und Trotzkisten beibehielten, als sie nach dem Zweiten Weltkrieg die Seiten wechselten und sich dem konservativen Teil des politischen Spektrums anschlossen. Es ist wirklich verblüffend, wie viele verbitterte Ex-Linke zu den Gründervätern der neokonservativen Bewegung in den Vereinigten Staaten zählen. Offenkundig halten sie eiserne Parteidisziplin immer noch für eine gute Sache. Als sie der extremen Linken abschworen, nahmen sie zusehends die Liberalen aufs Korn, weil sie ihnen nicht antikommunistisch genug waren. Angesichts der Tatsache, dass viele dieser Wendehälse sogar Stalin gut fanden – was kein Liberaler je getan hat –, wirkt dieser Vorwurf geradezu bizarr. Worauf der elitäre Gestus der Triumphalisten-Cliquen letztlich auch zurückzuführen sein mag, ihre Form der Machtpolitik ist den »normalen« Konservativen gewöhnlich ein Gräuel. Letztere treten für maximale Freiheit des Bürgers vom Staat ein, also auch für einen kleinen Militärapparat, doch die Republikanische Partei wirbt trotzdem heftig um ihre Unterstützung. Die beiden Hauptgruppen dieser politischen Strömung sind die *Libertarians* und die paramilitärische Rechte.

Die *Libertarians* haben sogar eine eigene politische Partei gegründet, die mit ihren Kandidaten bundesweit an Wahlen teilnimmt. Obwohl die Anhänger der *Libertarian Party* sich durchaus um politische Ämter bemühen, lehnen sie den Eingriff der Staatsgewalt in fast allen Lebensbereichen ab, wenn man einmal von der Wahrnehmung polizeilicher und militärischer Aufgaben absieht. Würden sie sich durchsetzen, würde Amerika schnell wieder zum sozialen Dschungel der frühen Industrialisierung. Doch in ihrer Sicht der Welt ist alles, was diesen Status kapitalistischer Anarchie einschränkt, Ausgeburt des Totalitarismus. Kurz gesagt handelt es sich bei den *Libertarians* um leidenschaftliche Vertreter eines uneingeschränkten Sozialdarwinismus, die glauben, in einer freien Gesellschaft sei es die Pflicht jedes Bürgers, ums Überleben zu kämpfen. Die *Libertarians* führen einen beherzten Krieg gegen alle sozialpolitischen Programme und andere Formen staatlicher Regulierung, doch man kann ihre Aufrufe zum heroischen Pioniergeist nicht so ganz ernst nehmen. Die meisten von ihnen sind Akademiker oder Angehörige hochqualifizierter Berufe, die in der Rolle der hartgesottenen Individualisten nicht so recht überzeugen. Man fragt sich, wer von ihnen staatlichen Schikanen ausgesetzt war, die über das schlichte Schlangestehen in einer Postdienststelle hinausgehen. Die *Libertarians* dreschen lange, blumige Phrasen, wenn es um die Rechtfertigung für eingeschränkte Staatsrechte geht, trotzdem haben sie keine Probleme damit, sich der Antisteuer-Bewegung anzuschließen, deren Ziel sich letztlich in einem simplen Satz zusammenfassen lässt: Keine Steuern ... außer vielleicht für die Finanzierung des Militärs.

Oberflächlich betrachtet scheint eine Allianz zwischen den Triumphalisten, die nach der Zentralgewalt streben, und den *Libertarians*, die nichts mehr verabscheuen als diese, kaum möglich. Würden sich die *Libertarians* mit ihren Ansichten durchsetzen, wäre dies das Ende der triumphalistischen Pläne für die Vorherrschaft Amerikas in der Welt. Doch Triumphalisten und *Libertarians* eint ein starkes Band. Einige der Schlüsselfiguren des triumphalistischen Intellektuellen-Pantheons vertreten Ansichten, die denen der *Libertarians* sehr nahe kommen. Dazu gehören zum Beispiel Friedrich Hayek und sein wichtigster Schüler, der Nobelpreisträger Milton Friedman. Hayeks Kritik der liberalen Wirtschaftsideen ist für die Triumphalisten von so entscheidender Bedeutung, dass sie ihn nicht aus ihren Reihen verbannen können, auch wenn ihre imperialistischen Vorstellungen und der gewaltige Militärapparat, der dazu nötig ist, wohl kaum Hayeks Zustimmung gefunden hätten. Auch Friedman unterstützt die triumphalistischen Ziele nicht. Tatsächlich gibt es in Washington keinen größeren, ausgabefreudigeren und mehr auf reine Selbsterhaltung ausgerichteten bürokratischen Apparat als das Verteidigungsministerium. Sein Budget und seine administrative Struktur degradieren jedes andere Ministerium daneben zur kleinen Amtsstube. Seine Verschwendungssucht ist geradezu legendär. Das Pentagon ist das beste Beispiel für einen aufgeblähten, kostspieligen und keiner wirksamen Kontrolle unterworfenen Regierungsapparat. Zudem bedroht keine amerikanische Regierungsorganisation die persönliche Freiheit der Amerikaner stärker als CIA, FBI und die verschiedenen Militärgeheimdienste, deren Tun die Triumphalisten, die meist in diesen Organisationen beschäftigt sind, so sehr schätzen. Daher läuft die Allianz mit den Triumphalisten nie so ganz rund. Und doch war es gerade der Aufstieg der Triumphalisten, der die Ideen der *Libertarians* so richtig populär gemacht hat.

Noch bemerkenswerter allerdings ist die wechselhafte Beziehung, die sich zwischen den Triumphalisten und den Vertretern der paramilitärischen Rechten entsponnen hat, dem extremistischen Flügel der Konservativen, der wie kein anderer von Wahnvorstellungen lebt. Die paramilitärischen Konservativen treten für eine extreme Interpretation des zweiten Zusatzartikels zur Verfassung der Vereinigten Staaten ein, der dem Kongress verbietet, irgendwelche Gesetze zu erlassen, die dem Bürger das Tragen von Waffen verbieten. Dieser Zusatzartikel zur Verfassung wurde vor allem für die Bürgerwehren des achtzehnten Jahrhunderts geschaffen. Doch die »Waffen-Fans« interpretieren die Verfassung dahin gehend, dass sie jedem Einzelnen das Recht auf Automatikgewehre, Handgranaten, Panzerabwehrgeschütze und sogar Raketen garantiert. So verrückt dies klingen mag: Der Schutz dieses speziellen Rechts hat eine der effizientesten Lobbygruppen des Landes ins Leben gerufen – die *National Rifle Association*.

Die NRA ist ein typisches Beispiel für eine politische Organisation, die nur ein einziges Ziel kennt. Sie steht für die Bereitschaft, jedes andere politische Problem und jeden Wert diesem einen Ziel unterzuordnen. Die NRA hat genügend Geld und politisches Know-how angehäuft, um Wahlen entscheidend zu beeinflussen. Aus diesem Grund wurde sie zum kostbaren Wähler-Pool der Republikaner. Die NRA hat es sich zur Aufgabe gemacht, alle Versuche, den Besitz von Feuerwaffen per Gesetz einzuschränken, zu Fall zu bringen, selbst wenn es sich ganz eindeutig um Kriegswaffen handelt. Keine Gruppierung in den Vereinigten Staaten, nicht einmal das organisierte Verbrechen, trägt mehr Verantwortung dafür, dass unsere Städte von Automatikfeuerwaffen und Explosivgeschossen überschwemmt werden. Sie erfreut sich so massiven Zuspruchs von Seiten der Bevölkerung, dass viele Liberale es schon aufgegeben haben, gegen sie anzukämpfen. Für Präsidentschaftskandidaten – leider auch aus den Reihen der Demokraten –

171

gehört es mittlerweile dazu, sich beim Jagen oder auf dem Schießstand fotografieren zu lassen, um so zu signalisieren, dass sie nichts gegen Gewehre einzuwenden haben.

Woher rührt diese fast manische Loyalität der NRA-Mitglieder zu ihrer Organisation? Viele Amerikaner, vor allem in den weniger urbanen Bundesstaaten des Westens, hängen mit inniger Nostalgie den Bildern der frühen Pionierzeit nach, als Cowboys und Siedler gemeinsam um die Kolonisierung des Westens kämpften. Amerikanische Kinder wachsen gewöhnlich mit einer beinahe mythischen Ehrfurcht vor Revolverhelden auf. Und so proben die Paramilitaristen am Wochenende in Wald und Flur den Guerillakrieg, schließen sich zu Bürgerwehren zusammen oder zu Privatarmeen. Ihrer Überzeugung nach kann nur ein Volk in Waffen wirklich frei sein. Solches Gedankengut mag irrational sein, doch es lässt seine Anhänger alle gegen den privaten Waffenbesitz gerichteten Maßnahmen der Regierung als Erniedrigung empfinden, als heimtückische Machenschaften zur Unterdrückung der Bürger.

Die NRA spricht aus, was Millionen Amerikaner denken, die sogar die einfachsten Formen der Kontrolle des Waffenbesitzes als Vorspiel zu einer Diktatur in Washington betrachten. Es sind vor allem solche Ängste, aufgrund derer die Paramilitaristen sich gegen das FBI wappnen, gegen das *Bureau of Alcohol, Tobacco and Firearms* (ATF) sowie andere Regierungsstellen, deren Aufgabe es ist, für die Einhaltung der Gesetze zu sorgen. Die Paramilitaristen sehen sie als amerikanische Form der Gestapo. Einige von ihnen sehen Schwarze und Juden als treibende Kraft hinter Washingtons Bemühungen zur Entwaffnung und »Versklavung« der Nation. Für andere sind die Vereinten Nationen der Sündenbock. Es gibt sogar welche, die glauben, die UN würden mit einer geheimen Flotte schwarzer Hubschrauber ihre Häuser überwachen.

Ironischerweise stellen die paramilitärischen Konservativen trotz all ihrem patriotischen Getöse eine ebenso ernste terroristische Bedrohung dar wie Al Qaida. Der schlimmste terroristische Akt, dem Amerika sich vor dem 11. September 2001 ausgesetzt sah, war die Bombe vor dem Alfred-P.-Murrah-Gebäude, in dem Büros von Bundesbehörden untergebracht waren. Bei diesem Anschlag kamen 168 Menschen ums Leben. Der »Oklahoma-Bomber« war ein ewig unzufriedener Angehöriger einer rechts gerichteten Miliz, der sich für die Attacken von FBI und ATF in Waco rächen wollte. Dort wurden 1993 die Mitglieder einer bewaffneten christlich-fundamentalistischen Sekte ausgehoben, die sich »Branch Davidians« nannten. Das FBI verfolgte die Branch Davidians, weil sie illegale Feuerwaffen besaßen. Während des Angriffs fing das Gebäude, in das sie sich geflüchtet hatten, Feuer. Das FBI behauptete später, dies sei ein Unfall gewesen. Bei dem Großbrand starben 76 Männer, Frauen und Kinder. Dies war eine der unrühmlichsten Episoden in der Geschichte des FBI, ein Akt ausgewiesener Inkompetenz, den man disziplinarisch streng hätte ahnden müssen. Doch kein einziger FBI-Agent verlor seinen Posten oder wurde gar vor Gericht gestellt. Schwere Fehler wie dieser (wenn es denn ein Fehler war) verstärken die Paranoia noch, welche die amerikanische Gesellschaft prägt.

Paramilitärische Konservative sehen sich selbst nicht als Gegner der Regierung. Sie bezeichnen sich vielmehr als »proconstitutional«, als »Hüter der Verfassung«, auch wenn sie diese nur negativ auslegen. Ihrer Auffassung nach spricht die Verfassung der Regierung keinerlei Autorität zu, sprich, sie hat kein Recht, Steuern einzutreiben oder Sozialprogramme aufzulegen. Einige paramilitärische Gruppen haben sogar alternative »Gerichtshöfe« ins Leben gerufen, in denen das so genannte *Common Law* gilt, also das Rechtsempfinden der Bevölkerung. Dabei entwickeln die Paramilitaristen eine recht eigene Rechtsauffassung, deren Durchsetzung dem »gerechten« Einsatz der Bürgerwehr und kleiner »Volksgerichte« obliegt, die von lokalen Waffenfreunden dominiert sind. In der hintersten Provinz haben paramilitärische Einheiten eine Organisation für eine »unabhängige« Rechtsprechung gegründet, die sich *Posse Comitatus* nennt. Ihre Hauptaktivität besteht darin, lokale Richter und Bundesbeamte einzuschüchtern. Irrwitzige Ideologien wie diese haben dazu geführt, dass das Misstrauen gegen eine Zentralgewalt mittlerweile die gesamte amerikanische Gesellschaft durchzieht, was natürlich den Interessen der Triumphalisten förderlich ist.

Paranoia allenthalben

Bedauerlicherweise beschränken sich solche regierungsfeindlichen Ansichten in den Vereinigten Staaten nicht auf die Randzonen der Gesellschaft. Seit 1963 Präsident Kennedy ermordet wurde, haben die USA sich zu einer wahren Brutstätte für alle möglichen Verschwörungstheorien entwickelt – ein sicheres Anzeichen dafür, dass eine Gesellschaft ihr Selbstvertrauen verliert. Was die Amerikaner nach Pornografie und Glücksspiel im Internet am meisten interessiert, sind Seiten und Chatrooms zu obskuren Komplotten und Verschwörungen. Seit die Amerikaner sich bewusst wurden, wie häufig ihre Regierung in der Vergangenheit für Aktivitäten verantwortlich zeichnete, von denen die Bevölkerung nichts wusste, ist Paranoia in den Vereinigten Staaten zum festen Bestandteil der politischen Diskussion geworden.

Ohne Zweifel rechtfertigt der enorme Grad an offizieller Geheimhaltung, der die verdeckten Operationen der amerikanischen Politik während des Kalten Krieges prägte, jede Form von Misstrauen. Wer tötete denn John F. Kennedy *und* seinen Bruder *und* Martin Luther King *und* Marilyn Monroe nun *wirklich*? Endlose Interpretationen dieser Ereignisse sind Teil der Folklore unserer Zeit. Es existieren nicht wenige selbst ernannte »Verschwörungstheoretiker«, die das Ausspinnen dieser paranoiden Szenarien von Tod und Verrat zur Kunstform erhoben haben. Diese schaffen es, jeden beliebigen Todesfall unter Politikern und jeden Skandal der letzten vierzig Jahre geschickt zu verknüpfen, und so der Spekulation in den organisierten Netzwerken weiter Vorschub zu leisten. Der 11. September und die Triumphalisten waren für diese Gruppe natürlich ein gefundenes Fressen. Tippen Sie ein paar Begriffe in Internet-Suchmaschinen ein, und Sie stoßen auf eine wohlgefüllte Schatzkammer an wilden Vermutungen: Wurden die Twin Towers vielleicht von der CIA zerstört? Oder vom israelischen Geheimdienst? Oder gar von George W. Bush selbst?

In diesem Dickicht wüster Mutmaßungen kommen manchmal höchst interessante Verbindungen zum Vorschein, dunkle Beziehungen zwischen Menschen, die jemanden kannten, der wiederum jemanden kannte, der ... Natürlich geben die Triumphalisten die idealen Mitspieler ab. Viele Berater, die in der Reagan-Ära und unter den beiden Bush-Präsidenten die Politik mitbestimmten, haben ein und denselben Hintergrund.

Häufig kreuzen ihre Pfade sich beispielsweise in einer der Schlüsselorganisationen des triumphalistischen Denkens: dem »Project for the New American Century« (PNAC), das 1997 gegründet wurde. Dieser Think Tank befürwortete nachdrücklich eine deutliche Militärpräsenz der Amerikaner im Nahen Osten, die letztlich den Irak im Visier hatte. Eben diese Menschen taten aber auch ganz offen kund, dass es »ein neues Pearl Harbour« brauchen würde, um eine entsprechende politische Neuorientierung durchzusetzen.

In der Rückschau bekommen diese Worte einen erschreckenden Klang. Eine europäische Zeitschrift nannte das 1998 erstellte Strategiepapier gar »eine geheime Blaupause für die globale Weltherrschaft der USA«. Das mit der Blaupause mag durchaus richtig sein, »geheim« allerdings war dieser Plan nicht. Das PNAC publiziert recht fleißig. Da seine Worte in Washington Gewicht haben, wurde dieses Positionspapier veröffentlicht, um ihm den nötigen Verbreitungsgrad zu sichern. So verhält sich keine Verschwörergruppe. Tatsächlich ist das Klima in den Vereinigten Staaten mittlerweile so von Misstrauen geprägt, dass es fast keine Chance mehr zur Geheimhaltung gibt. Kaum eine Schandtat, die nicht längst in das Szenario einer möglichen Verschwörung eingeflossen ist.

Aber braucht es denn wirklich so reißerische Erklärungsmodelle wie Verschwörungen und Komplotte, um die Vorgänge in der heutigen Politik zu verstehen? Es stimmt, dass in der Bush-Regierung viele Triumphalisten sitzen. Es stimmt ebenso, dass diese Leute sich meist kennen, häufig miteinander zur Schule gegangen sind, dieselben Lehrer hatten, denselben Organisationen angehören und in denselben Komitees sitzen. Ohne Zweifel essen sie häufig miteinander zu Mittag. Diese Leute sind politische Aasgeier. Sie flattern seit der Reagan-Regierung um die Pole der Macht, verschaffen sich gegenseitig Jobs, segnen das eine oder andere Strategiepapier ab und suchen nach Gelegenheiten, sich bei jemandem einzuschmeicheln. Zweifelsohne sind sie von allerlei anstrengenden bürokratischen Manövern in Anspruch genommen. Sie müssen jemandem etwas heimzahlen, Allianzen pflegen, Gefälligkeiten austauschen. Ist es nicht eben diese Art von Tätigkeit, die Menschen in großen bürokratischen Apparaten auf Trab hält, seien diese nun öffentlicher oder privater Natur?

Auf jeden Fall wird das, was sich zwischen den Triumphalisten und den Entscheidungsträgern in Washington abspielt, routinemäßig von der Presse verfolgt. Wenn wir auch die Namen aller Figuren in diesem Spiel nicht kennen mögen, so können wir doch davon ausgehen, dass hinter der einen grauen Eminenz wieder eine andere steckt, die ebenfalls ihre Finger mit im Spiel um Geld und Ruhm hat. Selbst wenn wir die Motive der Triumphalisten haargenau kennen würden: Könnten sie denn tatsächlich noch schlimmer sein als alles, was wir über sie bereits wissen? Als vor dem Irakkrieg Hunderttausende gegen die Pläne der Regierung protestierten, erhob sich aus den Reihen der Bush-Gegner immer wieder der Vorwurf, dass diese Regierung und ihre Günstlinge nur den Interessen der großen Ölkonzerne verpflichtet sei. Wir wissen aus den Medien, dass viele von Bushs Handlangern auf den (mitunter schwarzen) Lohnlisten privater Konzerne und ausländischer Regierungen stehen. Ihre Gier nach Macht steht ihnen auf die Stirn geschrieben. Ich habe dieses Buch verfasst, weil ich der vollen Überzeugung bin, dass die Triumphalisten besessen sind von dem Gedanken, die Landkarte des Nahen Ostens oder gar der

Welt neu zu zeichnen. Wenn sie damit Erfolg haben, werden sie unendlich viel Geld einstreichen. Das ist simple Soziologie, bei der es schließlich auch um das Studium der Interessenlage innerhalb einer Gesellschaft geht. Und das genügt schon, um den Einfluss zu erklären, den die Triumphalisten ausüben.

Meiner Ansicht nach ist der intellektuelle Anstrich, den die Triumphalisten sich so gern geben, kaum mehr als Sand in den Augen der Öffentlichkeit. Besorgte Kritiker aus dem linken Lager machen enormen Wind um die Tatsache, dass viele von Leo Strauss' Studenten an der University of Chicago heute in der Politik tätig sind, vor allem in der Regierung von George W. Bush. Ist Strauss, der 1973 starb, etwa der postmortale Kopf der triumphalistischen Verschwörung? Je genauer man diese Konstellation untersucht, desto unwahrscheinlicher wird dies. Es kann durchaus sein, dass Strauss persönlich dem Konservativismus zuneigte, doch in seinem wissenschaftlichen Werk findet sich nur wenig, was direkte politische Relevanz hätte. Es heißt, er habe die ideale Gesellschaftsform in der Herrschaft des Landadels gesehen, doch wie viele Landadlige gibt es denn noch? Strauss' Ruf als Gelehrter beruht vor allem auf seinen Interpretationen großer Philosophen wie Plato, Nietzsche und Spinoza. Dabei gibt es Stimmen, die seine Plato-Interpretationen schätzen. Andere Kritiker wiederum halten seine Behauptung eines esoterischen Subtextes in den Schriften des Philosophen für ein bisschen bizarr. Strauss' intellektuelle Mission war es offenkundig, die Weisheit der Altvorderen zu bewahren und sie zu einer vernichtenden Kritik an der »Moderne« umzuformulieren. Studenten, die ihn persönlich kannten, mochten ihm auf diesem Weg folgen können, doch auf dem Papier werden seine Worte von einer dicken Schicht professoralen

Staubs überdeckt. Wo sollten sich diese fein nuancierten Gelehrsamkeiten mit der Politik einer urban-industriellen Gesellschaft decken, die zunehmend in den Würgegriff der multinationalen Konzerne gerät?

Die Triumphalisten sind Menschen, die ihr Leben damit zubringen, den Interessen der Begüterten zu dienen. Sie stammen meist aus gesellschaftlich ambitionierten Familien, wo man ihnen beigebracht hat, dass Geld alles rechtfertige. Sie glauben fest daran, dass reiche Menschen mit Fug und Recht die Geschicke der Gesellschaft bestimmen sollten. Fest im darwinistischen Denken verankert, verachten sie die unteren Schichten, weil allein ihre Armut beweist, dass sie Versager sind, die keinen Anspruch auf politische Teilhabe besitzen. Kein Triumphalist hat je wirtschaftliche Unsicherheit kennen gelernt. Außerdem hege ich den Verdacht, dass keiner unter ihnen je einen Tag mit einem Vertreter der ärmeren Schichten zugebracht hat, schon gar nicht, wenn dieser keine weiße Hautfarbe hat. Prolls tischen schließlich nicht gerade den besten Scotch auf, oder? Es reicht, wenn man von einem Menschen weiß, dass er es nicht ertragen kann, *nicht* im besten Restaurant der Stadt zu speisen und dort den besten Wein zu bestellen. Man kann sich gut vorstellen, für welche Politik so ein Mensch steht. Wenn Leute wie diese sich treffen, um ihre Sorgen und Nöte zu besprechen und Pläne zu schmieden, wie sie ihr Vermögen vergrößern können, dürfen Sie davon ausgehen, dass dort die Eitelkeit regiert. »Gleich und gleich gesellt sich gern.« Unnötig, dem noch Verschwörungstheorien überzustülpen.

Ist das nun gut oder schlecht für die Zukunft der amerikanischen Politik? Meiner Ansicht nach ist es schlecht. Wären die

Triumphalisten eine Hand voll Fanatiker, die im Schutz der Dunkelheit finstere Komplotte aushecken, sollte es sehr viel einfacher sein, sie ans Licht der Öffentlichkeit zu zerren und ihre Pläne zu diskreditieren. Die schlichte Tatsache, dass ihre Absichten in der Presse und der Öffentlichkeit alles andere als unbekannt sind, lässt an der ethischen Wachsamkeit des amerikanischen Volkes zweifeln. Sicher existieren immer noch tapfere Streiter, die sich gegen diese Methoden wenden. Kolumnisten, politische Satiriker, sogar einige TV-Kommentatoren, die es gewagt haben, offen den Irakkrieg in Frage zu stellen. Es gab großartige Dokumentarfilme, die Schritt um Schritt belegten, wie die Triumphalisten in Washington an die Macht kamen. Das seriöseste, nicht an einen Sender gebundene und nicht von Werbeeinnahmen abhängige Nachrichtenmagazin der USA – die *News Hour* bei Public Broadcasting System – dokumentierte in einer Serie, wie seit dem Inkrafttreten des *Patriot Act* die Bürgerrechte immer wieder verletzt wurden. Doch nichts davon hat die breite Masse, die die Basis für den Protest sein müsste, wirklich erreicht. Daraus lässt sich nur schließen, dass viele Amerikaner mit den Zielen der Triumphalisten sympathisieren oder – was noch schlimmer wäre – schlicht zu lethargisch sind, um dagegen anzugehen. Diese latente Zustimmung beziehungsweise Trägheit an der Basis sollte uns sehr viel mehr Sorgen bereiten als irgendwelche Verschwörungen höheren Orts.

4 Die Fundamentalisten

»Wir werden Zeugen, wie sich die aktuellen Ereignisse dem Modell des Vorhergesagten fügen. Das Volk Israel ist nach Palästina zurückgekehrt und hat dort die Nation neu erstehen lassen. Jerusalem ist unter israelischer Kontrolle. Russland hat sich als große nördliche Macht erwiesen, die der Erzfeind des neuen Israel ist. Die Araber schließen sich zusammen, um unter ägyptischer Führung Palästina zu befreien. Die schwarzafrikanischen Völker zeigen nicht mehr nur bloße Sympathie für die Araber, sondern schließen sich ihnen im »Befreiungs«-kampf an. All das geschieht jetzt. Gott lässt es geschehen. Das ist Gottes Plan für das »neue Geschlecht«, und er wird für die Menschheit tiefer greifende Veränderungen mit sich bringen als alles, was seit der Schöpfungsgeschichte geschehen ist. Wirst du bereit sein, wenn wir gerufen werden, uns dem »neuen Geschlecht« anzuschließen, wie es prophezeit wurde?«

Hal Lindsay,
The Late, Great Planet Earth,
ein fundamentalistischer Bestseller, 1970

»Wir, das Volk der Vereinigten Staaten, erkennen das Sein und die Eigenschaft des Allmächtigen Gottes an, die Göttliche Autorität der Heiligen Schriften, Gottes Gesetz als das Gesetz, das über allem steht, und Jesus, den Messias, den Retter und Herrn über alles, um unseren Bund zu vervollkommnen, die Gerechtigkeit zu verwirklichen, die Ruhe im Innern zu sichern, für das allgemeine Wohl zu sorgen und das Glück der Freiheit uns selbst und unseren Nachkommen zu bewahren, setzen und begründen diese Verfassung für die Vereinigten Staaten von Amerika.«

Christlich überarbeitete Präambel
zur Verfassung der Vereinigten Staaten

»Wir, das Volk der Vereinigten Staaten, von der Absicht geleitet, unseren Bund zu vervollkommnen, die Gerechtigkeit zu verwirklichen, die Ruhe im Innern zu sichern, für die Landesverteidigung zu sorgen, das allgemeine Wohl zu fördern, und das Glück der Freiheit uns selbst und unseren Nachkommen zu bewahren, setzen und begründen diese Verfassung für die Vereinigten Staaten von Amerika.«

Präambel der Verfassung der Vereinigten Staaten

Der Aufstieg des Sunbelt

Es ist ja nichts Neues, dass die Politik mitunter seltsame Bett-
genossen vereint. Doch so seltsame Verbrüderungen, wie wir
sie zurzeit auf dem rechten Flügel der amerikanischen Politik
beobachten können, wo geldgierige und zynische Unterneh-
mensführer sich im Kuschelsex mit den Verfechtern von Feuer
und Schwert üben, mit Predigern, die wortwörtlich glauben,
dass die Welt in sechs Tagen erschaffen wurde und der Walfisch
Jonas ganz buchstäblich verschlang, sind ein absolutes Novum.
Nach außen hin könnte es keine größere Mesalliance geben.
Während die Corporados mit Leib und Seele in ihren schmutzigen, gänzlich diesseitigen Geschäften aufgehen und eifrig
nach immer neuen lukrativen Investments suchen, die ihnen
noch unanständigere Gewinne einbringen, rüsten asketische
und moralinsaure Prediger sich zur Schlacht von Armageddon,
dem biblischen Endkampf der Menschheit, von dem die Offenbarung berichtet und der – will man den Evangelikalen
glauben – unmittelbar bevorsteht. Wie können zwei so unterschiedliche Lebensauffassungen eine politische Ehe eingehen?
Wenn wir diese Frage beantworten wollen, müssen wir ein wenig in der Geschichte des Sunbelt forschen, der amerikanischen Bundesstaaten im Süden.

   Im Denken der Wahltechniker in den amerikanischen Parteien war das einzig wirklich wichtige Ereignis des späten
zwanzigsten Jahrhunderts der Aufstieg des Sunbelt als neues

Epizentrum der Macht. Der Sunbelt erstreckt sich quer über den ganzen Kontinent von Los Angeles bis nach Virginia. In diesen Breiten scheint angeblich immer die Sonne, deshalb der Name »Sonnengürtel«. Diese Region setzt sich aus zwei sehr unterschiedlichen Gebieten zusammen. Östlich von Texas erstreckt sich das, was man einst als »tiefen Süden« bezeichnete. Westlich von Texas hingegen liegen Arizona, New Mexico, Nevada und das südliche Kalifornien. Fast das ganze zwanzigste Jahrhundert hindurch litt der Süden des Sunbelt unter Bevölkerungsmangel und Unterentwicklung. Dementsprechend gering war auch der Anteil der Bevölkerung, der in Städten lebte. Das ist der alte Süden der Konföderierten, den man zu Abraham Lincolns Zeiten noch »Dixie« nannte. Dort kämpfte man für den Erhalt der Sklaverei. Als der Bürgerkrieg verloren und das Ausbeutersystem unter Strafe gestellt war, ließ man diesen Teil des Landes immer tiefer in Armut versinken. Noch hundert Jahre nach dem 1865 erfolgten Ende des Bürgerkriegs bestellte die Mehrheit der Bewohner des tiefen Südens das Land als *share cropper* – arme Pächter, die man auch als »white trash«, als »weißen Abfall«, bezeichnete – unter Bedingungen, die denen eines Drittweltlandes ähnelten.

Im Westen des Sunbelt wurden regelrechte Pensionisten-Kolonien errichtet. Es entstanden zahlreiche Urlaubsorte, die vorzugsweise die ältere, konservative Bevölkerung anzogen. Aus geografischen und klimatischen Gründen war auch dieser Teil des Sunbelt dünn bevölkert. Erst als man in den 1930er Jahren begann, Dämme für Bewässerungsprojekte zu bauen, war die Trockenheit im Westen der Vereinigten Staaten kein Problem mehr. Von diesem Moment an blühten Städte und Industrien auf. Sobald die Wasserversorgung gesichert war, entstanden auch in der Wüste große Metropolen: Tucson, Phoenix, Las Vegas, Albuquerque und vor allem die fruchtbare und ständig anwachsende urbane Zone von Los Angeles/San Diego, in der sich große Industrien zum Bau von Kriegsschiffen und Kampfflugzeugen ansiedelten. Doch der westliche Sunbelt ist heute noch geprägt von der leichteren, spielerischeren, nicht-industriellen Vergangenheit, die sich in der Casinowelt von Las Vegas und der Filmindustrie Hollywoods widerspiegelt. Eine Veränderung gab es allerdings im westlichen Sunbelt. Er wurde quasi in die Rocky Mountains hinein verlängert, und dieser »Wurmfortsatz« schafft eine direkte Verbindung zum evangelikalen Süden. In verschiedenen Staaten des Westens (Utah, Arizona, Colorado, New Mexico und in Teilen Idahos und Oregons) wurden die Mormonen (die Kirche der Heiligen der Letzten Tage) zu einer starken politischen Kraft, die für dieselben »familiären Werte« auf die Barrikaden gehen wie die evangelikalen Fundamentalisten. So kam die Republikanische Partei plötzlich zu einem ansehnlichen Wählerpotenzial in den »Mormonenstaaten«.

Bald nach dem Zweiten Weltkrieg begann der Sunbelt jedoch aufgrund neuer Investitionen von Seiten des Militär-Industrie-Komplexes aufzublühen. Von dort stammten Präsidenten wie Lyndon B. Johnson, Richard Nixon, Jimmy Carter und George W. Bush. Diese sorgten dafür, dass ein warmer Geldregen über den Sunbelt-Staaten niederging. Firmen in Virginia, Georgia, Florida und Texas durften sich über substanzielle Aufträge von der NASA und dem Verteidigungsministerium freuen. So wurde jene Gegend mit immer neuen Militärprojekten bedacht, immer neue Standorte wurden eröffnet beziehungsweise die alten erweitert. Der Zuzug der entsprechenden Bevölkerungsschichten sorgte dafür, dass sich auch das politische Wertesystem der Kalten Krieger immer stärker durchsetzte. Darüber hinaus zog die Gegend auch nicht-militärische Unternehmen an, weil die Gewerkschaften im Sunbelt nicht so gut organisiert waren wie im Norden. Kriegsproduktion sowie eine von gewerkschaftlicher Einmischung weitgehend unbehelligte Unternehmenskultur, die sich dort herausbildete, verliehen der Region ein eindeutig konservatives Gepräge. Diese konservative Grundhaltung wurde weiter verstärkt, als die Liberalen aus den großen Städten des Nordens in der Demokratischen Partei sich mehr und mehr gegen rassistische Diskriminierung stark machten und den Staaten des Südens Reformen zu Gunsten der schwarzen Bevölkerung aufzwangen. Da in diesen Staaten die Rassentrennung jahrhundertelang als politisches Credo galt, desertierten die Wähler des Südens reihenweise aus der Demokratischen Partei. Sie engagierten sich zuerst in der *Dixiecrat Party*, die für die Beibehaltung der Rassentrennung eintrat, und schlossen sich später den Republikanern an. Nur wenige Republikaner wurden sich der Tatsache bewusst, dass diese Allianz mit dem Sunbelt die Partei immer stärker nach rechts driften lassen würde.

Dwight D. Eisenhower, der sein Amt als Präsident 1960 niederlegte, war der letzte moderate Präsident aus den Reihen der Republikanischen Partei. Schon bei der nächsten Wahl 1964 stellten die Republikaner Barry Goldwater auf, einen Senator aus Arizona vom rechten Rand der Partei. Goldwaters Wahlkampagne war ein erbitterter Kampf gegen das gemäßigte republikanische Establishment von der Ostküste. Er kandidierte gegen Nelson Rockefeller, den republikanischen Gouverneur des Staates New York. Man möchte annehmen, ein Rockefeller, dessen Name zum Synonym für Reichtum geworden ist, hätte keine Probleme gehabt, sich als Präsidentschaftskandidat der Republikaner aufstellen zu lassen. Doch Goldwater gelang es, seinen Gegner als verkappten Liberalen hinzustellen, der in der Partei nichts zu suchen habe. Und damit lag er nicht einmal daneben. Rockefeller war die Art von Republikaner, die den Sozialstaat unterstützte, weil sie ihn als nötiges Gegengewicht zum freien Markt betrachtete. Er stand für das Wählerpotenzial der großen Städte, für die Kultiviertheit der großen Unternehmerfamilien, für kosmopolitische Werte. An dem Widerstand, den die Republikanische Partei diesem Kandidaten entgegenbrachte, ließ sich eines deutlich ablesen: Es gab ein Amerika, das die Kultur der Moderne ablehnte, das traditionelle familiäre Werte vorzog, in der die Frau eine untergeordnete Rolle spielen sollte, ein Amerika, das Frömmigkeit und bürgerliche Wohlanständigkeit suchte.

Diese Wahl war ein entscheidender Wendepunkt in der amerikanischen Geschichte. Die Befürworter der Sunbelt-Ideale hatten das Ruder übernommen in der Republikanischen Partei, die einst den Städten, Banken und den Absolventen der Elitehochschulen an der Ostküste vorbehalten gewesen war. Bei allen nachfolgenden Wahlen wurden republikanische Präsidenten fast ausschließlich von den republikanischen Hochburgen im Sunbelt gewählt, vor allem in Texas und im südlichen Kalifornien. Sogar der erste George Bush, ein Ostküstenkandidat par excellence, der an der renommierten Universität Yale studiert hatte, nutzte seine Verbindungen zum Ölgeschäft, um sich selbst als Texaner zu präsentieren. Diesen Umschwung bekam auch die Demokratische Partei zu spüren. Der letzte demokratische Präsident, der von den Wählern außerhalb des Sunbelt ins Weiße Haus geholt wurde, war John F. Kennedy 1960 – und auch er gewann nur mit einer hauchdünnen Mehrheit.

Der alte Süden veränderte sich mehr und mehr. Er verzeichnete einen enormen Zuwachs an Menschen und Wohlstand. Die Region schaffte es, sich ihre kulturelle Eigenheit zu bewahren und diese sogar dem Rest des Landes zu verkaufen, zum Beispiel in Form von Country & Western- oder Blue-Grass-Musik. Die Popularität von Elvis Presley in den sechziger und siebziger Jahren war ein Zeichen für den Aufstieg des Sunbelt. Presley bot eine weiße Version der schwarzen Musik des Südens. Und mit dem Aufstieg der Südstaaten-Kultur erstarkte auch deren religiöser Aspekt. Von Virginia bis Texas bezeichnet der südliche Sunbelt sich selbstbewusst und kämpferisch als »Bible Belt«. Hier sitzen die größten Frömmler, hier hängen evangelikale und andere fundamentalistische Vereinigungen immer noch ihrer altertümlichen Religionsauffassung nach. Millionen von Menschen nähren dort tiefe Ressentiments gegen die darwinsche Evolutionstheorie und die unmoralisch-liberale Lebensart der Menschen in den großen Städten. Die evangelikalen Christen wehren sich vehement gegen das aufgeklärte Wertesystem der Neuzeit. Doch sosehr die Sunbelt-Kirchen alles, was modern ist, auch ablehnen mögen, die Möglichkeiten der Massenkommunikation nutzen sie mit wahrhaft missionarischem Eifer. Ihre Präsenz in Radio und Fernsehen ist bemerkenswert. Sie besitzen eigene Sender zur Anwerbung neuer Mitglieder, und ihre Werbefeldzüge brauchen sich vor denen der Wirtschaft nicht zu verstecken. Die fundamentalistischen Kirchen nutzen die allerneuesten Marketingtechniken. Einige sind wahre Fernseh-Magnaten. Sie besitzen eigene Vergnügungsparks und Hotels, in denen ihre

Anhängerschaft moralisch ungefährdet den Urlaub verbringen kann. Da deren Zahl ständig wächst und die religiösen Gruppierungen sich ihrer Macht als Wähler immer stärker bewusst sind, werden die »Kirchen« immer politischer. Die einzelnen religiösen Vereinigungen engagieren sich zunehmend im Wahlkampf und propagieren dabei ihre Schlüsselthemen. So wurden sie zum verlässlichen Stimmenpool für jeden Kandidaten, der verspricht, gegen Abtreibung, Frauenrechte und Homosexualität vorzugehen.

Die zunehmend von Bigotterie bestimmte Südstaaten-Politik hat die Region naturgemäß den Demokraten entfremdet. In früheren Zeiten war der Süden demokratisch. Dort fanden sich früher die treuesten Anhänger von Franklin Roosevelts Sozialpolitik des New Deal. 1980 aber gewann Ronald Reagan den Süden für seine neue Form des Konservativismus. Sein Sieg war umso bemerkenswerter, als er gegen Jimmy Carter errungen wurde, den einstigen Gouverneur von Georgia, einen wahren Sohn des Südens und erklärten wieder geborenen Christen. So moderat Carters soziale Ambitionen auch waren, für manche seiner Landsleute aus dem Süden gingen sie schon zu weit. Carter trat vehement für die Gleichberechtigung der Rassen ein und spielte sogar mit der Idee, den Konsum von Marihuana zu legalisieren. Doch der Wähler aus dem Süden wollte ein klares Nein zu der schleichenden Lockerung der Moralbegriffe – vor allem in sexueller Hinsicht –, die er mit den Liberalen assoziierte. Er wollte einen Präsidenten, der die Bibel im Munde führte und versprach, die Nation auf gutchristlichen Kurs zu bringen. Und genau das tat Reagan in seiner Kampagne, obwohl seine Hollywood-Vergangenheit andere Vermutungen nahe legte. Als Präsident engagierte er sich tatsächlich kaum für die kulturellen und moralischen Werte, die er im Wahlkampf vertreten hatte. Doch sein Erdrutschsieg im Süden stellte eine erstaunliche politische Kehrtwende dar. Der Sunbelt, vor allem der südliche Teil, war zu einem republikanischen Wählerreservoir geworden. Der US-amerikanische Konservativismus hatte dort eine neue Heimat gefunden.

Seit Reagans Präsidentschaft bemühte sich die Republikanische Partei intensiv um die Wählerstimmen der evangelikalen Gemeinde. Religiöse Gruppierungen diesen Zuschnitts wurden zur politischen Basis der Partei. Während der Wahlkampagnen stellen sie enorme Summen bereit und unterstützen die republikanischen Kandidaten durch zahlreiche freiwillige Wahlhelfer. Häufig bestimmen sie den Wahlausgang. Dies wirkte sich natürlich auch auf die Pläne der Triumphalisten aus. Es ist unmöglich, jahrelang mit einer dogmatisch religiösen Gruppierung zu liebäugeln, ohne dass deren Weltbild überspringt. Irgendwann färbten der moralische Absolutismus und die unreflektierte Frömmigkeit dieser Wählerschaft ab. Das Resultat ist ein neuer Konservativismus, dessen Prinzipien eher nach religiösem Glaubensbekenntnis klingen als nach politischem Programm. Dank des erstarkten Sunbelt wird die amerikanische Politik ständig bigotter und fanatischer.

Ich halte es für mehr als notwendig, dass die Welt erfährt, wie sehr die neue politische Führerschaft dem militant religiösen christlichen Fundamentalismus verbunden ist. Das Amerika, das den Krieg gegen den Terrorismus führt, ist nicht das Land, das einst die weltweite Allianz des Zweiten Weltkriegs anführte oder den Kalten Krieg ausgefochten hat. Die Liberalen mit ihrem auf Internationalität beruhenden Politikverständnis haben in den USA nichts mehr zu melden. Soweit sich dies vorhersagen lässt, wird jeder konservative Politiker in den Vereinigten Staaten – vor allem dann, wenn er Präsident werden will –, mehr oder weniger religiösen Anschauungen Tribut zollen müssen, welche die Welt als manichäische Schlacht zwischen dem absolut Guten und dem ebenso absolut Bösen beschreibt. Selbst wenn ein Präsident solchen Auffassungen fern steht, eine beträchtliche Anzahl von Kongressmitgliedern tut dies nicht. Würden die amerikanischen Fundamentalisten sich durchsetzen, so wäre das tägliche Gebet in den Schulen bald Pflicht, und in jedem öffentlichen Gebäude hingen die Zehn Gebote aus. Biologie, soweit sie die darwinsche Evolutionslehre vertritt, würde aus den Klassenzimmern verbannt. Ein ähnliches Schicksal würde die moderne Astronomie ereilen, behauptet diese doch, das Universum sei wesentlich älter als die sechstausend Jahre, von denen die Schöpfungsgeschichte weiß. Die Gerichtshöfe des Landes würden Streitfälle nach biblischem Recht entscheiden, wenn es um Sexualität, Ehe oder Familie geht. Auch wenn die äußeren Formen verschieden sind, so strebt die Scharia der islamischen Fundamentalisten doch exakt dasselbe Ziel an: die totale Verschmelzung von Staat und Religion. Auch orthodoxe Juden legen die Torah auf diese Weise aus – und gerade ihr Einfluss war in Israel nie größer.

Christliche, jüdische und muslimische Fanatiker ähneln sich wie ein Ei dem anderen. Wir leben in einer Zeit, in der der rebellische Teil der einzelnen Interessengruppen mehr und mehr der Faszination fundamentalistischer Dogmen erliegt, welche die Welt in einen Hexenkessel sektiererischer Gewalt stürzen. Der säkulare Humanismus voller Offenheit und Toleranz, den das Zeitalter der Aufklärung uns vererbt hat, verliert überall zusehends an Terrain – vor allem in den Vereinigten Staaten. In einer Zeit, die pluralistische politische Prinzipien nötiger bräuchte denn je, gerät die einzige verbliebene Supermacht der Welt unter den unheilvollen Einfluss der intolerantesten und pluralismusfeindlichsten Elemente unserer Gesellschaft.

Apocalypse now!

Der erste politische Auftritt der evangelikalen Gemeinde erfolgte, als die große Temperenzler-Bewegung im neunzehnten Jahrhundert über das Land hereinbrach. Dieser gewaltige Kreuzzug im Namen der Moral ging hauptsächlich von den konservativen protestantischen Gruppierungen aus und zeitigte in der Zeit nach dem Ersten Weltkrieg endlich den ersehnten Erfolg: Amerika rief die Prohibition aus. Kaum zu glauben, aber diese Leute schafften es tatsächlich, dass vierzehn Jahre lang weder Bier noch Wein oder Whisky produziert, verkauft oder transportiert werden durften. Und dieses Verbot verdankte sich nicht etwa dem Faktum, dass die meisten Amerikaner vom Alkohol die Nase voll hatten, sondern der Tatsache, dass eine militante puritanische Minderheit genügend Macht erlangte, um dem ganzen Land ihren Moralkodex aufzuzwingen. Als sich schließlich herausstellte, dass die Prohibition mehr Schaden als Nutzen brachte, da sich in ihrem Gefolge eine gigantische Schmuggelindustrie herausbildete, wurde sie wieder aufgehoben. Da allerdings war das organisierte Verbrechen zu einer dauerhaften Einrichtung in der amerikanischen Wirtschaft geworden.

Nach diesem Intermezzo waren die evangelikalen Gruppierungen lange Zeit nur auf lokaler Ebene, vor allem im Süden, aktiv. Sie kämpften darum, Darwins Evolutionstheorie von den Schullehrplänen zu verbannen, und propagierten puritanische Werte in Sexualität, Ehe und Heim. Nach dem Zweiten Weltkrieg, als Amerika immer urbaner und kosmopolitischer wurde, schien der Einfluss dieser Kirchengruppen allmählich zu schwinden. Zu Kriegszeiten lockern sich im Allgemeinen die Sitten, und die Vereinigten Staaten bildeten da keine Ausnahme. Die Rebellion der Gegenkultur in den sechziger Jahren mit ihrer Betonung von Lebensfreude und Daseinsgenuss galt vielen als das Ende altertümlicher Religionsauffassungen und engherziger moralischer Ideen. Politische Strömungen wie die Frauen- oder die Schwulenbewegung veränderten die moralischen Werte der Gesellschaft recht schnell. In den Siebzigern war es ganz normal für Paare, ohne Trauschein zusammenzuleben. Teenager gingen miteinander ins Bett. In Filmen waren Blasphemie und Nacktheit gang und gäbe. Und der Präsident der Vereinigten Staaten (Jimmy Carter) dachte darüber nach, ob Marihuana nicht besser gesetzlich zugelassen werden sollte. Die Kräfte des Wandels schienen auch die liberalsten Formen der Religion von der Bühne der Geschichte zu fegen.

Das aber war eine Fehleinschätzung. In Wirklichkeit fanden unter der Oberfläche der amerikanischen Gesellschaft andere Formen evangelikalen Christentums immer mehr Zulauf: der prämilleniale Typ und der dispensationale Typ. Die Dispensationalisten waren ursprünglich eine kleine, eher unbedeutende Gruppe, die sich im späten neunzehnten Jahrhundert formierte. Ihre Ideen galten den gläubigen Christen von damals als ziemlich bizarr. Der englische Prediger John Nelson Darby verkündete Mitte des achtzehnten Jahrhunderts, dass in der

Bibel ein Countdown verborgen sei, an dessen Nullpunkt das Ende aller Tage kommen werde. Dieser Countdown sei an das Schicksal des jüdischen Volkes in der modernen Welt geknüpft. Bevor Christus sein Versprechen der Wiederkehr erfüllen werde, müsse dem jüdischen Volk sein Heimatland wiedergegeben werden. Diese Bedingung für die Wiederkunft Christi auf Erden machte Darbys Botschaft zur *prä*millenialen, da die tausendjährige neue Herrschaft Christi erst danach anbrechen kann. Bevor das Jüngste Gericht anbrechen konnte, galt es noch ein Stück Geschichte zu durchleben, jene langen, losen Enden, die Gott im Begriff war, miteinander zu verknüpfen.

Darbys Lehren wurden von dem dynamischen Geschäftsmann und Laienprediger William E. Blackstone aufgegriffen, der Leben und Vermögen dem Zionismus verschrieb. Seine Anhängerschaft war klein, aber umso hingebungsvoller. Sie waren alle davon überzeugt, dass die letzte Phase der Apokalypse, wie sie in den biblischen Büchern Daniel und Hesekiel sowie in der Offenbarung vorhergesagt war, einsetzen würde, sobald das jüdische Volk wieder über Palästina herrsche. Dann würden die Juden den dritten Tempel auf dem Tempelberg zu Jerusalem errichten – etwa dort, wo heute der Felsendom der Muslime steht. Wenig später (es gibt zwar einen genauen Zeitplan für diese Geschehnisse, aber die Evangelikalen konnten sich noch nicht auf alle Details einigen) wird der Antichrist erscheinen, um sein Zerstörungswerk zu beginnen und die Leichtgläubigen zu verführen. Und schließlich wird die große Schlacht von Armageddon anbrechen, an deren Ende Jesus auf Jerusalem herabsteigen und den Tag des Gerichts verkünden wird. Dann werden jene, welche die Erlösung verdient haben, in einem Augenblick im Himmel sein, wohingegen der Rest der

Menschheit – und mit ihm alle Juden, die sich weigern zu konvertieren und Jesus als den wahren Messias anzuerkennen – für immer und ewig verdammt wird. Diesen Augenblick nennt man sinnigerweise »die Entrückung«.

Aufgrund dieser eigenartigen Lehre boten die dispensationalen Christen in England und den Vereinigten Staaten all ihre Kraft, Gebete und Geld dafür auf, dass das jüdische Volk Palästina zurückerhalte. Es gibt also christliche Zionisten. Seit dem Tag, an dem 1917 die »Balfour Declaration« verkündet wurde und den Juden eine »nationale Heimstatt« versprach, sind die dispensationalen Christen davon überzeugt, dass sie die Prophezeiung korrekt deuten. Und sie sehen in den Fernsehnachrichten Tag für Tag, wie die Prophezeiung sich weiter erfüllt. Nachdem 1949 der Staat Israel gegründet wurde und Israel in den verschiedenen Kriegen mit seinen arabischen Nachbarn siegte (1956, 1967), sahen sie sich in ihrem Glauben weiter bestärkt. »Die Israelis haben den Krieg gewonnen. Der Name des Propheten Hesekiel sei gelobt. Alles ist wahr, was er sagt!« Vom dispensationalen Standpunkt betrachtet sind diese Entwicklungen – und das, was im Nahen Osten Tag für Tag geschieht – nichts weiter als Gottes Wort, das sich endlich erfüllt. Also kann das Ende aller Tage jederzeit anbrechen. Dann wird der Felsendom zerstört werden, und es wird da anheben ein gewaltiges Blutvergießen unter den Muslimen. So sei es!

Man mag mir mit einiger Berechtigung die Frage stellen, weshalb man sich in einer Zeit, in der die modernen Gesellschaften weltweit sich eines ungeheuren technologischen Fortschritts erfreuen, überhaupt noch mit absurdem Unsinn wie diesem beschäftigen soll. Und ich habe darauf eine klare Antwort: Weil 47 Prozent – beinahe die Hälfte der Einwohner der letzten Supermacht der Welt – bei Meinungsumfragen angeben, sie seien »wieder geborene Christen«. Diese guten Leute glauben, dass die Welt von Gott tatsächlich in sechs Tagen erschaffen wurde. Darwins Gedanken zur Evolution halten sie für satanische Falschheit. Und natürlich glauben sie, dass Jesus wiederkehren wird, um die Menschheit einzuteilen in Errettete und Verdammte.

Natürlich sind nicht alle wieder geborenen Christen strikte Dispensationalisten, doch diese sind zweifelsohne die politisch am besten organisierte religiöse Kraft im Land. Und sie gewinnen Jahr für Jahr mehr Anhänger hinzu, eben weil die Bevölkerung mittlerweile glaubt, dass sie das Monopol auf die richtige Auslegung der Heiligen Schrift besitzen. Bücher, die auf den prämillenialen Lehren beruhen, sind zu wahren Bestsellern geworden. Hal Lindsays 1970 erschienene Erläuterungen des dispensationalistischen Denkens war das erfolgreichste Buch seines Jahrzehnts. In den Neunzigern wurde eine Romanserie veröffentlicht, die den bedeutungsschwangeren Titel *Left behind* trug. Mit den »Zurückgelassenen« waren natürlich all jene gemeint, die sich nicht für die »Entrückung« qualifiziert haben. Von dieser Serie wurden sage und schreibe 85 Millionen Exemplare verkauft. Wenn dispensationalistische Prediger bei Politikern vorstellig werden, können sie mit Fug und Recht behaupten, eine Wählergemeinde von 40 bis 70 Millionen biblischer Seelen hinter sich zu haben. Ronald Reagan war der erste republikanische Politiker, der sich diese Stimmen zu Nutze machen konnte. Öffentlich erklärte er, selbst an das nahe Ende aller Tage zu glauben.

Merkwürdigerweise unternahm Reagans Nachfolger, der erste George Bush, wenig, um die Evangelikalen auf seine Seite zu ziehen. Trotz all seiner Bemühungen, sich selbst als krachledernen Texaner hinzustellen, gelang es ihm nicht, über seinen Ostküsten-Schatten zu springen. Er mochte die Bibel-Kämpfer nicht, und sie erwiderten dieses Ressentiment. Sein Sohn, George W. Bush, hatte dagegen keinerlei Berührungsängste. Er war sein Leben lang texanischer Geschäftsmann gewesen, und so fühlte er sich wohl in der Old-Boys-Riege der weißen Rassisten. Ihr anti-intellektuelles Macho-Gehabe bereitete ihm keinerlei Kopfzerbrechen. Und so warf er sich den Sunbelt-Evangelikalen ohne Hemmungen an den Hals. Er unterband das Fluchen im Weißen Haus und führte ein wöchentliches Gebets-Frühstück ein. Nach dem Erwachen bringt er täglich eine Stunde im Westflügel zu, wo er evangelikale Schriften liest. Zu seinen Lieblingspredigern gehört Oswald Chambers. Chambers war im Ersten Weltkrieg baptistischer Geistlicher. In Palästina predigte er die Segnungen des Dispensationalismus den australischen Truppen, welche das frühere ottomanische Reich besetzt hielten und Jerusalem eingenommen hatten. In der Folge eine Kostprobe der Auslassungen von Reverend Chambers, aus denen der aktuelle Präsident der Vereinigten Staaten seine Einsichten bezieht: »Wagst du es, auch nur eine Sekunde lang mit Gott zu rechten, wenn Er gesprochen hat, ist es um dich geschehen ... Achte nicht der Gefahr, riskiere alles und gib dich ihm ohne Schranken hin ... Wirf dich auf ihn mit allem, was du hast ... Du wirst Seine Stimme nur noch deutlicher hören, wenn du kühn alles in die Waagschale wirfst.« Man kombiniere nun diese Art gläubiger Heißblütigkeit mit der Militärmacht des Pentagon, und schon haben wir alle ernsthaften Grund zur Sorge.

Da überrascht es auch nicht weiter, dass Bush seinen evangelikalen Anhängern versprach, so viel Steuergelder wie möglich in »glaubenszentrierte« Programme zu stecken. Unter diesen »glaubenszentrierten Programmen« versteht man die Sozialdienste, die von den Kirchen – in Amerika meist von evangelikalen Kirchen – unterhalten werden. Natürlich werden diese hemmungslos zur Missionierung neuer Gläubiger genutzt. Dies ist eine skandalöse Missachtung des verfassungsmäßigen Grundsatzes, der die Trennung von Kirche und Staat festschreibt. Doch diese Trennung ist den Evangelikalen ohnehin ein Dorn im Auge, und so würden sie diesen Passus lieber heute als morgen aus der Verfassung streichen. Sie haben sogar einen neuen Zusatzartikel von christlichem Anstrich zur Verfassung der Vereinigten Staaten ersonnen. Er beginnt so: »Die Vereinigten Staaten sind eine christliche Nation. Der Kongress soll keine Gesetze erlassen, welche die freie Ausübung aller christlichen Religionen behindert.«

Der dispensationale Fundamentalismus ist die erste Form christlichen Glaubens, die ein erhöhtes Interesse an der Außenpolitik zeigt. Seine Anhänger sorgen sich sehr um die amerikanische Bevölkerungspolitik in der Welt. So wurden zum Beispiel alle Entwicklungshilfegelder gestrichen, die innerhalb von Familienplanungsmaßnahmen auch Abtreibung ermöglichen könnten. Die Ärzte, die nach dem Sturz von Saddam Hussein in den Irak geschickt wurden, um die medizinische Versorgung wieder aufzubauen, mussten strikte Abtreibungsgegner sein. Auch haben die Dispensationalisten als erste religiöse Vereinigung eine Pressure Group für die aggressive Förderung einer bestimmten Form der Außenpolitik gegründet: die *National Christian Leadership Conference on Israel.* Die politische Stoßrichtung ist eindeutig: die Unterstützung israelischer Hardliner, wie es der Likud-Block, der Zusammenschluss konservativer Parteien unter Ariel Scharon, ist. »Schickt ihnen Geld, schickt ihnen Waffen, stellt sicher, dass sie gewinnen, ganz egal, was es kostet.« Im neunzehnten Jahrhundert gehörten die christlichen Kirchen, vor allem die evangelikalen, zu den antisemitischsten Gruppierungen in ganz Amerika. Damals hieß es, die Juden hätten ihre Chance gehabt, Jesus als Messias anzuerkennen, nun aber sei die Gelegenheit vertan. Heute stehen gerade die Juden im Zentrum der dispensationalen Theologie.

Millionen von evangelikalen Christen sind heute Single-Issue-Wähler, die ihre Wahlentscheidung danach ausrichten, welcher Kandidat wohl die am wenigsten kompromissbereite Politikerfraktion in Israel unterstützt. Und diese wiederum kultivieren recht geschickt die Unterstützung durch die evangelikalen Christen. Sie setzen auf die fundamentalistische Karte, und das fortgesetzt. Als der israelische Premierminister Benjamin Netanjahu 1998 Washington besuchte, erteilte er Präsident Clinton eine brüske Abfuhr und zog es stattdessen vor, auf einer Versammlung evangelikaler Christen zu sprechen, wo man ihm lange und heftig Beifall zollte. Diese Versammlung wurde von Reverend Jerry Falwell gesponsert, der wiederum zu einer Gruppe gehört, die 200 000 Seelsorger zu ihren Getreuen zählt, die sich nicht scheuen, ihre Wähler entsprechend zu beeinflussen. Tatsächlich hat Falwell öffentlich gewarnt, dass die evangelikalen Wähler jeden Politiker bestrafen würden, der es wagen sollte, einem Kompromiss mit den Palästinensern zuzustimmen.

Die Triumphalisten an sich sind nicht religiös orientiert, nicht einmal ihre jüdischen Anhänger stellen die Religion in den Vordergrund. Doch einige Triumphalisten versuchen, der Instabilität im Nahen Osten Herr zu werden, indem sie die Hardliner in den israelischen Parteien unterstützen. Und an diesem Punkt überschneiden ihre Interessen sich mit denen der Fundamentalisten. Sie hoffen, dass eine starke amerikanische Militärmacht im Irak dazu dienen könnte, den Iran und die arabischen Länder entsprechend einzuschüchtern, sodass diese wiederum ihre Hilfen an militante palästinensische Gruppen einstellen. Als George W. Bush um die Wählerstimmen der Evangelikalen buhlte, mag dies tatsächlich aus einer gewissen Neigung zu ihren theologischen Positionen geschehen sein. Seine triumphalistischen Berater jedoch sehen die dispensationalen Christen in erster Linie als Wählerpotenzial, das ihre extremistische Strategie im Nahen Osten unterstützt. Wozu natürlich auch die Kontrolle über die Ölfelder im Irak und anderswo perfekt passt. Der aufmerksame Beobachter fragt sich, welches der zwei Lager in dieser unwahrscheinlichen Ehe zwischen wahren Gläubigen und hartgesottenen Realpolitikern opportunistischer ist.

George W. Bushs persönliche Geschichte ist ein schlagendes Beispiel dafür, wie sehr ein Politiker sich in religiösen Banden verstricken kann. In seiner Jugend riss eine starke Dosis christlicher Mäßigung den Jungen aus den Fängen des Alkoholismus. Dieser therapeutische Erfolg hatte Konsequenzen, denn von nun an glaubte der junge George W. unbesehen alles, was die Gemeinde der evangelikalen Christen lehrte, unter anderem auch, dass das Ende nah sei und der Staat Israel auf die Wiederkehr Jesu Christi vorbereitet werden müsse. Niemand kann genau sagen, ob dieser Glaube die treibende Kraft hinter Bushs Außenpolitik ist. Die Pressevertreter waren bislang zu zurückhaltend, um ihm diese Frage zu stellen. Doch nachdem wir alle anderen ihrer höchst fragwürdigen Zutaten untersucht haben, als da wären der unbändige Drang nach Kontrolle der Weltölvorräte, das Ringen um eine neue Rechtfertigungsstrategie für ein ausuferndes Militärbudget nach Beendigung des Kalten Krieges und die schlichte, machohafte Faszination von der eigenen Bedeutung in der Welt, kann man diese Art von Spinnerei noch als Sahnehäubchen auf die irre Mischung setzen. Bush hat den Vereinigten Staaten eine Außenpolitik verordnet, die uns für Armageddon wappnen soll. Er hat seinen Glauben religiösen Fanatikern geschenkt, welche die Lösung für die Probleme der Welt in der Heiligen Schrift suchen. So unglaublich dies klingen mag, doch es gibt tatsächlich religiöse Gruppen, die sich jeden Sonntag treffen, um darüber zu entscheiden, ob die amerikanische Außenpolitik gottgefällig und durch die Prophezeiungen des Propheten Hesekiel abgesegnet ist.

Selbst wenn die Zukunft auch Rückschläge für die evangelikale Politik bereithalten mag, können wir doch sicher sein, dass aus der republikanischen Partei eine lange, ununterbrochene Reihe von Führern wie George W. Bush hervorgehen wird. Ein großer Teil Amerikas will Menschen wie ihn im Weißen Haus sehen – und ist fest entschlossen, seinen Willen durchzusetzen. Die Geschichte unseres Landes wird Bush vor allem als ernüchterndes Beispiel jener Führungspersönlichkeiten in Erinnerung behalten, welche diese neue politische Frömmigkeit hervorbringt. Wenn es ein Alarmsignal gibt, das die Welt hinsichtlich der außenpolitischen Absichten der Vereinigten Staaten aufhorchen lassen sollte, dann ist es die Tatsache, dass ein

Mann wie er Präsident werden konnte – mit welchen Mitteln auch immer.

Wenn die Historiker einst auf den Irakkrieg zurückblicken werden, werden sie sich verwundert fragen, wie eine der größten Veränderungen im Weltwirtschaftssystem von einem Mann mit so offensichtlich begrenzten Fähigkeiten und solch zweifelhafter Moral umgesetzt werden konnte. Bush ist sicher einer der engstirnigsten und plattesten Präsidenten seit Warren Harding in den 1920er Jahren. Bevor Bush ins Weiße Haus kam, hatte er nicht viel von der Welt gesehen. Noch weniger allerdings hatte er gelesen. Seine Ausbildung hatte er in Betriebswirtschaft erhalten, was keine große intellektuelle Finesse erfordert. Und selbst in diesem Fach brillierte er nicht gerade mit überragenden Leistungen. An der Universität tat er sich vor allem als »Party-Smartie« und Cheerleader des Football-Teams hervor. Auch seine berufliche Karriere stellte ihn nicht vor große Herausforderungen. Irgendwann einmal besaß er ein Baseball-Team. Als Manager einer texanischen Ölfirma nutzte er die Steuergesetzgebung so kreativ, dass seine Firma mehr Gewinn erzielte. Als man ihn danach fragte, rechtfertigte er sein Verhalten damit, dass alle seine Maßnahmen legal gewesen seien. Bushs wichtigster Lesestoff waren lange Zeit über Predigten und simplifzierende religiöse Traktate gewesen. Während seiner Zeit als Gouverneur von Texas waren dies die einzigen geistigen Anregungen, die er sich genehmigte. Aus diesen Quellen floss ihm die Einsicht zu, dass er im Kampf gegen das kosmische Böse Gottes auserwähltes Werkzeug sei. Wie kommt ein so schlichter Geist wie er zu einem solch unerschütterlichen, an Größenwahn grenzenden Selbstbewusstsein? Na, ganz einfach – er macht sich zum Partner Gottes. In Bush tritt uns eine außerordentliche Hybris entgegen, die sich nun auf höchstem politischem Niveau ausagieren kann und dabei auch noch die größte Militärmacht der Geschichte im Rücken hat.

Die ständig wachsende Macht äußerst intoleranter christlicher Fundamentalisten innerhalb der Republikanischen Partei hat Amerikas Politik gefährlich weit an den rechten Rand gerückt, weiter, als dies noch im zwanzigsten Jahrhundert vorstellbar war. Unter dem Druck religiöser Fanatiker setzt die Republikanische Partei nun ohne jede Hemmung eine Politik um, die nicht nur allen wissenschaftlichen Erkenntnissen, sondern auch dem gesunden Menschenverstand Hohn spricht. In Hinblick auf globale Erwärmung und andere drängende ökologische Fragen finden die Republikaner sich nun Seite an Seite mit Evangelikalen, die wähnen, das Ende der Welt werde lange vor dem Tag eintreten, an dem irgendwelche Umweltprobleme ein kritisches Ausmaß annehmen könnten. Ein apokalyptischer Christ sieht nun einmal keinen Sinn darin, sich um die Zukunft eines Planeten Sorgen zu machen, der ohnehin bald im Zuge der Entrückung ausgelöscht wird. Ähnlich wird auch die Position der Republikanischen Partei zur Stammzellenforschung vom religiösen Fundamentalismus bestimmt, der jede Art von Biotechnologie für unnatürlich und nicht von Gott gewollt betrachtet. Freilich geben einige Formen genetischer Forschung durchaus zu ethischen Überlegungen Anlass, doch kann diese Diskussion wohl kaum sinnvoll geführt werden, wenn man sie mit wörtlichen Bibel-Auslegungen erschwert.

Und so bedienen sich religiöse Extremisten auf manchmal recht bizarre Weise der innen- und außenpolitischen Positionen der Triumphalisten für ihre Zwecke. Beispielsweise besuchen ganze Heerscharen von ihnen auf Bibelreisen den Tempelberg in Jerusalem, wo sie sich den genauen Ort zeigen lassen, an dem Jesus stehen wird, wenn die Himmel herniederkommen und die Verdammten ihr endgültiges Urteil finden. Interessant ist für sie dabei nur eines: Werden jene, die der Entrückung würdig sind, nackt oder gewandet in den Himmel geführt? Die politischen Verbündeten in Washington wiederum ermöglichen den evangelikalen Glaubensgemeinschaften, Missionare in den Irak zu schicken, um die Muslime von ihrer falschen, ja dämonischen Religion abzubringen. Mitunter nehmen die evangelikalen Strategien geradezu surreale Züge an.

So findet sich zum Beispiel im Vierten Buch Moses ein Hinweis darauf, wie man sich dem Tempel zu nähern habe: Der Gläubige muss vorher mit ein wenig Asche aus der rituellen Schlachtung und Verbrennung einer vollkommen roten Färse bestreut werden, einer Kuh also, die kein Haar einer anderen Farbe am Leib hat. Die heiligenden Überreste der letzten vollkommen roten Färse verloren sich im Dunkel der Geschichte, als die Römer 70 n. Chr. Jerusalem zerstörten. Auch jetzt, da die Juden der Moderne ins Heilige Land zurückgekehrt sind und es als ihre Heimat betrachten, ist der dritte Tempel noch nicht errichtet worden. Das liegt zum Teil einfach daran, dass an dem Ort, an dem er erbaut werden müsste, heute der Felsendom steht, eine der heiligsten Stätten des Islam. Doch in Israel gibt es genug Leute, die dieses Heiligtum sofort mit eigenen Händen niederreißen würden – wenn sie rein genug wären, dass sie diesen Ort betreten und dort den neuen Tempel bauen dürfen. Ob diese Reinheit sich je wieder herstellen lässt, hängt also nicht zuletzt davon ab, ob man noch eine vollkommen rote Färse findet und sie zu heiliger Asche verbrennen kann. Daher suchen fromme Israelis eifrig nach dieser roten

Färse. Doch den Evangelikalen in den Vereinigten Staaten geht das nicht schnell genug. Und so gibt es ebenso fromme Viehzüchter aus Texas, die versuchen, solche eine Färse zu züchten. Alles zu dem Zweck, so bald wie möglich, eine »rote Färse ohne Fehl« greifbar zu haben.

Israelische Siedlungen im Westjordanland... das Öl im Irak... die Wiederkehr Jesu... die Entrückung. Was für eine albtraumhafte Mischung aus Realpolitik und purem Aberglauben die amerikanische Außenpolitik doch geworden ist!

Der Kampf gegen den Pluralismus

Man schrieb das Jahr des Herrn 1972. Die junge Frau, die mir in meinem Arbeitszimmer gegenübersaß, war der erste »Jesus-Freak«, dem ich je begegnet bin. Sie war Anfang zwanzig, mit einem energischen Blick aus strahlenden Augen, und trug eines jener bunten Papageienkostüme aus dem Secondhand-Laden, die zur Uniform der Hippiebewegung wurden. Sie wollte mich für eine neue Campus-Zeitschrift der Universität von Berkeley interviewen, an der ich damals unterrichtete. Die Zeitschrift hieß *One* – als Hinweis auf den »einen« Weg zu Gott. Es ging ihr allerdings mehr ums Predigen als ums Zuhören. Sie wollte mir von der christlichen Gemeinschaft erzählen, die sie mitaufgebaut hatte. Ich hörte ihr zwar durchaus aufmerksam zu, letztlich aber überwog in meiner Haltung eine Art abschätziger Interesselosigkeit. Immerhin beschäftigte sich damals jeder, der sich für Religion interessierte, mit der »Weisheit des Ostens«, also mit Zen, Hinduismus oder Sufismus, statt sich der unverfälschten, alten Tradition des Kreuzes zuzuwenden.

Außerdem fand ich bald heraus, dass sie mit diesem Gespräch durchaus ihre eigenen Ziele verfolgte. Sie fragte mich, ob sie mich zitieren dürfe: Ob nicht sie und ihre Barfuß-Jünger die wahre Gegenkultur jener Tage darstellten? Ich hatte den Begriff der »Gegenkultur« damals gerade erst geprägt. Es ging dabei letztlich darum, dass der Jugendprotest jener Tage nicht nur die standardmäßigen politischen Themen umfassen konnte. Ich musste zugeben, dass der christliche Populismus, den sie vertrat (»Gib deine Habe den Armen und folge mir nach«), ganz entschieden »gegen« den Materialismus des amerikanischen Mainstreams gerichtet war. Dummerweise gab es in unserer Konversation dieses immer wiederkehrende Motiv. Das »Eine« zog sich durch alles, was sie sagte. Der emblematische Gestus der Jesus-Jünger war der eine Finger, der gen Himmel zeigte. »Ein« Finger stand für »einen« Weg, »eine« Wahrheit, »einen« Pfad zum Heil. Doch genau jenes Fehlen jeglichen Absolutheitsanspruches war es, was mich an der damaligen Protestbewegung der Jugend so faszinierte, der Geist der Offenheit und des Abenteuers, die Bereitschaft zum Sammeln und Experimentieren, die Faszination angesichts des Exotischen und Verbotenen. Im Gegensatz dazu roch die jüdisch-christliche Religiosität meiner Besucherin gefährlich nach einem zwanghaften Bedürfnis nach Strenge und Orthodoxie. Und diese hatte ich nun in meiner Schulzeit, die vor dem Zweiten Vatikanischen Konzil und seinen Liberalisierungstendenzen lag, wirklich im Übermaß genossen. In St. Veronica, einer Schule im polnischen Viertel von Chicago, in dem ich aufgewachsen bin, hieß Religion das Auswendiglernen des Katechismus mit einer gesalzenen Portion Kopfnüssen. Wie also sollte etwas so Rückwärtsgerichtetes wie die konservative

Religiosität meiner Besucherin auch nur die geringste Überlebenschance haben?

Wie man sich doch täuschen kann! Zwei Monate nach dem Interview, in dem ich die Zustimmung zu dem gewünschten Zitat verweigerte, brachte das *Time Magazine* eine Titelstory über die »Jesus-People« und schrieb, dass dies die heißeste Sache sei, die sich momentan auf dem Campus der amerikanischen Universitäten abspiele. Dies war das erste Anzeichen für das Heraufdämmern einer einflussreichen politischen Bewegung in den Vereinigten Staaten: dem Aufstieg der Evangelikalen zur Macht.

Etwa zehn Jahre später gab nicht zuletzt die religiöse Bewegung der *Moral Majority* den Ausschlag, als es darum ging, Reagan ins Weiße Haus zu bringen. Und wieder zwanzig Jahre später sehen wir uns zur Jahrtausendwende mit George W. Bush konfrontiert, dem Präsidenten, der unter all seinen Vorgängern seine religiöse Überzeugung wohl am unverhohlensten mit dem Amt verquickt. Einen wieder geborenen Texaner, der Kabinettssitzungen mit einem Gebet eröffnet, der sicherlich den Rekord im Gebrauch des Wortes »böse« bei Pressekonferenzen hält und der jede Rede mit einem frommen »Gott segne Amerika« beendet. Und George W. Bush gibt seinen religiös-konservativen Wählern nicht nur innenpolitisch, was sie sich wünschen: »glaubenszentrierte« Sozialprogramme, die Einschränkung des Rechts auf Abtreibung und das Schulgebet. Nein, er bringt außerdem die amerikanische Außenpolitik mit dem Wirken der Vorsehung in Einklang.

Aber fallen denn nicht auch die evangelikalen Anwandlungen des Präsidenten unter den Schutz des verfassungsmäßig garantierten Rechts auf Religionsfreiheit wie die religiösen Ansichten jedes anderen Bürgers? Natürlich. Aber gewisse Zweifel an den Folgen der Bibelhörigkeit auf höchster Ebene sind doch wohl erlaubt. Mir geht immer noch das Argument im Kopf herum, das der rechte Flügel während der Kommunistenverfolgung der McCarthy-Ära so gewandt im Munde führte. Die Kommunisten, so hieß es damals, nutzten die Freiheitsrechte nur, um sie abzuschaffen, sobald sie an die Macht gelangt seien, falls ihnen dies je gelingen sollte. Ich persönlich frage mich, wie es um die Freiheit der Religionsausübung stünde, wenn militante christliche Fundamentalisten die Regierungspolitik tatsächlich ganz allein bestimmen würden. Wir reden hier immerhin von Leuten, die von der »biblischen Pflicht« sprechen, »diese Nation zu erobern« (Randall Robertson, der Führer der Antiabtreibungs-Organisation *Operation Rescue*).

Doch es gibt etwas, was mich am wachsenden Einfluss der religiösen Rechten auf das politische Leben Amerikas weit mehr irritiert. Dieses Unbehagen trage ich seit meinem Treffen mit der »Jesus-Studentin« 1972 mit mir herum. So nett und höflich sie auch war, kamen andere Ideen als die ihren zur Sprache, war sie völlig abweisend. Und warum? Weil ich als Humanist und Liberaler in ihren Augen ohnehin eine verdammte Seele war. Und so hielt sie während unseres Gesprächs die Augen fest gen Himmel gerichtet, um von meiner weltlichen Gesinnung nicht befleckt zu werden.

Habe ich mich über dieses Gespräch geärgert? Nein, nicht wirklich. War mir doch bewusst, was da ablief. In meiner katholischen Jugend ging ich mit anderen Menschen genauso um. Vom Elfenbeinturm meiner sündlosen Reinheit herab betrachtet waren die Menschen, mit denen ich Umgang hatte, ganz sicher zur Verdammnis verurteilt. Ich weiß noch, dass ich mich abends in den Schlaf weinte, weil ich felsenfest davon überzeugt war, dass meine Eltern in die Hölle kommen würden – weil sie die Messe versäumt oder am Freitag Fleisch gegessen hatten. Zu Gottes Auserwählten zu gehören hüllte mich in einen dichten Mantel herablassender Gewissheit, wenn ich mit Menschen zu tun hatte, die ich nicht mochte oder die eine andere Meinung vertraten als ich. Schließlich war ich Mitglied in einem der exklusivsten Clubs des Universums – dem Club der Auserwählten.

Nichts verzerrt die Optik in der Beziehung zu unseren Mitmenschen gründlicher als die Überzeugung, für den Thron der Heiligen bestimmt zu sein, während das Gegenüber der ewigen Verdammnis anheim fallen wird. Und je buchstäblicher der Glaube ausgelegt wird, desto größer die Verwerfungen. Auch wenn die Gläubigen versuchen, taktvoll zu sein, gibt es doch keine größere Kluft zwischen zwei Menschen als den Glauben, dass der eine zur ewigen Seligkeit bestimmt ist, während der andere die Hölle von innen kennen lernen wird. Im Extremfall – und wir sollten uns klar machen, dass wir es hier mit einer grassierenden Form von religiösem Extremismus zu tun haben – bedeutet die Hinwendung zum Einen, Einzigen Gott den leidenschaftlichen Kampf gegen jede Form des Pluralismus. Das bereitet mir tatsächlich Sorgen – nicht, weil ich nun einmal unheilbar an die Freiheit des Einzelnen glaube, sondern weil ich um die Qualität unseres kulturellen Lebens fürchte.

Denn mit »Pluralismus« meine ich kein abstraktes Rechtsgut. Ich meine die spontane Freude am Facettenreichtum des Mensch-Seins, die Neugier, die wir empfinden, wenn wir mit jemandem zu tun haben, der einen ganz anderen Weg eingeschlagen hat als wir, einen Weg, der uns vielleicht sogar neugierig macht. Diese überwältigende Fülle hatte Walt Whitman im Sinn, als er Demokratie definierte als den Gesang von uns selbst. Er sah Amerika als gewaltige Jazz-Improvisation über eine Million Themen, die uns die Vergangenheit vermacht hat. »Ich höre Amerika singen«, schrieb er, »unzählige Lieder vernehme ich.« Der aus San Francisco stammende Dichter Robert Duncan formulierte Whitmans demokratische Ideale aus, als er schrieb, wir leben in einem Symposium des Ganzen, einer Zeit, in der »alle früher ausgeschlossenen Gruppen hereingenommen werden in das große Ganze – das Weibliche, das Proletariat, das Fremde, das Tier, das Pflanzenreich, das Unbewusste und das Unbekannte, das Kriminelle und das Scheitern – alles, was einst marginalisiert und an den Rand gedrängt war«.

Eine wirklich whitmansche Demokratie garantiert uns nicht nur das Recht auf das eigene Lied, sie ermutigt uns sogar zum Singen. Wahre Demokratie braucht Vielfalt, Originalität und Experimentierfreude. In diesem Sinne ist Demokratie *Mittel* und nicht Zweck. Dies ist das Thema, das wir alle variieren und an unsere Mitspieler weitergeben, wie das in einer guten Jazz-Band nun einmal der Fall ist.

Können Jazz und Jesus nebeneinander existieren? Das muss jeder Christ für sich entscheiden. Jede Religion ist das, was ihre Gläubigen aus ihr machen. Einer Tatsache aber bin ich mir vollkommen sicher: Wer die pluralistischen Werte unserer Gesellschaft als Werk des Satans verdammt, unterminiert die Demokratie und beraubt uns unseres kulturellen Reichtums. Das ist der schlimmste Preis, den wir für den politischen Erfolg einer erstarkenden religiösen Rechten in Amerika bezahlen werden. Wir verlieren die Verbindung zu den existenziellen Wurzeln der Demokratie. Und doch beten Millionen meiner Landsleute dafür, dass genau dies geschieht.

Das Ergebnis einer solchen Entwicklung ist nicht einfach nur ein hässlicher Fleck auf der mehr oder weniger weißen Weste Amerikas. Dieser Kampf gegen den Pluralismus setzt sich in den internationalen Beziehungen des Landes fort. Schlimm genug, wenn die Vereinigten Staaten ausziehen, ein neues Weltreich zu errichten. Noch schlimmer aber, wenn dieses Imperium unter der Kontrolle bigotter Betbrüder steht, die den Rest der Menschheit als hässlichen Pfuhl verdammter Seelen betrachten.

5 Das liberale Nervenflattern

»Es ist an der Zeit, dass die Liberalen ein wenig Mitgefühl für jene Eltern entwickeln, die ihre Kinder in dem moralischen Vakuum erziehen müssen, das die liberale Politik geschaffen hat. Die Liberalen fordern Vertrauen in die Tatsache, dass das Geld, das wir der Regierung geben, auch für sinnvolle Ziele eingesetzt wird. Aber die Menschen haben dieses alberne Spielchen gründlich satt ... Die modernen Konservativen wollen den Menschen für ihre Steuergelder echte Werte geben. Sie wollen echte Gelegenheiten für arme Menschen schaffen, sich am eigenen Schopf aus dem Sumpf zu ziehen. Das ist wirkliches Mitgefühl und hat nichts zu schaffen mit der falschen Hilfsbereitschaft der Liberalen, die bei jedem Problem mit Geld winken, um die Menschen, die es bekommen, von sich abhängig zu machen.«

Rush Limbaugh, einer der führenden konservativen
Radiokommentatoren, 1992

»Ich will die zentrale Regierungsgewalt nicht abschaffen. Ich möchte sie nur ein wenig schrumpfen, bis man sie ins Badezimmer tragen und durch die Toilette spülen kann.«

Grover Norquist, Präsident von *Americans of Tax Reform*,
führender Kopf der Konservativen

Steht auf, ihr Archie Bunkers dieser Welt!

Der härteste Widerstand, den die Triumphalisten zu gewärtigen haben, kommt aus dem liberalen Flügel der Demokratischen Partei. Leider hatten die Liberalen in den letzten zwanzig Jahren arg zu kämpfen. Manche glauben sogar, dass Ronald Reagan in den achtziger Jahren für sie das Sterbeglöckchen läutete. Wie wir bereits sehen konnten, ist die missliche Lage der amerikanischen Liberalen auf einen demografischen Wandel im Wählerverhalten zurückzuführen. Der Sunbelt hat die amerikanische Gesellschaft scharf nach rechts driften lassen. In den USA dominiert heute die in den Vororten angesiedelte Mittelschicht, während nach dem Zweiten Weltkrieg die organisierte Arbeiterschaft in den großen Städten einen gewaltigen Wählerblock bildete, der geschlossen hinter der Demokratischen Partei stand. Doch als das Big Business wuchs, verloren die Gewerkschaften an Terrain. Dies aber war die zahlenmäßig stärkste Wählerschaft, auf die die Liberalen seit den Tagen von Roosevelts New Deal zählen konnten. Die Ideale und Befindlichkeiten der Arbeiterklasse wandelten sich so sehr, dass die Liberalen dadurch in eine verzwickte Lage gerieten. Denn die Wähler der Arbeiterklasse zog es mehr und mehr ins nicht-liberale Lager. Nichts hatte die amerikanische Linke so sehr demoralisiert wie die Reagan-Wähler im Blaumann.

Ein Blick auf die amerikanische Populärkultur kann uns über dieses Phänomen einigen Aufschluss geben.

Während der 1970er Jahre war die Fernsehsendung mit den höchsten Einschaltquoten in den Vereinigten Staaten die Serie *All in the Family (Es bleibt alles in der Familie)*. In der Sendung – die in Großbritannien einen Vorläufer mit dem Titel *Till Death Do Us Part (Bis dass der Tod uns scheidet)* hatte – trat eine ziemlich ungewöhnliche Hauptfigur auf: ein ungebildeter, großmäuliger, reaktionärer Hafenarbeiter namens Archie Bunker. Dementsprechend zeigte Archie sämtliche Züge eines Wählers vom rechten Flügel. Er war gegen Schwarze, gegen Hispanos, gegen Gewerkschaften, gegen Schwule, gegen Frauenrechte und natürlich gegen eine mächtige Regierung, von der die zentrale Gewalt im Staat ausgeht. Woche für Woche stritt er mit seinen Kindern, die mit ihren fortschrittlichen, mitunter radikalen Ansichten typische Vertreter der 68er-Generation waren. Archie war alles, was der intelligente, gebildete Hochschulabsolvent der Mittelklasse verachtete – die perfekte Zielscheibe für den Spott der Liberalen.

Was das liberale Amerika übersah, war die schlichte Tatsache, dass in der wirklichen Welt Millionen von Archie Bunkers existierten. Es gab Zuschauer, die mit Archies Ansichten sympathisierten und jede Niederlage, die er im Streit mit seinen smarten, frechen Kindern einstecken musste, sehr persönlich nahmen. Archies Dauerklage, dass die Regierung hart arbeitende Weiße wie ihn nur noch schröpfe, traf in den amerikanischen Haushalten auf offene Ohren. Doch dies zeigte sich erst, als Ronald Reagan sich zum Sprecher der Archie Bunkers Amerikas machte. Es gibt wirklich Mitglieder der Arbeiterklasse, die für einen Politiker vom rechten Rand votieren, der die Regierung kritisiert, ethnische Minderheiten brüskiert, mit der amerikanischen Fahne wedelt, die Steuern senkt und sich für die ach so belasteten Weißen einsetzt – vor allem, wenn dieser Politiker auch noch aussieht wie ein echter Cowboy. Reagan konnte sogar die Gewerkschaften vor den Kopf stoßen und erfreute sich immer noch eifrigen Zuspruchs von den Archie Bunkers dieser Welt. Eine seiner Amtshandlungen als Präsident war es, streikende Fluglotsen durch solche zu ersetzen, die nicht in der Gewerkschaft waren. Und die Gewerkschaft der Fluglotsen hatte seine Präsidentschaft auch noch unterstützt. Doch dieser politische Hochverrat schadete ihm nicht im Geringsten.

Dass Leute wie Archie Bunker tatsächlich existierten, war ein Schock für die führenden Liberalen des Landes. Wie hatte Reagan es nur geschafft, so viele traditionell demokratische Wähler in sein Lager zu holen? Zwanzig Jahre nach diesem traumatischen Ereignis weigern einige Liberale sich noch immer, der Wahrheit ins Auge zu sehen. Reagan wusste sich dabei den Bodensatz von Unzufriedenheit und Verunsicherung, der unter der Oberfläche der Gesellschaft gärte, zu Nutze zu machen. Reagan blendete die Rolle der Konzerne in der amerikanischen Gesellschaft einfach aus und stellte die Sozialprogramme der Liberalen als Irrweg einer von elitären Intellektuellen und Akademikern dominierten Regierung dar, die sie den Bürgern gegen deren Willen aufzwang. Er deutete die soziale Protestbewegung der sechziger und siebziger Jahre als Angriff auf die guten, patriotischen amerikanischen Ideale, die ein Großteil der Bevölkerung noch immer teilte. In seinen Augen waren die Anliegen der Protestbewegung lediglich die Flausen bärtiger Hippies und fauler Studenten, die obendrein vermutlich auch noch kommunistisch und/oder drogenabhängig waren.

Darüber hinaus schlug Reagan nicht wenig Kapital aus den liberalen Bemühungen um eine Reform des Strafvollzugs. In den Jahren zwischen 1960 und 1980 hatten liberale Anwälte und der damals von liberalen Richtern besetzte Supreme Court dafür gesorgt, dass die Rechte der Angeklagten in jeder Hinsicht gestärkt wurden, vor allem, wenn sie rassischen Minderheiten angehörten. Allen, die sich für diese Reform stark machten, fiel nicht im Traum ein, dass es eine weiße Mittelschichtmehrheit geben könnte, die solche Bestrebungen nicht guthieß. Richard Nixon brachte das Erfolgsrezept seiner Wahlkampagne von 1969 auf einen kurzen Nenner: »Die meisten Amerikaner sind weder jung noch arm noch schwarz.« Reagan ging noch einen Schritt weiter. Er beschuldigte die Liberalen im Justizsystem, sich auf die Seite der Kriminellen zu schlagen. Er meinte, dass sie nicht hart genug durchgriffen. Da der Großteil aller Straffälligen der afroamerikanischen Bevölkerung angehört, konnte die Reform des Strafrechts natürlich leicht dahin gehend ausgelegt werden, als würden die Liberalen mit den Schwarzen gegen die Weißen sympathisieren. Reagan hingegen trat angeblich für die »Rechte der Opfer« ein. Er kündigte massive Strafverschärfungen an und zielte damit auf die zunehmende Angst der Wähler vor der Kriminalität auf den Straßen amerikanischer Städte ab. Er – und vor allem seine Frau Nancy – tragen die Verantwortung für eine Drogengesetzgebung, die mittlerweile unsere Gefängnisse aus den Nähten platzen lässt, weil dort Leute einsitzen, die gerade mal ein paar Gramm Marihuana mit sich geführt haben. Die Drogengesetzgebung war der Anfang von Reagans Kampagne für die Rückkehr zu den »familiären Werten«.

Doch war dies nicht die einzige Fehleinschätzung, die sich

die Liberalen im Hinblick auf Ronald Reagan leisteten. Er mag zwar ein Mann von beschränkten Geistesgaben gewesen sein, andererseits aber war er ein versierter Schauspieler, der sein Handwerk bestens verstand. Er wusste, wie er sich vor die Kamera zu stellen hatte, um die beste Wirkung zu erzielen. Er neigte den Kopf im richtigen Winkel, winkte freundlich und lächelte schüchtern, wann immer das Drehbuch es verlangte. Als Schauspieler waren eben diese Rollen Reagans Spezialität. Er gab den gut aussehenden, sympathischen und doch sensiblen jungen Mann mit verletzlichem Kern. Er hatte Jahre daran gearbeitet, dieses Image zu vervollkommnen. Daher fiel es den Menschen schwer, schlecht von ihm zu denken. Er war weder wortgewandt noch intellektuell beweglich, aber dieses Schicksal teilte er mit der Mehrheit der Amerikaner. Also lasst den Mann doch in Ruhe! Fast wirkte es wie eine Zumutung, zu verlangen, dass der Präsident der Vereinigten Staaten weiß, wovon er spricht. Reagan war so geschickt darin, verletzlich zu wirken, dass es geradezu gemein schien, ihn mit unbequemen Fragen zu bedrängen. In diesem Sinne war er tatsächlich ein »großer Kommunikator«; Er wusste, wie er diese Rolle geben musste.

Die Liberalen schätzten Reagans Gewandtheit vor der Kamera naturgemäß nicht besonders, die Republikaner hingegen lernten sehr schnell, wie wichtig es ist, im Fernsehen gut auszusehen – auch wenn hinter der schönen Fassade nur heiße Luft steckte. Mehr als je ein Präsident vor ihm konnte Reagan mit der Nachsicht der Bevölkerung rechnen. Er überzeugte die Menschen, dass Detailkenntnis oder die Fähigkeit zur spitzfindigen politischen Diskussion nicht Sache des Präsidenten sind. Die Aufgabe des Präsidenten ist es, eine Vision zu bieten und diese in einprägsame Phrasen und klingende Rhetorik zu kleiden. Er sollte in feierlichen Worten Zustimmung oder Ablehnung äußern, weit reichende Ankündigungen machen, lächeln, die Stirn runzeln und zum Abschied winken. Kurz gesagt: Vom Präsidenten sollte nicht mehr verlangt werden, als bei gestellten Fernsehaufnahmen seine Sätze vom Teleprompter abzulesen und glaubhaft zu wirken. Reagan, der bis zum Ende seiner Amtszeit populär blieb, ermöglichte dem Publikum, Präsidenten zu wählen, die aussehen wie echte Präsidenten, auch wenn sie ansonsten dumm waren wie Bohnenstroh.

Einer seiner herzergreifenden Auftritte zeigt sehr deutlich, wie dieses System funktionierte. Ein paar Jahre nach Ende seiner Amtszeit wurde Reagan vor den Kongress gerufen, um dort über den so genannten »Iran-Contra-Skandal« auszusagen. Einige Leute (darunter auch ich) halten diese Affäre für den dreistesten und gefährlichsten Angriff auf die Verfassung der Vereinigten Staaten, den es in der amerikanischen Geschichte je gegeben hat. Es handelt sich dabei um eine geheime Regierungsmaßnahme, die direkt vom Weißen Haus ausging. Die finsteren Gestalten dieses Szenarios hatten illegal Waffen an den Iran verkauft, um so an die nötigen Mittel zu kommen, die sie für ihren heimlichen Guerillakrieg gegen die kommunistische Regierung von Nicaragua brauchten. Und dies, obwohl der Kongress derlei Aktivitäten ausdrücklich untersagt hatte. Darüber hinaus sammelten sie Unsummen von reichen republikanischen Wählern ein, um die Antikommunisten Nicaraguas zu unterstützen. Tatsächlich nutzten Reagans Agenten seine Präsidentschaft, um am Kongress vorbei finanzielle Mittel zu beschaffen – ein klarer und brutaler Verstoß gegen die Verfassung unseres Landes. Als man Reagan zu Details dieser Operation befragte, schüttelte er den Kopf, sah verwirrt drein und meinte dann, er habe die ganze Angelegenheit nie richtig verstanden. Und schon gar nicht, was daran illegal gewesen sein soll. Dabei schien er auch noch die Wahrheit zu sagen! Es gab aber nie auch nur den geringsten Hinweis, dass seine Mitarbeiter dies alles ohne sein Wissen getan hätten.

»Amerika ist im Herzen ein konservatives Land«, verkündeten die Reagan-Konservativen. Und erstaunlicherweise schienen die Liberalen das unbesehen glauben zu wollen, als Reagans Popularität immer weiter wuchs. Sie kuschten noch vor der dümmsten Reagan-Maßnahme, weil sie davon überzeugt waren, die Konservativen hätten nun endlich die absolute Gewinnerformel gefunden. Die Konservativen erweckten den Anschein, als hätten sie für alle Probleme des Landes die richtige Lösung. Stärkung der Wirtschaft von der Angebotsseite her, familiäre Werte, eine kompromisslose Verschärfung des Strafrechts, privatisierte Sozialdienste, Deregulierung und natürlich die Ausweitung des freien Marktes. Stück für Stück schien die Rechte zu beweisen, dass die liberale Sozialpolitik nicht funktionierte, obgleich sie sehr viel Geld kostete: nicht bei der Rassenproblematik, nicht bei der Armutsbekämpfung, der Sozialversicherung, der Gesundheitsversorgung oder der Bildung. Die Konservativen stellten die Liberalen als Kaiser ohne Kleider dar, und viele Liberale fielen darauf herein und glaubten am Ende selbst daran. Denn der Aufstieg der Triumphalisten ist nicht zuletzt dem Rückzug der Liberalen an allen Fronten zuzuschreiben.

Die triumphalistische Dominanz begann sich schon in den ersten Jahren der Reagan-Präsidentschaft herauszukristallisieren. Da die Reagan-Anhänger und ihre triumphalistischen Genossen nämlich immer mehr Geld in der Haushaltspolitik sparen konnten, begannen sie, die Außenpolitik des Landes zu militarisieren. Bereits Mitte der Achtziger kursierten Strategiepapiere in der Reagan-Administration, die für eine neue, aggressive Phase in den Außenbeziehungen des Landes eintrat, vor allem im Hinblick auf die strauchelnde Sowjetunion. Diese Papiere sind die Grundlage für die triumphalistische Politik, die mit George W. Bush ihren Anfang nahm.

Der Kampf für den weißen Mann

Die Triumphalisten loben Ronald Reagan immer wieder ob seiner »moralischen Kompromisslosigkeit«. In der Praxis allerdings blieb die reagansche Politik mitunter bewusst obskur, vor allem bei den großen moralischen Themen. Vor allem Reagans kaum verhohlener Rassismus muss an dieser Stelle erwähnt werden. Reagan betrieb sein politisches Spiel mit der Angst der Weißen vor den schwarzen Kriminellen, welche Amerikas Straßen unsicher machten. Mit seinem Eintreten für ein rigoroses Durchgreifen schlüpfte er in die Rolle des weißen Archie Bunker, der sich von den Schwarzen und arroganten weißen Politikern gleichermaßen herumgeschubst fühlt. Reagans wirkungsvollstes Wahlplakat zeigt eine schwarze »Sozialhilfe-Queen«, die vom Geld der Regierung lebt, das diese den hart arbeitenden weißen Steuerzahlern aus der Tasche zieht. Sein Nachfolger, der erste George Bush, schlug bei seinem Wahlkampf 1988 in die gleiche Kerbe. Seine TV-Spots zeigten einen finster dreinblickenden schwarzen Kriminellen namens Willy Horton, der von Bushs Rivalen in der Demokratischen

Partei, dem sehr liberalen Gouverneur von Massachusetts, begnadigt worden war. Unmittelbar nach seiner Freilassung hatte Horton eine weiße Frau vergewaltigt. Die Botschaft dieses Spots war das typische Reagan-republikanische Spiel mit der Angst und dem Hass, den sie hervorruft. »Die Liberalen kümmern sich mehr um schwarze Vergewaltiger als um uns, die Weißen, die Guten. Die Liberalen nehmen uns unsere Waffen weg und lassen dann auch noch schwarze Kriminelle frei, damit diese uns berauben und töten können«, so die zentrale Aussage dieses Spots.

Die Reagan-Republikaner fanden Mittel und Wege, um die schwarzen Opfer des Rassenhasses als Alleinschuldige an ihrer Misere dastehen zu lassen und sich so für die Rechte »des weißen Mannes« stark zu machen. Reagan waren vor allem die zahlreichen Programme zur Förderung der Rassengleichheit ein Dorn im Auge, die während des Jugendprotests der sechziger Jahre eingeführt worden waren. Er kämpfte vehement gegen alle Maßnahmen, die rassischen Minderheiten gleiche Chancen auf dem Sektor Bildung und Arbeit verschaffen sollten, indem er sie als »Gegen-Rassismus« brandmarkte. Auch gegen den Versuch, weiße Kinder in etwas entfernt gelegene »schwarze« Schulen zu schicken, um so zu einer besseren ethnischen Durchmischung zu kommen, zog er zu Felde. Mit solchen Kampagnen wollte Reagan zeigen, dass all diese Gleichstellungsinitiativen an der Wirklichkeit vorbeigingen, weil sie gegen die Interessen des vorwiegend weißen Amerika gerichtet waren. Maßnahmen wie diese dienten ihm als Beleg, wenn man ihn bat, seine Behauptung, die zentrale Regierungsgewalt sei das Problem und nicht die Lösung, doch etwas näher zu erläutern.

Mit der Wirkung Reagans auf die Wähler der Mittel- als auch der Arbeiterschicht verschätzten sich die Liberalen gewaltig. Als Reagan das Weiße Haus verließ, bezichtigten die Konservativen den politisch liberalen Flügel der Ehrlosigkeit, wenn dieser nur ansatzweise versuchte, die ethnische Ungleichbehandlung in Amerika zu korrigieren. Solche Bestrebungen erachteten die weißen Bürger als einen Verrat an ihren Interessen. Offenkundig waren sie es leid, dauernd für die Afroamerikaner aufkommen zu müssen. Vielleicht gibt es ja auch so eine Art ethischer Ermüdungserscheinungen: Die Menschen verlieren das Interesse an Themen, die ihnen scheinbar zu viel abverlangen. Wenn dem so ist, dann begann die Rassengleichberechtigung in den Achtzigern als moralisches Thema an Attraktivität zu verlieren. Ein Großteil der Bevölkerung war es leid, immer und immer wieder dieselben Klagen zu hören, so als könnten sie niemals genug tun, um den Sündenfall der Sklaverei auszugleichen. Wenn überhaupt, dann schien doch der »Gegen-Rassismus«, also die überproportionale Förderung von Afroamerikanern gegenüber Weißen, das weit dringendere Problem zu sein. Damals gab es bereits eine schwarze Mittelschicht von hochgebildeten Akademikern. Allein ihre Existenz schien doch zu belegen, dass Rassismus längst der Vergangenheit angehörte. Und die Republikaner zeigten die konservativen Afroamerikaner in ihren Reihen nur zu gern vor, um der Bevölkerung zu signalisieren, dass ihre Partei auch bei dieser Schicht Unterstützung fand. Der erste George Bush schaffte es sogar, dem Land einen schwarzen Supreme-Court-Richter aufzuoktroyieren (Clarence Thomas), der vermutlich der reaktionärste Richter ist, der je am obersten Gerichtshof Amerikas Recht sprach.

Die Liberalen hingegen versäumten es, auf die zahlreichen Formen von verdecktem Rassismus hinzuweisen, die im Land weiterhin existieren und junge, männliche Schwarze häufig in die Kriminalität treiben, weil damit scheinbar das schnelle Geld zu machen ist. Die Tatsache, dass viele »schwarze« Viertel immer noch regelrechte *killing fields* sind, in denen schäbige Drogenkriege Jahr für Jahr Tausenden junger Schwarzer das Leben kosten, wird heute als persönliches Versagen der Opfer betrachtet und nicht als soziales Problem einer ganzen Gesellschaft.

Indem Ronald Reagan die Hautfarbe zum Thema seines Wahlkampfs machte, legte er den Finger in eine schwärende Wunde der Liberalen. Denn bis in die Zeit nach dem Zweiten Weltkrieg war die Rassenproblematik keiner der großen politischen Parteien ein zentrales Anliegen. Die Republikaner ignorierten das Thema ganz einfach, obwohl sie ursprünglich die Partei Abraham Lincolns waren, gegründet, um die Sklaverei abzuschaffen. Doch die Republikaner wurden schon bald nach dem amerikanischen Bürgerkrieg zur Partei des großen Geldes, die sich ganz auf die Industriestädte des Nordens konzentrierte und im Süden kaum um Anhänger warb. So fiel im Süden Staat um Staat an die Demokraten, was diese zu Vertretern der weißen Herrenschicht machte. Und so blieben die Verhältnisse auch während des New Deal. Denn so fortschrittlich Roosevelts Sozialprogramme auch waren, so wagte er doch nie, Themen wie Rassentrennung, Lynchjustiz oder Bürgerrechte für Schwarze anzusprechen. Roosevelt war von den Demokraten im Süden viel zu abhängig, um deren etablierte Ordnung in irgendeiner Form zu stören.

Die politischen Bewegungen, die das liberale Denken in

Amerika am stärksten prägten, waren zweifelsohne das »Progressive Movement« und das »Populist Movement« des späten neunzehnten und beginnenden zwanzigsten Jahrhunderts. Beide jedoch haben sich in Fragen der Rassenproblematik nicht gerade mit Ruhm bekleckert. Die Vertreter der Progressiven mochten mutige Reformer sein, doch sie waren auch häufig bigott und elitär. Sie waren weiß, angelsächsisch-protestantischer Abstammung und hochgebildet. Viele von ihnen kamen aus den Kleinstädten. Ethnische Minderheiten gehörten für sie zum »Eitergeschwür der Städte«, die ihnen als Orte galten, wo Wollust, Korruption und Verbrechen herrschten. Sogar die Helden der Progressiven wie zum Beispiel Woodrow Wilson machten manchmal boshafte Bemerkungen über die Einwanderer aus dem Osten und Süden Europas. Er war es, der die Rassentrennung in der Hauptstadt Washington einführte. Das »Progressive Movement« hatte also ein finsteres Erbe aus rassistischer Vergangenheit.

Für die Populisten, also die Farmer und Landarbeiter, die gegen Ende des neunzehnten Jahrhunderts ihren Einfluss aufgrund der erstarkenden Industrie schwinden sahen, gilt Ähnliches. Ihre Kampagne zur Einführung einer Vermögenssteuer scheiterte kläglich. Die Macht der Trusts und der Wähler in den großen Städten war zu groß geworden und konnte nicht mehr vom Tisch gewischt werden. Die Populisten gefielen sich in der Rolle der Underdogs, die einen heroischen, weil aussichtslosen Kampf ausfochten. Gleichzeitig aber wollten sie – vor allem im Süden – mit ihren nicht-weißen Leidensgenossen nichts zu tun haben. Die meisten Farmer im Süden weigerten sich, mit den Populisten des Nordens oder Westens gemeinsame Sache zu machen, weil sie sich nicht mit schwarzen Farmern auf eine

Stufe stellen wollten. Und so traurig das ist, doch der New Deal grenzte das Thema Rassentrennung völlig aus, weil Roosevelt Angst hatte, der »tiefe Süden« mit seinem gewaltigen Wählerpotenzial würde sich von ihm abwenden. So blieb der Rassismus in der Demokratischen Partei eine eitrige Wunde, bis der Zweite Weltkrieg vorüber war und ihre führenden Köpfe endlich den Mut fanden, sich für Bürger- und Wahlrecht einzusetzen, auch wenn die Unterstützung der südlichen Wähler auf dem Spiel stand. Und tatsächlich verloren die Demokraten den Süden. Es kam zu einer dauerhaften Abwanderung der Sunbelt-Wähler ins republikanische Lager, wo der Kampf um Gleichberechtigung der Rassen noch lange Zeit kein Thema war.

Heute ist der Unterschied zwischen den beiden großen Parteien im Hinblick auf die Rassenproblematik deutlich erkennbar. Dank ihres liberalen Flügels hat die Demokratische Partei sich immer stark für die Belange der ethnischen Minderheiten eingesetzt. Die Demokraten sind heute mehr denn je eine multikulturelle Partei der Armen und Arbeiter. Auf jeden Fall mehr, als irgendeine andere Partei dies je in der Geschichte dieses Landes war. Dummerweise zahlen die Demokraten gerade dafür die Zeche, denn die Wahlbeteiligung ist weder unter den schwarzen noch unter den hispanoamerikanischen Bürgern groß. Andererseits nutzen die Republikaner und die Triumphalisten, welche sie führen, die Tatsache, dass das Thema »Hautfarbe« die Menschen spaltet, für ihre Zwecke aus. Bislang hat diese Taktik sich für die Konservativen ausgezahlt. So weigern sich die armen Weißen aus dem Süden (vor allem, wenn sie Männer sind), sich mit den schwarzen Wählern zu verbünden, um ihre Interessen besser durchsetzen zu können, auch wenn ihnen dies selbst am meisten schadet. Stattdessen wählen sie die Partei der Corporados und Triumphalisten. Die kritische Haltung der Republikaner gegenüber Sozialprogrammen spricht gerade diese ressentimentgeladenen Weißen an. Die Demokraten, so ihre Überzeugung, würden Staatsgelder benutzen, um sie an die benachteiligten Schwarzen zu verteilen. Also wüten seit Ronald Reagan alle Republikaner aus taktischen Gründen gegen Steuern und alle politischen Maßnahmen, die damit finanziert werden können.

Die Konservativen in den Vereinigten Staaten haben den Begriff des Klassenkampfes zu einem Unwort gemacht, einem garstigen Relikt aus marxistischen Zeiten, das längst von der politischen Agenda gefegt wurde. Es gilt als schlechtes Benehmen, ja vielfach sogar als »unamerikanisch«, wenn man darauf hinweist, dass vermögende und arme Menschen grundsätzlich andere Interessen verfolgen. Die amerikanische Politik scheint also darauf bedacht zu sein, Gräben eher zuzuschütten als sie aufzureißen. Und doch haben die Konservativen die Politik zu einem erbitterten und sinnlosen Kampf gemacht. Sie geben vor, dass eine gähnende Kluft sie von den Liberalen trennt. Auf ihrer Seite stehe die »Freiheit«, auf der anderen lauerten deren dunkle, schreckliche Alternativen, denen man so klingende Namen gibt wie »Sklaverei ... Leibeigenschaft ... Diktatur ... Big-Brother-Regierung«.

Doch was ist nun der schreckliche Begehr dieser finsteren Feinde der Freiheit? Als Staat Steuern zu erheben, um ältere Menschen in Pension schicken zu können, die Kinder des Landes gesund zu erhalten, einige dringend benötigte Schulen zu bauen oder die Postzustellung zu verbessern. Bedrohen solche staatlichen Aktivitäten nun wirklich die Freiheit? Auch wenn man sie als »nicht finanzierbar« oder »ineffizient« ablehnt, so ist es doch sehr fraglich, ob es sich dabei wirklich um einen totalitären Rundumschlag handelt, der Amerika bedroht. Denn wie bescheiden und kleinlaut der Liberalismus auch auftreten mag, für die Konservativen handelt es sich nach wie vor um »die Linke«, wahlweise versehen mit den schmückenden Beiwörtern »radikal«, »illoyal« und »subversiv«.

Was also ist der emotionale Zündstoff, der die Liberalen und Konservativen so stark entzweit? Meiner Ansicht nach ein verdeckter Rassismus, der in jeder Diskussion fühlbar wird, in der es um Chancengleichheit, die Verteilung des nationalen Wohlstands und die Rolle der Regierung in diesen Fragen geht.

Die dritte Phase des Rassismus

Der institutionalisierte Rassismus ist das schmutzige Geheimnis hinter dem Aufstieg der Triumphalisten. Dank der Richtung, die die Konservativen in den letzten zwanzig Jahren eingeschlagen haben, steckt Amerika nun mittendrin in der dritten Phase des Rassismus, der dieses Land verseucht, seit vor Jahrhunderten das erste Sklavenschiff aus Afrika hier eintraf. Zuerst gab es die Sklaverei. Dann gab es die Zeit der Rassentrennung, den neuen Rassismus, der die Schwarzen als »Jim Crow« verspottete, als schwarze Saatkrähe, die von anderer, nämlich weißer, Hände Arbeit lebt. Dies war die amerikanische Version der Apartheid. Seit der Reagan-Präsidentschaft in den Achtzigern haben wir nun eine dritte Phase erreicht, in der der Rassismus ebenso kaschiert ist wie destruktiv. Seine kaschierende Seite zeigt sich, wenn man sich vor Augen führt, wie viele afroamerikanische Großverdiener es mittlerweile gibt, seien dies nun Sportler oder Medienstars. Sein destruktives Element wird deutlich, wenn wir uns jenen Afroamerikanern zuwenden, die nicht zufällig Superstars sind. Dazu gehören zum Beispiel die gut 70 Prozent schwarzer Kinder, die immer noch unter der Armutsgrenze leben – eine amerikanische Sonderlösung für ein ernsthaftes soziales Problem. Denn die Tatsache, dass ein verschwindend geringer Prozentsatz von Afroamerikanern genug Talent und Durchsetzungsvermögen entwickelt hat, um erfolgreich zu sein, ist Beweis genug, dass die, die es nicht geschafft haben, einfach zu lasch sind. Dabei wird mangelnder Erfolg zu einer Frage auf Leben und Tod. Denn in einem Land, in dem die weiße Bevölkerung mittlerweile ein durchschnittliches Lebensalter von weit über siebzig Jahren erreicht, muss sich der durchschnittliche männliche Schwarze mit 59 Jahren bescheiden. Meiner Ansicht nach ist dies eine Form des rassischen Sozialdarwinismus.

Vor dem amerikanischen Bürgerkrieg gefielen sich die weißen Südstaatler darin, Schwarze für ein kindisches und primitives Volk zu halten, dessen natürliche Bestimmung die Sklaverei war. In den Tagen der Rassentrennung genossen die Weißen dann die Minstrel-Shows, in denen die Schwarzen glückliche, einfältige Charaktere darstellten, über die man lachen konnte. Heute, wo schwarze Sportler viele Profi-Sportarten dominieren (Weiße sind im Basketball, Football und Baseball klar in der Minderheit), wo mehr und mehr schwarze Schauspieler in Film und Fernsehen auftauchen, können die Amerikaner sich anerkennend auf die Schulter klopfen, da es angeblich keinen Rassismus mehr gibt. Der Erfolg von »Lichtgestalten« wie Tiger Woods und Denzel Washington heizt die

Ressentiments von unterprivilegierten Weißen, die das Gefühl haben, das amerikanische System bevorzuge unfairerweise die Afroamerikaner, vermutlich sogar noch an. Doch unter der glänzenden Oberfläche des amerikanischen Alltags wütet das aggressive Bemühen des rechten Flügels der Politik, den Afroamerikanern das Wahlrecht wieder wegzunehmen, um alle liberalen Anstrengungen im Namen der Armen und Benachteiligten ein für alle Mal zunichte zu machen. Im Zentrum dieser Bemühungen steht das amerikanische Strafrecht mit seinen Gefängnissen.

Die Vereinigten Staaten haben die zweitgrößte Anzahl an Sträflingen weltweit: 2 Millionen. Nur in Russland sitzen noch mehr Menschen hinter Gittern. Vor fünfzig Jahren machten die Schwarzen noch etwa 35 Prozent der Strafgefangenen aus, im Moment sind es 65 Prozent. Tatsächlich gibt es mehr männliche schwarze Strafgefangene als Collegestudenten. Dies ist das direkte Resultat von Ronald Reagans Kampagne zur Verschärfung des Strafvollzugs. Ziel und Zweck dieser Kampagne war es, härter gegen straffällig Gewordene vorzugehen, vor allem wenn es um Drogenbesitz ging. In der Folge stieg zwischen 1985 und 1991 die Anzahl schwarzer Strafgefangener um 450 Prozent, weil die Richter immer drakonischere Strafen verhängten, besonders im Falle junger männlicher Schwarzer. Viele von ihnen wurden wegen kleinerer Gesetzesübertretungen im Zusammenhang mit Drogenbesitz verurteilt. Und Präsident Clinton führte diese Politik fort, auch wenn er sie hinter zweideutigen Formulierungen zu verstecken suchte. Auch er wollte sein Image als »unerbittlicher Verbrechensbekämpfer« stärken und begann, härtere Strafen zu fordern.

In den Vereinigten Staaten hat es schwerwiegende Konsequenzen, wenn jemand ins Gefängnis muss. In 48 Bundesstaaten dürfen verurteilte Strafgefangene nicht wählen. In 37 Staaten dürfen auch auf Bewährung Entlassene nicht wählen. Und in vierzehn Staaten darf niemand, der je verurteilt wurde, wählen oder sich um ein Amt bewerben. Auf diese Weise wurden bislang insgesamt 4,4 Millionen Amerikaner ihres Wahlrechts beraubt, die meisten von ihnen sind Schwarze. In einigen Staaten (vor allem im Süden) dürfen 30 bis 40 Prozent der Afroamerikaner nicht wählen, weil sie schon einmal im Gefängnis waren. In Florida hat jeder vierte männliche Schwarze sein Wahlrecht verloren. Ohne diese Bestimmungen hätte Al Gore im Jahr 2000 in Florida gewonnen und wäre Präsident geworden. Florida besitzt sogar eine computergestützte Wählerkartei, mit der jeder Wähler sofort überprüft werden kann. Kommt jemand ins Wahllokal, wird in der Datenbank nachgesehen, ob er irgendwo im Land schon einmal im Gefängnis war. Wenn ja, darf er seine Stimme nicht abgeben. Bei der Präsidentenwahl 2000 erging es Tausenden von Afroamerikanern so. Diese Software, die vor allem zur Überprüfung schwarzer Wähler eingesetzt wird, ist hochgradig fehleranfällig. Man hat festgestellt, dass viele Wähler fälschlich als ehemalige Kriminelle identifiziert und folglich zu Unrecht ihres Wahlrechts beraubt wurden. In den meisten Fällen sind die zurückgewiesenen Wähler schwarz, was bedeutet, dass sie höchstwahrscheinlich für die Demokraten gestimmt hätten. Trotzdem wird das Computersystem mit jeder Wahl interessanter. Mittlerweile ist in vielen Staaten die Anschaffung bereits im Gespräch.

Mit der Masseninhaftierung schwarzer Krimineller ist viel Geld zu machen. Die Vereinigten Staaten erlebten in den letzten zwanzig Jahren einen regelrechten »Gefängnisboom«. Da

231

immer mehr Leute in den Gefängnissen einsitzen, braucht man natürlich auch mehr davon. Eine wachsende Anzahl von Strafvollzugsanstalten wird mittlerweile von staatlich subventionierten Privatunternehmen geführt – natürlich, um damit Gewinn zu machen. Strafgefangene sind billige Arbeitskräfte. Städte und Gemeinden kommen zu neuem Wohlstand, wenn sie sich bereit erklären, Standort für eine staatliche oder regionale Strafvollzugsanstalt zu werden. Strafgefangene dürfen zwar nicht wählen, zählen aber trotzdem zur lokalen Bevölkerung. Auf diese Weise steigt die Anteilsquote der Kommunen an der staatlichen Förderung für Straßenbau, Parks, Bewässerungsprojekte und andere Annehmlichkeiten, welche die Lebensqualität am Ort steigern, auch wenn die Strafgefangenen davon nichts haben. Außerdem erhalten diese Orte staatliche Gelder zum Betreiben der Strafvollzugsanstalt und zur Bezahlung des Personals. Die Gewerkschaften der Gefängniswärter sind mittlerweile eine der einflussreichsten Lobbygruppen in den USA, weil sie sehr viel Geld für politische Kampagnen ausgeben. Gefängniswärter gehört zu den höchstbezahlten Berufen in Amerika. Nicht ohne Grund nennt man das amerikanische Strafvollzugssystem mittlerweile den »Gefängnis-Industrie-Komplex«. Wie beim Militär-Industrie-Komplex haben auch dort ganz bestimmte Kreise die Finger im Spiel. Das bedeutet, dass einige Leute ganz beachtlich davon profitieren, wenn die Zahl der Strafgefangenen stetig wächst. Und den Konservativen kommt es natürlich zustatten, dass so viele Verurteilte afroamerikanischer Herkunft sind, da deren Stimmen vermutlich nicht von ihrem Kontingent abgehen.

Amerika ist eine Nation verängstigter Menschen, und nichts jagt den Amerikanern mehr Angst ein als die Kriminalität auf den Straßen. Ich gestehe ganz offen, dass ich diese Angst teile. In meinem Wohnort gibt es Viertel, in die ich niemals einen Fuß setzen würde. Die größte Stadt in der unmittelbaren Nachbarschaft ist Oakland in Kalifornien, die »Mörder-Hauptstadt« der USA. Jahr für Jahr werden in den Straßen von Oakland Hunderte von Menschen niedergeschossen. Die meisten Toten sind junge männliche Schwarze, die in Revierkämpfe um die Kontrolle des lokalen Drogenhandels verstrickt sind. Die Vereinigten Staaten sind ein gewalttätiges Land. Kriminalität ist hier ein ernsthaftes Problem. Aber ich fühle mich trotz der zahlreichen Gefängnisse nicht sicherer als früher. Denn wenn die Kriminellen ihre Strafe abgesessen haben, kehren sie auf die Straße zurück, wo sie dasselbe demoralisierende Elend vorfinden wie zuvor.

Konservative argumentieren gern, dass niemand *gezwungen* sei, kriminell zu werden, und verurteilte Verbrecher sich ihre Strafe selbst zuzuschreiben haben. Doch die eindeutige Schieflage im Verhältnis von weißen zu schwarzen Strafgefangenen lässt daran doch einige Zweifel aufkommen. Hier geht es ganz klar um ein soziales Problem, um Armut, Vorurteile und Ungerechtigkeit. Ist es also wirklich die beste Lösung, immer mehr Leute in den Knast zu stecken? Stärkt die Tatsache, dass wir Millionen Menschen ihres Wahlrechts berauben, vielleicht deren Gefühl der Zugehörigkeit? Das Geld für die Gefängnisse, in denen wir die Strafgefangenen zwischenlagern, wird gewöhnlich bei Sozialprogrammen zur Prävention und Behandlung von Drogensucht, zur Rehabilitation oder Berufsausbildung eingespart. Eben diese Programme sind es, die Konservative unter dem Schlagwort »Big Government« ablehnen, weil sie sie nicht mit ihren Steuern unterstützen wollen. Sie benutzen das Geld lieber, um zu strafen. Der Gipfel der Ironie wird allerdings erst sichtbar, wenn man sich vor Augen führt, wie viel der Gefängnis-Industrie-Komplex kostet. Billig ist er nämlich nicht. Einen Menschen einzusperren kostet zwischen 25 000 und 40 000 Dollar pro Jahr. Würden wir diese doch beträchtliche Summe den Bedürftigen als Jahreseinkommen spenden, würden wir damit gleichzeitig die Armut und ihre Auswirkungen bekämpfen.

Viele Faktoren haben dafür gesorgt, dass die Vereinigten Staaten mehr und mehr nach rechts abdriften. Da ist zum einen der Einfluss der europäischen Exilanten, Akademiker und Intellektuellen, die nach dem Zweiten Weltkrieg die junge Generation der Triumphalisten entscheidend prägten. Aber wenn es um die Gründe geht, die die Konservativen gegenüber ihren liberalen Gegnern aufholen ließen, sind diese damit noch lange nicht erschöpfend aufgezählt. Denn in der Tiefe der amerikanischen Seele schwelt verborgen immer noch der Rassismus. Nichts lässt stärker an der Aufrichtigkeit und mitunter auch an der Intelligenz der konservativen Wähler zweifeln als die Tatsache, dass sie den verdeckten Rassismus in der von ihnen unterstützten Partei nicht wahrhaben wollen.

6 Die Degeneration der amerikanischen Demokratie

»Aber man muss eine solche Fuchsnatur zu verschleiern wissen und ein großer Lügner und Heuchler sein: Die Menschen sind so einfältig und gehorchen so sehr den Bedürfnissen des Augenblicks, dass derjenige, welcher betrügt, stets jemanden finden wird, der sich betrügen lässt.«

Niccolo Machiavelli, Der Fürst

»Die bewusste und gezielte Manipulation der Gewohnheiten und Ansichten der Masse ist ein wichtiges Element der demokratischen Gesellschaft. Wer immer diese unsichtbaren Mechanismen der Gesellschaft steuert, schafft damit eine unsichtbare Regierung, welche die eigentliche Macht in unserem Lande innehat. [...] Wir werden beherrscht, unser Geist wird geformt, unser Geschmack, unsere Ideen werden uns suggeriert, und zwar von Menschen, von denen wir noch nie gehört haben. Dies ist das logische Resultat der Organisationsform unserer demokratischen Gesellschaft. Zahllose menschliche Wesen müssen auf diese Art und Weise zusammenwirken, wenn die Gesellschaft als solche funktionieren soll. [...] Bei fast jedem Akt unseres täglichen Lebens, ob es nun um Politik oder Geschäft, Sozialverhalten oder Ethik geht, werden wir von einer kleinen Anzahl von Menschen gesteuert, welche die mentalen Prozesse und sozialen Verhaltensmuster der Massen kennen. Sie sind es, welche die Drähte ziehen, um die öffentliche Meinung zu lenken.«

Edward Bernays, Vater der Public-Relations,
in seinem Buch Propaganda

Politik als Budenzauber

Anfang des einundzwanzigsten Jahrhunderts besitzt der amerikanische Durchschnittsbürger ein höheres Bildungsniveau als je zuvor in der Geschichte dieses Landes. Mehr als die Hälfte der amerikanischen Wähler hat einen College-Abschluss. (1960 waren es weniger als 25 Prozent.) Amerikanische Universitäten platzen aus allen Nähten, weil so viele Studenten sich dort auf ihre berufliche Karriere vorbereiten. Jede hoch industrialisierte Wirtschaft braucht gut ausgebildete Arbeitskräfte, doch in Amerika ist mittlerweile auch für Stellen, die früher von Highschool-Absolventen besetzt wurden wie zum Beispiel Bankkassierer, Versicherungskaufmann oder Abteilungsleiter, ein Universitätsabschluss vonnöten. Außerdem sind die Vereinigten Staaten das Herz der neuen Hightech-Wirtschaft, die ohne entsprechend ausgebildete Arbeitskräfte einfach undenkbar wäre. Zahlen wie diese lassen eigentlich erwarten, dass es zu einer Intellektualisierung des Wahlverhaltens kommen sollte. So betrachtet müsste jeder Wahl eine ernsthafte Diskussion über die anstehenden Aufgaben der Politik vorangehen, und die schließlich gewählten Volksvertreter wären ausschließlich gebildete Männer und Frauen von hoher Intelligenz. Vor etwa dreißig Jahren, als die damalige junge Generation mit ihren Universitätsdiplomen in der Tasche in die Welt hinausströmte, zumindest teilweise erfüllt von einem beträchtlichen sozialen Idealismus, meinte so mancher, dass wir nun auf dem besten Weg in ein neues Zeitalter der Aufklärung seien, in dem die wüsten Betrügereien, die krassen Lügen der Vergangenheit bald von der politischen Bühne verschwunden sein würden.

Stattdessen leben wir in einer Zeit, in der die Demokratie in einem erschreckenden Auflösungsprozess begriffen ist, einer Abwärtsspirale, die Gaunern und Dummköpfen erlaubt, die Bevölkerung auszubeuten wie eh und je. Die Wahldebatten in Amerika verlieren von Jahr zu Jahr an Niveau. Ihr Hauptziel scheint nachgerade zu sein, in jedem einzelnen Wähler die dumpfsten Ressentiments zum Vorschein zu bringen. Wahlkampagnen sind pure Medienspektakel und werden von denselben kommerziellen Interessengruppen gemanagt, die ansonsten Waschmittel und andere Konsumgüter an den Mann beziehungsweise die Frau bringen. Die Generation der hochgebildeten Amerikaner, die in den sechziger Jahren aus den Universitäten kamen, ist zwischenzeitlich mehr oder weniger zu einer überarbeiteten, übergeschäftigen, geistig und körperlich ausgelaugten Klasse von Workaholics mutiert, die nur noch damit beschäftigt sind, Karriere zu machen, ihr Investment-Portfolio zu managen, ihre Schäfchen am Grundstücksmarkt ins Trockene zu bringen und sich im Ruhestand ein komfortables Auskommen zu sichern. Was ihre Kinder betrifft, die so genannte »Generation X«, so sind diese – ebenfalls mehr oder weniger – noch weit schlimmer dran. Diese Generation ebenso orientierungsloser wie zynischer Schmollmünder, die sich ständig um ihren Job sorgt, lebt im Glauben, dass die menschliche Kultur rundum nur ein Zentrum kennt: das World Wide Web. Das schicke Design einer Webseite scheint ihnen weit mehr Zeit und Mühe wert zu sein als jedes gute Buch. Im

Ergebnis ist die seit jeher gefährdete Grenze zwischen Politik, Werbung und Entertainment nun endgültig gefallen. Wir sind in eine Phase des höheren Analphabetismus eingetreten, eine Art von elektronischem Banausentum, das kommerziell sehr nachhaltig ausgebeutet und politisch klug genutzt wird.

Wir erleben heute den Höhepunkt eines Trends, der sich in den Vereinigten Staaten schon im frühen zwanzigsten Jahrhundert abzeichnete. Bei der Präsidentschaftswahl von 1920 schuf Warren G. Harding, ein politisch konturloser Senator aus Ohio, ein Novum: Er war der erste Kandidat, der seine Kampagne von einer Werbeagentur managen ließ. Die Agentur war mit ihrer Werbung für eine Zahncreme namens Pepsodent bekannt geworden. Und Harding besaß die eine Eigenschaft, die für Präsidentschafts-Wahlkampagnen unverzichtbar ist: Er *sah aus* wie ein Präsident. Mit seinem guten Aussehen, dem silbernen Haar und dem kräftigen Kinn hätte jedes Casting-Team Hollywoods ihn für diese Rolle ausgewählt. Doch hinter der schönen Fassade verbarg sich wohl einer der größten Dummköpfe, die je ein öffentliches Amt bekleidet hatten. Er selbst räumte ein, von den wichtigen Themen seiner Zeit überhaupt nichts zu verstehen. Er war ein Trinker, Frauenheld und zwanghafter Pokerspieler. Seine engsten politischen Berater – die »Ohio Gang«, wie man sie nannte – landeten später durchweg wegen diverser Korruptionsskandale vor Gericht. Einige dieser Gesetzesbrüche wurden direkt vor der Nase des Präsidenten begangen. Doch der clevere Wahlkampf und sein blendendes Äußeres brachten Harding ins Weiße Haus. Damit wurde er zum Wegbereiter einer bestimmten Entwicklung. Sein Sieg inspirierte nämlich auch den nächsten Anwärter auf den Präsidentenstuhl – Calvin Coolidge, eine der farblosesten Gestalten, die je ins Weiße Haus eingezogen war – dazu, sich ebenfalls an eine Werbeagentur zu wenden. Und Coolidge heuerte den Besten an: Edward Bernays.

Der in Österreich geborene Bernays gilt als Vater der Public-Relations-Industrie. Ganz sicher aber war er eines der größten Werbetalente des zwanzigsten Jahrhunderts. Außerdem war er der Erste, der erkannte, dass Propaganda in der Politik dieselbe Rolle spielte wie Werbung in der Wirtschaft. Er sah nicht nur vorher, dass Werbung und Politik bald Hand in Hand gehen würden, er hielt diese Liaison sogar für erstrebenswert, weil seiner Ansicht nach eine Demokratie nur so wirklich funktionieren könne. Er war überzeugt, dass die Zukunft demokratischer Gesellschaften davon abhinge, wie gut ein Politiker »Mehrheiten herstellen« könne. Männer wie er selbst, Experten im Fein-Tuning von Geschmack und Meinung, würden in diesem Gesellschaftsmodell zur neuen Elite aufsteigen, die mit raffinierten psychologischen Methoden Meinungen schufen. Er drückte dies so aus: »Wenn wir die Verhaltensweisen und Motive des Gruppengeistes verstehen, können wir die Massen kontrollieren und beherrschen, ohne dass sie es merken.« Es ist Franklin D. Roosevelts Verdienst, dass er Bernays' Dienste ablehnte, als dieser sie im Zweiten Weltkrieg der Regierung anbot. Trauigerweise aber scheint Bernays die Zukunft der Demokratie klarer vorausgesehen zu haben, als Thomas Jefferson oder James Madison, die Väter der amerikanischen Unabhängigkeitsbewegung, dies ahnen konnten.

Nach 1920 engagierten Politiker immer öfter Werbefachleute für ihre Kampagnen sowie ihre Fernseh- und Radiospots. Ende des zwanzigsten Jahrhunderts war die politische Kampagne zum Marketingfeldzug verkommen, in der das Bild des

Kandidaten und unterschwellig gesendete Signale den politischen Erfolg bestimmten.

Die Demokratie hat an den Bürger immer schon höhere Anforderungen gestellt, als die politischen Denker der Liberalen eingestehen mochten. Eine vernünftige Wahlentscheidung zu treffen erfordert weder ein Uni-Diplom noch Expertenwissen. Doch ein wenig gesunden Menschenverstand und eine grundlegende Bildung braucht es schon. Außerdem funktioniert Demokratie nicht ohne eine gewisse Selbstreflexion. Der Wähler muss wissen, wer er ist und welche grundlegenden Bedürfnisse er hat. Mit diesem Wissen um die eigene »Identität« meine ich hier sowohl Eigenschaften, die wir mit anderen teilen (wie zum Beispiel Rassen- oder Geschlechtszugehörigkeit oder ein Bewusstsein der eigenen gesellschaftlichen Klasse), als auch unsere besonderen Qualitäten als autonomes Individuum. Es bedeutet, dass wir eine klare Vorstellung von unseren Rechten und Pflichten innerhalb der Gemeinschaft haben. Hier handelt es sich nicht um Merksätze, die man in der Schule lernt, vielmehr sollte dieses Bewusstsein der eigenen Rechte und Pflichten der unmittelbaren Einsicht entspringen. Wenn also die Identität einer Person verletzt wird, wenn ihre Bedürfnisse nicht erfüllt werden, sollte der daraus entstehende Schmerz so real sein wie der Hunger, den wir empfinden, wenn wir nichts zu essen bekommen.

Was aber geschieht in einer Gesellschaft, die eine ganze Industrie hervorbringt, um die Identität der Menschen zu manipulieren und ihren Kopf mit falschen Bedürfnissen zu füllen? Denn genau das ist schließlich Sinn und Zweck der Werbung. Werbung, die in einer hoch entwickelten Konsumgesellschaft unabdingbar zu sein scheint, benutzt jeden bekannten psychologischen Trick, um die Identität der Menschen zu verändern. Sie hält den Menschen verführerische Bilder vor, zeigt ihnen Männer und Frauen, die zum Vorbild für Aussehen, Verhalten, ja das ganze Leben werden. Sie beschwört den Bedarf an jenen Gütern, die sie verkaufen will, überhaupt erst herauf. Werbung sucht nach den Schwächen der Menschen. Sie erforscht Mittel und Wege, wie man die Reflexe des Menschen so einsetzen kann, dass am Ende das Bedürfnis nach dem Kauf einer bestimmten Ware steht. Werbung ist professionelle Täuschung zum Zwecke des Profits. Und ihre Techniken beschränken sich keineswegs auf den Waren- und Dienstleistungsmarkt. Mit denselben Methoden lassen sich nämlich auch politische Programme und Strategien verkaufen, ja letztlich der Politiker selbst. Ist Wählen denn letztlich nicht dasselbe wie Shopping?

In den Vereinigten Staaten wird heute jeder Politiker bis ins Kleinste durchgestylt. Er muss im Fernsehen gut »rüberkommen«. Was er sagen darf, wird ihm im Wortlaut vorgeschrieben. Eine kluge (gut einstudierte) Antwort oder ein Bonmot in einer Talkshow zählen mehr als inhaltliche Substanz. Die Wirkung jeder Rede wird vorher Wort für Wort an einer *focus group* getestet, Kleingruppen, deren Zusammensetzung in etwa dem amerikanischen Durchschnitt entspricht. Per Knopfdruck signalisieren sie Zustimmung oder Ablehnung. George W. Bush zum Beispiel erhielt den Tipp, in seinen Reden nicht mehr den Begriff »Mütter und Väter« zu verwenden, sondern stattdessen von »Eltern« zu sprechen, weil dies bei den *focus groups* besser ankam. Auch politische Maßnahmen und militärische Aktionen werden so benannt, dass sie in der Öffentlichkeit Zustimmung finden: »Operation Wüstensturm« für den Golfkrieg, »Freiheit für den Irak« für den Irakkrieg sind einige

Beispiele. Es gibt Marketingexperten, die sich auf die Wirkung einzelner *Silben* spezialisiert haben. Welche Silben transportieren die richtige Stimmung, das richtige Gefühl für ein bestimmtes Produkt, eine bestimmte Idee? »K« zum Beispiel klingt knackig und nach Geschäftsleben, »M« dagegen nach Entspannung und Wohlfühlen.

Die Geschichte des politischen Denkens hat die Demokratie sicher nie als Spielball solch gewerbsmäßiger Taschenspielerei gesehen. Eine politische Maßnahme zu »verkaufen« hatte immer schon den Beigeschmack billiger Marktschreierei um Autos, Klamotten oder Schönheitswässerchen. Doch war es lediglich eine Frage der Zeit, bis Politik und Marketing eine Liaison eingehen würden. Und wer hätte besser vermocht, uns ins Wunderland der Budenzauberpolitik zu geleiten, als der »große Kommunikator«?

Ronald Reagans Budenzauber begann im Jahr seiner Wahl 1980. Damals standen drei ernst zu nehmende Kandidaten zur Wahl: ein Republikaner, ein Demokrat und ein Kandidat einer unabhängigen Wählergruppe. Schließlich gewann Reagan die Stimmen von etwa 28 Prozent der Wahlberechtigten bei einer Wahl, bei der nur etwa die Hälfte der Wahlberechtigten sich überhaupt an den Urnen einfand. Der Prozentsatz der Nicht-Wähler war also größer als derjenige derer, die für ihn stimmten. Dies war ein Wendepunkt in der Geschichte Amerikas. Von der Wahl im Jahr 1980 an wurde das Nicht-Wählen zur »größten Massenbewegung unserer Zeit«, wie ein Politologe meinte. Reagan und seiner Partei war das allerdings ziemlich egal. Als geübter Schauspieler wusste er das Ergebnis so zu verkaufen, als habe er einen wahren Erdrutschsieg eingefahren. Und er interpretierte seine Wahl als Mandat zur Abschaffung sämt-

licher Sozialgesetze, die seit Roosevelts New Deal in den dreißiger Jahren beschlossen worden waren. Seine Redenschreiber
bemühten Roosevelt selbst, um Reagans Politik zu rechtfertigen – wahrlich ein demagogisches Kunststück. Trotzdem schienen diese faulen Tricks seine Popularität nie zu beeinträchtigen. Die Medien fassten ihn mit Samthandschuhen an. Die Bevölkerung schien ihn viel zu sehr zu lieben, sodass man ihm
seine häufigen dümmlichen und ignoranten Bemerkungen
nicht zum Vorwurf machen konnte.

Reagans Präsidentschaft markierte den Beginn eines merkwürdigen Trends in der amerikanischen Politik: der schamlosen Verwandlung von Politik in Show. Als wünschten die Menschen eine Politik im Hollywoodformat. Reagan vermischte
gern Dichtung und Wahrheit. So behauptete er zum Beispiel,
im Zweiten Weltkrieg Soldat gewesen zu sein. Als er den vier-
zigsten Jahrestag der Landung der alliierten Streitkräfte in der
Normandie zelebrierte, tat er so, als wäre er dabei gewesen.
Das stimmte natürlich nicht. Reagan hatte die Uniform nur in
einigen seiner Filme getragen, aber er hatte niemals in Übersee
gedient. Erschreckender als diese Traumtänzerei ist jedoch die
Tatsache, dass die Mainstream-Medien seine Behauptungen
niemals in Zweifel zogen. Das wäre ja auch nicht besonders
nett gewesen.

Mitte der Achtziger setzte Reagan all seinen Ehrgeiz in die
Verwirklichung des astronomisch teuren SDI-Projekts, eines
satellitengesteuerten Raketenverteidigungssystems. Wissenschaftler und Techniker (die nicht auf der Lohnliste des Militär-
Industrie-Komplexes standen) waren sich einig, dass dieses
System nicht umsetzbar ist. Nichtsdestotrotz präsentierte Reagan öffentlich Computersimulationen dieser angeblich unfehl-

baren Waffe. Diese Simulationen erinnerten stark an die Spezialeffekte in Science-Fiction-Filmen. Daher erhielt das System den Beinamen »Star Wars«, der von der Presse geprägt wurde, um den protzigen, futuristischen Charakter des Projekts zu unterstreichen. Auch hier schien die Öffentlichkeit willens, ein Fantasieprodukt zu akzeptieren, das sie mehr als 1 Billion Dollar kosten sollte. Und wäre nicht die Sowjetunion während Reagans Amtszeit in die Knie gegangen, hätten die Vereinigten Staaten wohl zumindest versucht, SDI zu bauen.

1984 ließ Reagan dann die kleine Karibikinsel Grenada angreifen, weil dort angeblich kubanische Truppen amerikanische Studenten als Geiseln genommen hatten. Das war zwar falsch, doch Reagan tat einfach so, als stimmte es. Für diesen Auftritt errichtete man ihm eine fantastische Bühne. Er erhielt einen richtigen Befehlsstand im Weißen Haus, voller Fernsehschirme, Landkarten und aktuellster Kommunikationsmittel. Hier konnte er als Oberbefehlshaber echte Marine-Manöver koordinieren, um Amerika vor dem gottlosen kommunistischen Pack zu erretten. Als der Staub sich gelegt hatte, stellte sich heraus, dass es keine kubanischen Truppen auf Grenada gab. Ein paar kubanische Arbeiter hatten am Flughafen beim Bau einer Landebahn die Spitzhacke geschwungen. Das war die ganze Gefahr gewesen. Die Aktion gegen Grenada war nichts anderes als ein Operettenkrieg, doch die amerikanische Öffentlichkeit feierte ihren großen Sieg.

Doch dies ist beileibe nicht das einzige Beispiel für diese Art von nettem kleinem Scharmützel. Der ältere George Bush knüpfte sich auf diese Weise einmal Panama vor. Er ließ die Truppen über Nacht einfallen, um den unliebsamen Diktator Manuel Noriega in die Vereinigten Staaten zu schaffen. Präsident Clinton veranstaltete Bombenangriffe auf Somalia und den Balkan, die nicht ein einziges amerikanisches Opfer forderten. Im April 2003, nur wenige Tage vor dem Fall von Bagdad, versuchte Präsident George W. Bush dann, Reagan mit dessen ureigensten Mitteln zu übertrumpfen. Dazu beraumte er ein spektakuläres militärisches Foto-Shooting an. Er ließ sich auf einen Flugzeugträger bringen, der angeblich weit draußen auf See kreuzte, um den Sieg über den Irak zu verkünden. Bush, der seine Militärzeit bequem in der Etappe verbracht hatte, drehte die Dinge so, als habe er das Flugzeug geflogen, das ihn auf dem Flugzeugträger abgesetzt hatte. In Fliegerdress und Helm ließ er sich unter einem Banner ablichten, auf dem stand: »Mission erfüllt«. Die Truppen auf dem Schiff jubelten ihm zu. Das Militärorchester spielte. Der Oberbefehlshaber hielt eine Rede, in der es hieß, dass »der Hauptteil der Kampfhandlungen« im Irak vorüber sei. Diese Worte sollte er später bereuen.

Das ganze Szenario war gestellt. Bush hatte das Flugzeug nicht geflogen. Er war nur als Co-Pilot dabei gewesen. Und der Flugzeugträger war auch nicht auf hoher See. Er lag lediglich ein paar Meilen vor der Küste. Seine Pressemannschaft hatte dafür gesorgt, dass der Träger wendete, sodass San Diego im Hintergrund auf den Bildern nicht zu sehen war. Gewinnt man mit dieser Art betrügerischer Augenwischerei wirklich Wahlen? Kann so etwas tatsächlich die Politik bestimmen? Ich fürchte, die Antwort hierauf lautet Ja.

Die Fachleute für Wahlkampagnen haben sogar die feine Kunst des Wähler-Abschreckens perfektioniert. Wenn es sinnvoll ist, so viele der eigenen Wähler wie nur möglich zu mobilisieren, dann ist es ebenso sinnvoll, dafür zu sorgen, dass möglichst viele Wähler der Gegenseite zu Hause bleiben. Gibt es also tatsächlich Mittel und Wege, eine niedrige Wahlbeteiligung zu bewirken? Aber natürlich. In diesem Fall muss man Wahlen als sinnloses, schmutziges Geschäft hinstellen. Man spielt also die Negativtrümpfe aus. Bei einer solchen Negativkampagne werden Themen nie offen angesprochen oder ausdiskutiert. Man bewirft den Gegenkandidaten nur eimerweise mit Dreck, umgibt ihn mit dem Ruch von Korruption und Skandal. Mit dem einzigen Zweck, seine Anhänger dazu zu bringen, nicht zur Wahl zu gehen. Dieser Schuss kann natürlich auch nach hinten losgehen. Wenn nämlich beide Kandidaten diese Strategie einschlagen – was heute gar nicht so selten ist –, dann bleiben immer mehr Wähler zu Hause. Und genau das geschieht im Moment.

Natürlich gibt es auch genügend gut informierte Amerikaner, die sich ihre eigenen Gedanken machen. Doch ihre Zahl reicht längst nicht mehr aus, um das politische Schicksal des Landes entscheidend zu beeinflussen. Mittlerweile genügt es, dass die amtierende Partei bei Wahlen das Sternenbanner schwenkt und dem Volk einen Sündenbock vorsetzt, den es hassen kann (wahlweise Kommunisten, Terroristen, Sozialbetrüger, Zuwanderer, Schwule, Feministinnen und so weiter). In diesem patriotischen Rausch haben die Stimmen jener Wähler, die die Verfassung der USA kennen, genügend Geschichtskenntnisse besitzen, um wenigstens vier Präsidenten zu nennen, jener Wähler, die wissen wo sie China auf der Landkarte suchen müssen, kein entscheidendes Gewicht mehr.

Das Ausmaß an Desinformation auf Seiten des amerikanischen Wählers kann gar nicht hoch genug eingeschätzt werden. Jahr für Jahr gibt es weniger informative Zeitschriften und Zeitungen auf dem Markt. Jene, die es schaffen zu überleben, tun dies mit einem Publikum, das gerade mal einige Hunderttausend Leser umfasst. Dagegen blüht der Markt für Schund. Banalitäten und Starkult beherrschen das, was von der Lesekultur noch übrig ist. Das Weltwissen der meisten Amerikaner wird vor der Mattscheibe erworben. Doch was einst »Nachrichten« waren, ist heute nur noch ein billiger Verschnitt aus lokalen Skandalen, Sensationsberichterstattung, Frivolität und endlosen Werbespots. Ein typisches Nachrichtenmagazin – und die wenigsten Menschen unter 35 schalten ein solches überhaupt ein – sendet heute in erster Linie Nachrichten, die man auf Video aufzeichnen kann, vorzugsweise also Gewalt oder Pornografie und andere Dinge, die den Zuschauern einen Nervenkitzel verschaffen. Da geht es um Autojagden, Schießereien, Bandenkriege, Drogenhandel, Raubüberfälle und Vergewaltigungen. Darüber wird dann minutenlang ausführlich berichtet – möglichst noch mit Interviews von Augenzeugen. Intellektuelle »Klugschwätzer« – sowie deren Analysen und Meinungen – sind hier nicht gefragt.

Der Irakkrieg war für die meisten großen Fernsehanstalten eine heiße Sache. Die besten Reporter der einzelnen Sender akzeptierten die Einladung des Militärs und zogen als »eingebettete« Journalisten mit den Einheiten in den Krieg. Dementsprechend sah die Berichterstattung aus: Action, Action, Action. Hintergrundberichte oder gar eine kritische Position zu diesem Krieg waren kaum zu haben. Den meisten Menschen schien das auch zu genügen. Wie sich später herausstellte, informierten die Amerikaner sich über den Irakkrieg nicht bei den großen Gesellschaften, die sich zumindest noch ein Minimum an Kritikvermögen bewahrt hatten, sondern bei Rupert

Murdochs Fox Television Network. Fox wurde gegründet, um vorzugsweise die junge Generation anzusprechen, also in erster Linie männliche Zuschauer zwischen 18 und 35 Jahren. Der überwiegende Teil des Programms ist schlicht Trash. Wenn das Zeitgeschehen dies erfordert – wie am 11. September oder während des Irakkrieges –, wird rund um die Uhr berichtet. Ein fernsehtechnisches Flächenbombardement, das vor allem auf die emotionale Seite abhebt, auf Action und Patriotismus. Auf *Fox* wird gekämpft und die Fahne geschwenkt. Der Sender setzt auf die gängige Überfüllung des Bildschirms mit einer verwirrenden Vielzahl von Informationen. Zwei bis drei Bildfenster, ein News-Ticker unten, dazu noch eingeblendete Schlagzeilen oder Aufzählungen. All diese Elemente konkurrieren um das Interesse des Zuschauers, dessen Aufmerksamkeitsspanne so sehr in Anspruch genommen wird, dass vielschichtige Analysen oder auch nur ein Minimum an Kontinuität unmöglich werden. Und wenn es mal Kommentare geben sollte, dann sind diese harsch, aggressiv und voller Hurra-Patriotismus.

Wie schaffen die Menschen es, mit einem derart eingeschränkten Wirklichkeitsverständnis zu überleben? Möglicherweise gleichen sie eine Illusion mit einer anderen aus, egalisieren Orientierungslosigkeit mit tröstlichen Träumen. Der einlullendste Traum aller Amerikaner ist jedenfalls die Hoffnung auf Glück. Im neunzehnten Jahrhundert schrieb der Schriftsteller Horatio Alger über dreihundert Kinderbücher, in denen mehr oder weniger immer dieselbe Geschichte erzählt wird: Wie ein hungriger Straßenbengel es durch eigene Anstrengung vom Tellerwäscher zum Millionär bringt. Damit strickte Alger einen amerikanischen Mythos, der heute noch virulent ist: Amerika, das Land der unbegrenzten Möglichkeiten. Amerika, das Land, in dem persönliche Anstrengung sich lohnt. Über Generationen hinweg hörten die Amerikaner immer wieder, dass sie, wenn sie nur hart arbeiteten und geduldig wären, am Ende auch belohnt oder »entdeckt« würden. Eben diese Geschichte erzählen sich viele von Wunschdenken geblendete Amerikaner heute noch. Die meisten scheinen sogar zu glauben, sie *seien* schon reich. So führte ein großes amerikanisches Nachrichtenmagazin 2001 eine Umfrage durch, in der folgende Frage gestellt wurde: »Gehören Sie zum vermögendsten Hundertstel der Bevölkerung?« Fast 20 Prozent der Befragten glaubten dies tatsächlich. Weitere 20 Prozent meinten, dass sie irgendwann in näherer Zukunft zu den Reichsten des Landes gehören würden. Diese Umfrage legt nahe, dass etwa 40 Prozent der Bevölkerung – also etwa 100 Millionen Menschen – glauben, ganz an der Spitze zu stehen.

Vielleicht fanden deshalb so viele Amerikaner die weit reichenden Steuersenkungen der Bush-Regierung so gut. Sie stimmten sogar der Abschaffung der Erbschaftssteuer zu, die in Amerika nur von Millionären gezahlt wird. Zahlreiche Kritiker argumentierten, dass diese Steuersenkungen fast nur dem reichsten Prozent der Bevölkerung zugute kommen würden. Aber wie wir eben gesehen haben, glauben nun einmal viele Amerikaner, zu diesem reichsten Hundertstel zu gehören. Auch die Abschaffung der amerikanischen Grundsteuer, einer Art Erbschaftssteuer, welche nur die reichsten Bürger der USA bezahlen, schien sie nicht zu stören.

In jenen Staaten, in denen die Menschen sich weigerten, höhere Steuern zu bezahlen, werden Schulen und andere Ausgaben für das Gemeinwohl durch staatliche Lotterien finanziert.

Amerikaner sind zwanghafte Lotteriespieler und geben viel Geld dafür aus. Regelmäßige Spieler zahlen mehr an die Lotterieverwaltung als an die Steuerkasse. Trotzdem werden die Lotterien immer beliebter. Schließlich versprechen sie, dass man einige Millionen Dollar gewinnen kann. Die glücklichen Gewinner, die den Jackpot von mitunter 100 Millionen Dollar geknackt haben, werden natürlich im Fernsehen gezeigt, wie sie strahlend ihren Gewinn entgegennehmen. Ihre Geschichte steht neben der vom erfolgreichen Filmschauspieler oder Rockstar oder Spitzensportler, die sich alle ihren Weg ganz nach oben erkämpft haben und jetzt Millionen verdienen. Am populärsten sind heute Fernsehshows, in denen unbekannte Amateure auf der Bühne um die Gunst des Publikums kämpfen. Jeder Zuschauer wählt seinen Sänger, Musiker oder Komiker. Der Gewinner erhält einen Plattenvertrag, eine Show oder eine Konzerttour. So wird die Ethik des Erfolgs immer weiter verbreitet. Solche Sendungen suggerieren, dass die Gelegenheit ja immer da ist. Sie wartet nur auf diejenigen, welche die Energie und das Talent haben, sie beim Schopf zu packen. Die Botschaft dahinter ist klar und deutlich: Nur Loser brauchen Sozialpolitik. Wenn Sie keinen Erfolg haben, dann muss das an Ihnen liegen.

Es würde mich nicht überraschen, wenn die Telefonwähler, die für »ihren« Star voten, das für einen demokratischen Akt halten.

Jahr für Jahr steigen die Summen, die Politiker und Parteien in den USA investieren müssen, wenn sie gewählt werden wollen. Eine Kandidatur um einen Gouverneursposten in einem größeren Staat oder einen Senatssitz verschlingt mittlerweile an die 100 Millionen Dollar. Wahlkampagnen für das Präsidentenamt kosten ein Mehrfaches. Und wofür braucht man all das Geld? Zunächst einmal für die Medien, die aus politischen Kampagnen enorme Profite schlagen, weil sie von den Kandidaten Preise verlangen, die denen einer kommerziellen Werbekampagne in nichts nachstehen. Obwohl dieser Sachverhalt schlichtweg skandalös ist, blieb er doch weitgehend unbeachtet. Technisch gesehen gehört der Äther, durch den sich die Radio- und Fernsehwellen ausbreiten, dem Volk und muss daher dem Gemeinwohl dienen. Das bedeutet, dass die Kandidaten über kostenlose Sendemöglichkeiten verfügen sollten. Doch diese Praxis scheint schon lange in Vergessenheit geraten zu sein. Steht ein neuer Wahlkampf an, haben die Medien die erheblichen Einnahmen für die Sendezeit, die sie den Kandidaten einräumen, schon fest einkalkuliert. Sie machen breite Front dagegen, dass den Kandidaten um die Präsidentschaft alle vier Jahre Sendezeit für die üblichen Debatten zur Verfügung steht, weil diese – noch – nicht bezahlt wird.

Diese hohen Summen, die sie für ihre Medienpräsenz hinlegen müssen, hat zur Folge, dass die Kandidaten ihren Geldgebern noch mehr verpflichtet sind. Und wer bezahlt? Die großen Konzerne natürlich, die mittlerweile schon Spendengelder an beide politische Parteien fließen lassen (auch wenn die Republikaner immer noch mehr bekommen als die Demokraten), um sich in der nächsten Regierung auf jeden Fall Macht und Einfluss zu sichern. Darüber hinaus werden die Kandidaten so immer abhängiger von findiger Imagepflege mittels der Medien. Seit den Tagen Ronald Reagans werden Wahlkampagnen immer professioneller geplant: Nur der richtige Kamerawinkel, die richtige Replik, der richtige Schnitt zählen. Letztlich geht es nur darum, die Aufmerksamkeit und die Reaktionen der Konsumentengemeinde zu steuern wie bei jeder normalen Werbekampagne. Das heißt auch, dass Mittel und Wege gefunden werden müssen, die eventuelle Skepsis des Publikums zu beschwichtigen.

Wie jeder Werbestratege, so geht auch der Manager politischer Kampagnen zunächst einmal davon aus, dass das Publikum misstrauisch ist, dass es Sprücheklopfer meilenweit gegen den Wind riecht und weiß, dass es belogen und manipuliert werden soll. Das also ist der Ausgangspunkt. Eine merkwürdige schweigende Übereinkunft führt dazu, dass die Zuschauer den Werbespots ihre Aufmerksamkeit schenken und sich sogar davon überzeugen lassen. Einzige Voraussetzung ist wie bei des Kaisers neuen Kleidern, dass alle dieses Ritual wechselseitiger Erniedrigung akzeptieren, das mit Wahrheit oder Aufrichtigkeit nicht mehr das Geringste zu tun hat. Wer führt da nun wen aufs Eis? Schwer zu sagen. Eins aber ist sicher: Zynismus heißt heute die harte Währung im Politgeschäft. Mit dem Ergebnis, dass die Wähler – von den ewigen Täuschungs- und Vernebelungstaktiken eingelullt – bei jeder Wahl noch flachere Spots akzeptieren als bei der vorhergehenden.

Eine Nation im Rausch der Fiktion

Demokratie lebt von Information. Doch in unserer Zeit kämpft die Information gegen Ungeheuer, die sie selbst geboren hat. Die Menschen in den hoch industrialisierten Staaten – vor allem in den USA – haben sich zum eigenen Vergnügen im Wunderland Fantasien niedergelassen, einem weltumspannenden elektronischen Environment, in dem alles simuliert, nachgemacht, kopiert und eingefügt, angepasst, verdreht, gespiegelt, upgedatet und verbessert werden kann. Man kann also nicht länger davon ausgehen, dass ein Foto, eine Fernseh- oder Filmaufnahme tatsächlich das Abbild eines realen Vorgangs ist. Es kann im Schneideraum oder schlicht am eigenen Computer einer gewollten Manipulation unterworfen worden sein. Aber wenn wir alles, auch das wirkliche Leben, nachmachen können, woher wollen wir dann noch wissen, wenn etwas *nicht* simuliert ist? Oder könnte es gar sein, dass uns die Simulation besser gefällt, weil sie aufregender ist und uns jetzt augenblicklich den erwünschten Kick verschafft?

Die Medien rechtfertigen diese neue Achtlosigkeit vor den Tatsachen vor allem damit, dass es uns, dem Publikum, sowieso egal ist. Als Autor bittet man mich des Öfteren zu Interviews oder Talkshows im Radio beziehungsweise Fernsehen. Die Menschen, die ich dort antreffe, sind meist sehr viel cleverer, als sie ihr Publikum wissen lassen. Sie reden uns nieder, sei es nun auf dem Bildschirm oder in den Spalten der Zeitungen. Sie bombardieren uns einfach mit Botschaften, denn die Meinungsforscher sagen ihnen, dass wir Fiktionen lieben. Mitte der siebziger Jahre wurde Paddy Chayefskys Drehbuch *Network* verfilmt. In der Mediensatire ging es darum, dass aus den Medien bald ein Nachrichtenzirkus werden würde, der Meldungen erfindet, nachstellt, umschreibt und pusht. Journalisten würden darin die Rolle der Clowns und Schauspieler übernehmen. Und nur Meldungen, die hohe Einschaltquoten bringen, würden überhaupt den Weg ins Fernsehen finden. Ein anderer Film, David Mamets *Wag the Dog*, zeigt, wie Chayefskys Prophezeiungen Wirklichkeit geworden sind. In *Wag the*

Dog geht es darum, wie ein Präsident, dessen Umfragewerte sich im Sinkflug befinden, einen Hollywood-Produzenten engagiert, um die Öffentlichkeit mit einem Fernsehkrieg von seinen Sexskandalen abzulenken. Der Plan geht auf. Die Öffentlichkeit akzeptiert den Krieg als real. Und der Chefberater des Präsidenten wiederholt immer wieder den Satz: »Es muss wahr sein. Schließlich war es im Fernsehen.« Als der Film in die Kinos kam, ordnete Präsident Clinton gerade an, dass amerikanische Flugzeuge im Kosovo eingreifen sollten. Um die Öffentlichkeit von dem Sexskandal abzulenken, der sich im Weißen Haus gerade herauszukristallisieren begann? Hier imitiert das Leben die Kunst.

Haben die Herrn der Medien Recht? Vielleicht wollen die Leute wirklich lieber inhaltsleere Schlagworte, seichte Berichte und den Aufmarsch von Berühmtheiten. Ich frage mich manchmal, ob irgendetwas am Fernsehen den Verstand einlullt. Als ich eines Tages zu einem Interview in der morgendlichen Nachrichten-Talkshow *Today* eingeladen war, einer der meistgesehenen Sendungen in den USA, starrte ich während der Aufnahme auf einen freien Platz hinter den Kameras, wo Tag für Tag ein paar Hundert Menschen auftauchen, die winken, seltsame Hüte tragen und scheinbar witzige Fahnen schwenken. Sie versuchen komisch zu wirken, nur damit eine der Kameras sich für den Bruchteil einer Sekunde auf sie richtet – kurz bevor die Werbepause beginnt. So fallen auch für sie ein paar Brosamen vom Berühmtheitskuchen ab. »Nimm mich mit«, schreit ihre Miene, »mit nach Fantasien!«

Konsequent zu Ende gedacht geht diese Art der Sensationsnachrichten direkt ins Reality-Fernsehen über, im Augenblick das beliebteste TV-Format in den Vereinigten Staaten. Die Reality-Shows kommen aus Europa: In den zahllosen Container-Shows beobachten Kameras Nicht-Profis, die wegen ihres Witzes oder Aussehens ausgewählt wurden. Das Publikum lässt sich deren Possen aus dem »wirklichen Leben« vorführen. Auf diese Weise hat jeder die Möglichkeit, voyeuristisch Einblick auch in die intimsten und idiotischsten Aktivitäten seiner Mitmenschen zu nehmen. Am reizvollsten scheint natürlich das implizite Versprechen, jungen, gut aussehenden Menschen heimlich beim Geschlechtsverkehr zuzusehen. Das ist an sich schon ein schäbiger Ersatz für gute Unterhaltung. Leider nimmt in der Folge auch der Realitätsbegriff Schaden, denn die meisten dieser Shows werden professionell aufgezeichnet und natürlich auch geschnitten. Ihre Spontaneität ist gestellt, die scheinbare Offenheit künstlich. Merkwürdigerweise weiß das Publikum Bescheid und spielt trotzdem mit. Und wieder fragt man sich letztlich, wer hier wen zum Narren hält. In einer kürzlich durchgeführten Umfrage meinten jüngere Zuschauer, sie sähen fern, um den Problemen des Alltags zu entfliehen. Und wo führt ihre Wirklichkeitsflucht sie hin? Direkt in die nächste Reality-Show.

Natürlich hat dieses Format auch in der Politik großen Erfolg. In Amerika werden Politiker heute von Journalisten mit Minikameras rund um die Uhr gefilmt. Meist wird dabei auf die Privatsphäre keinerlei Rücksicht genommen. Einige beschweren sich schon, dass sie mittlerweile damit rechnen müssten, zu jeder Tages- und Nachtzeit gefilmt zu werden, sodass jeder kleinste Fehler, jede ungeschickte Bemerkung, jeder dumme Gesichtsausdruck im Fernsehen landen könnte. Genau das ist der Stil des Reality-TV. Und welchen Effekt wird dies auf die Politiker ausüben? Letztlich wird nur noch der Kandidat Chancen haben, der es erträgt, rund um die Uhr gefilmt zu werden und dabei stets gewitzt, nett und charmant zu wirken. Oder die Politiker werden um das Recht kämpfen müssen, ihre Darstellung in den Medien vor jeder Sendung überprüfen zu dürfen.

Doch wer immer die Loslösung von den Problemen des Alltags sucht, wendet sich heute sowieso ans Internet – zumindest wenn er ausreichend verzweifelt ist. Es gibt bereits eine Reihe ernst zu nehmender Untersuchungen über das Suchtpotenzial, das bestimmte Internet-Aktivitäten wie Chatten oder Auktionen für deren Millionen Nutzer haben. Besonders Rollenspiele haben diesbezüglich ein hohes Gefährdungspotenzial. Solche Spiele, bei denen der Spieler in Märchenszenarien voller Fabelwesen eintaucht, können endlos dauern und Stunden erfordern – Tag für Tag. Obwohl Rollenspiele ursprünglich für Jugendliche entwickelt wurden, üben sie auch auf erwachsene Spieler eine steigende Faszination aus. Die Spielergemeinde reklamiert für sich, dass Rollenspiele eine wunderbare Möglichkeit seien, »die eigene Identität abzustreifen« und ein abenteuerlicheres Leben zu führen. Was stellen sie denn schon Schlimmes an? Nun, sie werden zu Dauerbewohnern von Fantasien. Und dies ist ein erschreckender Gedanke. Während amerikanische Soldaten in fernen Ländern töten und sterben, weil sie einer Politik Gehorsam leisten, die eigentlich nach einer breiten demokratischen Diskussion verlangt, jagen zu Hause Millionen von Bürgern Drachen und maskierte Schurken durch die Chimärenlandschaften des World Wide Web, suchen dort nach verborgenen Schätzen, magischen Hilfsmitteln und einem kosmischen Glorienschein aus einer weit, weit entfernten Galaxis.

Manchmal ergreift die Fantasiewelt auch vom realen Leben Besitz, was nicht selten weit reichende Konsequenzen mit sich bringt. Nehmen wir nur einmal die Faszination der Amerikaner für den schicken schweren Geländewagen, den übelsten Spritfresser, der je erfunden wurde. Bush kam an die Macht, weil er der Nation versprach, sie von der Abhängigkeit von fremdem Öl zu befreien. Daher rühren seine Pläne für Ölbohrungen in den unberührtesten und schönsten Landschaften Amerikas wie in den tiefsten Tiefen des Ozeans. Gleichzeitig zieht Amerikas Automobilwirtschaft in den Vermarktungskampf um den Geländewagen, der etwa fünfundzwanzig Liter Benzin auf hundert Kilometer verbraucht. Diese schweren Allradfahrzeuge werden auf Truck-Rahmen montiert. Konzipiert für Fahrten in unwegsamem Gelände wie Wüsten, Berg- oder Sumpflandschaften, werden sie kaum je für diese Art der Fortbewegung genutzt. Die meisten dieser Geländewagen werden von Frauen gefahren, die den Wagen zum Einkaufen brauchen oder um die Kinder in die Schule zu bringen. Obwohl diese Fahrzeuge sowohl in der Anschaffung wie im Unterhalt teuer sind, gehören sie in Amerika zu den beliebtesten Autos auf dem Markt.

Was aber lässt den Geländewagen seinen Fahrern so attraktiv erscheinen? Ganz einfach: Er vermittelt die Illusion von Macht und Unverwundbarkeit. Er fährt sich wie ein Militärfahrzeug. Ein Marketingexperte hat sogar vorgeschlagen, die Geländewagen noch größer zu machen und einen angedeuteten Geschützturm obendrauf zu setzen. Und genau das ist dann auch geschehen. Der größte und schwerste dieser Wagen, der Hummer, wurde dem HumVee nachgebaut, einem echten Militärfahrzeug, das jetzt im Irak von amerikanischen Truppen eingesetzt wird. In Wirklichkeit sind diese Geländewagen gar nicht so sicher, wie sie wirken. Bei Unfällen haben sie die Tendenz, sich zu überschlagen. Aber das zählt letztlich nicht. Die Illusion ist wichtiger. Auf den Freeways und in den Städten genießen die amerikanischen Autofahrer das Gefühl von beeindruckender Größe und Stärke. Denn eben dieses Bild vermitteln die Werbespots für Geländewagen. Sie zeigen Fahrer, die über das offene Feld rasen, Flüsse durchqueren, Bergpässe hinter sich lassen, kleinere Wagen überholen und sie an den Straßenrand quetschen.

Der kanadische Kultur- und Medientheoretiker Marshall McLuhan nannte die Medien einmal »die Erweiterung des Menschen«. Aber was wurde denn da erweitert? Die menschliche Gier, Verrücktheit, Eitelkeit, Verzweiflung?

Hier handelt es sich um eines der großen und Besorgnis erregenden Paradoxa der modernen Welt. Da die Erfahrungswelt der Milliarden Menschen in den Städten immer mehr von den Medien vermittelt wird, die ihren Werkstoff mit immer größerem Geschick verformen, geraten immer weniger Menschen in echte Berührung mit der Wirklichkeit außerhalb ihres Kopfes. Doch wenn es um die Verteidigung der eigenen Interessen geht, um den Lebensunterhalt, die Gesundheit, die Kindererziehung, um geistige Gesundheit und Würde, dann müssen wir nun einmal differenzierte Entscheidungen über reale Probleme treffen.

Auftritt: der Gouvernator

Vor noch nicht allzu langer Zeit hätte ich gesagt, dass die Präsidentschaft von Ronald Reagan das Maximum an Illusionskunst darstellt, das in den Vereinigten Staaten möglich ist. Die skurrile Aura des Wunschdenkens, die diese auf traurige Weise inkompetente Gestalt umgab, gehört immer noch zu den schrillsten Alarmzeichen, was die Leichtgläubigkeit der amerikanischen Öffentlichkeit angeht. Doch es sollte noch schlimmer kommen, und es passierte ausgerechnet in meinem Bundesstaat Kalifornien. Denn im Herbst 2003 wurde dort zum ersten Mal in der Geschichte Kaliforniens ein Gouverneur durch Volksentscheid abberufen. Aus der darauf folgenden Wahl ging Arnold Schwarzenegger als neuer Gouverneur des größten, reichsten und demografisch am stärksten diversifizierten Staates der USA, dessen Bürger angeblich über den höchsten Bildungsgrad im Land verfügen, hervor. Dass so etwas möglich ist, zeigt im Detail, was am demokratischen Prozess in den Vereinigten Staaten verkehrt ist.

Die so genannten »recall elections« waren eine der wichtigsten Wahlrechtsreformen des frühen zwanzigsten Jahrhunderts. Die Führer des »Progressive Movement« strebten damit nach etwas, was sie als »Wahlurnen-Demokratie« bezeichneten. Bei diesem Gesetz ging es darum, einen Amtsinhaber noch während der Amtszeit abzuwählen und ersetzen zu können. Bis zum Jahr 2003 war dieses Gesetz in Kalifornien noch nie angewendet worden, um einen Gouverneur abzuberufen. Doch in diesem Jahr führte eine unglückliche Kombination mehrerer Faktoren zu einer akuten Finanzkrise, die den Gouverneur der Demokraten, der erst im Jahr zuvor gewählt worden war, hart traf. Dazu gehörte zum einen das abrupte Ende des Dot-com-Booms, der Kalifornien während der neunziger Jahre reich gemacht hatte. Als Hunderte von Internet-Firmen Pleite gingen, verlor das Land sein steuerliches Fundament und hatte plötzlich kein Geld mehr. Kalifornien war hier kein Einzelfall. Dieser schlagartige Rückgang des Steueraufkommens war in anderen Bundesstaaten ebenso zu verzeichnen. Kalifornien allerdings, die Heimat des Silicon Valley, traf die Hightech-Rezession am stärksten.

Doch das Platzen der Internetblase war nicht der einzige Grund für die finanziellen Schwierigkeiten des Landes. Mindestens ebenso schwer wog die Energiekrise, die das Land im Jahr 2001 traf. Wie bereits geschildert, war diese Krise hausgemacht. Eine Hand voll Unternehmen hatten von der Deregulierung des kalifornischen Energiemarktes profitiert und künstlich einen Mangel erzeugt, der die Preise für Elektrizität und Erdgas ins Unermessliche steigen ließ. Der Gouverneur war sich im Klaren darüber, dass die Energiekrise durch die Aktivitäten der Spekulanten verursacht wurde, und bat Washington inständig, einzugreifen und den Markt zu stabilisieren. In der Zwischenzeit garantierte die kalifornische Regierung ihren Bürgern Energie zu einem vertretbaren Preis. Die neue Regierung unter George W. Bush weigerte sich in der Folge, Kalifornien zu helfen, weil damit ja die Gesetze des freien Marktes verletzt wurden. Interessant dabei ist, dass Vizepräsident Cheney eben mit jenen Energieversorgern, die das kalifornische Problem überhaupt erst geschaffen hatten, eng zusammenarbeitete.

Am Ende der Dot-com-Pleite und der Energiekrise hatte der kalifornische Staat einen enormen Schuldenberg angehäuft. Die Haushaltslücke hätte leicht durch Steuererhöhungen geschlossen werden können, doch die republikanische Mehrheit im Parlament, der die konservativsten Politiker des Landes angehören, verweigerte die Zustimmung. Stattdessen verlangten sie den Kopf des Gouverneurs, den sie für das haushaltspolitische Debakel verantwortlich machten. Ein Millionär aus dem republikanischen Lager finanzierte eine landesweite Abwahl-Kampagne. Damit über den Rücktritt des Gouverneurs überhaupt abgestimmt werden konnte, waren nicht einmal eine Million Stimmen nötig. Doch auch dann wäre das Volksbegehren vermutlich gescheitert, hätte Arnold Schwarzenegger nicht signalisiert, dass er für das dann frei werdende Amt zur Verfügung stünde.

Dass Schwarzenegger, Bodybuilder und Actiondarsteller, überhaupt gewählt werden könnte, mag vom Standpunkt der Vernunft aus betrachtet unwahrscheinlich erscheinen. Er besaß keinerlei politische Erfahrung und hatte sich nie zu irgendeinem wichtigen Thema öffentlich geäußert, auch wenn er immer wieder verlauten ließ, dass er sich um ein öffentliches Amt als Senator oder Gouverneur bewerben wolle. Doch sobald er 2003 die politische Szene betreten hatte, schienen Republikaner und Demokraten gleichermaßen begeistert. Obwohl seine Kampagne sich auf ein paar dünne Klischees beschränkte, zum Beispiel mit dem Anspruch, die Macht dem Volk zurückzugeben, jubelten ihm in ganz Kalifornien begeisterte Menschenmassen zu. Er argumentierte recht populistisch, die Profi-Politiker hätten einen ganz schönen »Schlamassel« angerichtet, doch nie kam auch nur ein einziger Hinweis, wie er denn beabsichtige, diesen »Schlamassel« aufzuräumen. Bei den meisten Themen blieb er äußerst vage und versprach möglichst wenig. Auf die Frage, was genau er denn mit seinen Parolen meine, antwortete er gewöhnlich, er würde Experten damit beauftragen, sich mit dem fraglichen Problem zu befassen. Er verweigerte sich der Debatte mit anderen Kandidaten und ging jeder Pressekonferenz sorgfältig aus dem Weg.

Dagegen leistete er eine innovative Öffentlichkeitsarbeit. Er trat so häufig wie möglich in Talkshows auf, wo er als Berühmtheit natürlich willkommen war. Selbst seine Kandidatur kündigte er in einer Talkshow an. Das Fernsehen war die Plattform, auf der er sein Image aufbaute, das eines zornigen politischen Außenseiters. Doch auch hier vermied er politische Themen und hielt sich an Small Talk, humoristische Einwürfe und Klatsch aus dem Filmgeschäft. Darüber hinaus warb er auf zahlreichen Wahlkampfveranstaltungen in den großen Einkaufszentren. Dort erreichte er viele Menschen, die niemals eine politische Veranstaltung besucht hätten. Viele von ihnen gingen schon längst nicht mehr zur Wahl. Gerade unter jungen Wählern, die ihn aus seinen Filmen kannten, war Schwarzenegger sehr beliebt. Wenigstens dafür gebührt ihm Anerkennung: Seine ungewöhnliche Wahlkampagne mag tatsächlich chronische Nicht-Wähler angesprochen haben.

Denn tatsächlich schienen Schwarzeneggers Ausweichmanöver und taktische Winkelzüge ihm nicht zu schaden. Die Wähler interessierten sich offenkundig gar nicht dafür, was er über ein bestimmtes Thema wusste oder nicht wusste. Tatsächlich verstand er weder etwas von Finanzen noch von der Gesetzgebung im Allgemeinen. Aber das schadete nicht. Die Menschen wollten ihn einfach sehen, damit ein wenig von seinem Glanz als Berühmtheit auf sie abstrahlte. An einem bestimmten Punkt tauchte die Frage auf, wie er in seiner Zeit als Bodybuilder und Filmstar mit Frauen umgegangen war. Einige Frauen gaben an, er habe sie belästigt beziehungsweise missbraucht. Und Schwarzenegger stritt dies auch gar nicht ab. Doch seine Anhänger – auch die weiblichen – taten die Sache damit ab, dass von einem großen Filmstar ja nichts anderes zu erwarten sei. Dass er Frauen reihenweise abgeschleppt und sogar Gruppensex gehabt hatte, verstärkte nur sein Image als Macho, auf dem doch die ganze Wahlkampagne aufgebaut war. Und so fuhr er nach kurzem Wahlkampf einen deutlichen Sieg ein.

Was aber steckt hinter diesem erstaunlichen Erfolg bei Schwarzeneggers erstem politischem Abenteuer? Ganz einfach: die Macht des Stars. Schwarzeneggers Wahlkampfmanager kleideten ihren Kandidaten in die Persönlichkeit, die er in seinen Filmen verkörpert hatte. »Arnold«, wie er sich gern nennen lässt, ist »Der Terminator«. Er ist »Herkules«. Er ist der »Eraser«, »Conan, der Barbar« und der »Last Action Hero«. Während seines gesamten Wahlkampfs ließ er diese Rollenbilder lebendig werden, indem er sie ständig zitierte. So wirkte er wie der unbesiegbare, nahezu übermenschliche starke Mann, der Außenseiter, der seine eigenen Gesetze macht und die Gegner einfach auslöscht. Seine Anhänger erwarteten von ihm offensichtlich, dass er sich in die kalifornische Hauptstadt Sacramento aufmachte, um sich die Politiker zu unterwerfen. Zu welchem Zweck? Das schien nicht weiter von Belang, denn Schwarzenegger sprach nie davon, was er als Gouverneur tun würde – außer »den Schlamassel aufzuräumen«. Die Macht des Stars war alles, was er brauchte.

Und diese Macht setzt er heute noch ein, um seine politischen Gegner kirre zu machen. Wenn sie seine Maßnahmen in Frage stellen und sich gegen seine Führung auflehnen, droht er damit, »zum Volk zu gehen«. Was heißen soll, dass er einen Volksentscheid initiiert, auch dieser – wie das Recall-Verfahren – ein vom »Progressive Movement« eingeführtes Mittel. Die Wähler stimmen direkt über eine Gesetzesinitiative ab. Wird sie vom Volk angenommen, wird daraus ein Gesetz, auch wenn andere Gesetze dagegenstehen. »Zum Volk gehen« – das bedeutet auch, an lokalen Wahlkampagnen teilzunehmen, um mit der Macht des Stars die Kandidaten aus der Partei des Gouverneurs zu unterstützen.

Oberflächlich betrachtet wirkt diese Taktik ungemein demokratisch. Ursprünglich waren der Volksentscheid und das Recall-Verfahren ersonnen worden, um als Formen der »direkten Demokratie« die Politik Amerikas aus den Klauen der Parteibosse und deren Geldgeber, der großen Trusts, zu reißen. Sie sollten verhindern, dass das Kapital die Regierung kontrolliert. Doch in Schwarzeneggers Fall wurden diese politischen Instrumente zu ganz anderen Zwecken eingesetzt. Kombiniert mit der Macht des Stars führten sie dazu, das, was vom demokratischen Prozess noch übrig ist, vollkommen zu korrumpieren. Denn allmählich stellt sich heraus, dass Schwarzenegger nur den Strohmann für die am besten bestückten Interessengruppen dieses Landes spielt. Obwohl er öffentlich beteuerte, seinen Wahlkampf aus eigenen Mitteln zu finanzieren, akzeptierte er großzügige Zahlungen von Unternehmen und Immobilienfirmen, deren Interessen er jetzt wahrzunehmen sucht. Seine so genannte »Lösung« für die fiskalpolitischen Probleme Kaliforniens war ganz einfach: Er kürzte den Etat für Gesundheit und Bildung und machte vor allem bei älteren Menschen und Behinderten tiefe Einschnitte ins System. Gleichzeitig weigerte er sich, die Steuern für die wohlhabenderen Bürger des

Landes zu erhöhen. Das ist die typische Politik des rechten Flügels, doch im Glanz des Starruhms geht auch dies unter.

Wie Ronald Reagan vor ihm lässt auch Schwarzenegger seine Person geschickt mit den Rollen verschmelzen, die er gespielt hat. Das Publikum kennt ihn, wie er seine Gegner platt macht, also möge er das bitte doch auch im richtigen Leben tun. Wäre das nicht aufregend! Es wäre wie ... im Kino! Und wer kann schon sagen, wie weit ihn das illusionäre Denken der amerikanischen Öffentlichkeit noch trägt? Kaum hatte er die Wahlen in Kalifornien gewonnen, begannen die republikanischen Kongressabgeordneten schon darüber zu debattieren, ob man nicht das verfassungsmäßige Verbot einer Kandidatur von im Ausland geborenen Amerikanern für die Präsidentschaft abschaffen sollte. Wenn Ronald Reagan den Sprung vom Stuhl des kalifornischen Gouverneurs ins Weiße Haus geschafft hat, warum dann nicht auch Arnie, der Gouvernator?

Wie Schwarzeneggers Erfolg erkennen lässt, hat die Sehnsucht nach Berühmtheiten in den USA ein pathologisches Niveau erreicht. Berühmtheiten, also Menschen, die im Rampenlicht stehen, erfreuen sich mittlerweile in den Medien einer so hohen Nachfrage, dass bereits ein regelrechter Mangel zu herrschen scheint. Shows und Fernsehmagazine zahlen immer höhere Gagen für Namen von der »A-Liste«, für Leute also, die jeder kennt. Natürlich trifft dies auch auf andere Länder zu, in denen die Medien eine immer größere Rolle im täglichen Leben besetzen. Doch die Krankheit ist in den USA entschieden weiter fortgeschritten, denn nur dort okkupieren die »Celebrities« auch die Politik und lassen das Regierungsgeschäft zum Entertainment verkommen. Bald mag es durchaus sein, dass irgendwann mehr Schauspieler als Politiker die politische Szene bevölkern, wenn Politik und Showbusiness weiter in dieser Form zusammenwachsen. Nicht umsonst nennt man Washington heute schon das »Hollywood der Hässlichen«. Was wird erst geschehen, wenn die Schönen Hollywoods Geschmack daran finden, die hässlichen Entlein der Hauptstadt zu ersetzen?

Immer wieder hört man Gerüchte über Filmstars, die sich um politische Ämter im Land bemühen. Sicher würden sie gern in die Fußstapfen von Reagan oder Schwarzenegger treten. Der Wahlkampf wäre schließlich keine besondere Herausforderung: Sie müssten nur weitgehend mit den von ihnen dargestellten Figuren verschmelzen. Und die magische Macht des Bildschirms würde ihnen helfen, ihre politischen Gegner zu besiegen. Wenn ein Mann wie Schwarzenegger, der in seinem Leben immer nur platte, muskelbepackte Robotniks gespielt hat, die Öffentlichkeit überzeugen kann, wieso sollte dies ein Akteur, den das Publikum als weise, anziehend oder gar väterlich kennt, nicht vermögen? Einige Republikaner diskutieren ernsthaft darüber, ob sie nicht die Talkshow-Königin Oprah Winfrey als Kandidatin für den Senat oder gar für das Präsidentenamt aufstellen sollten. Schließlich ist sie die berühmteste Entertainerin im Land und vor allem bei Frauen sehr beliebt. In der Öffentlichkeit gilt sie als freundliche, mitfühlende Millionärin – eine umwerfende Konstellation. Andere wiederum meinten schon, Martin Sheen solle als Präsident kandidieren, spielt er doch ohnehin schon den Präsidenten in der erfolgreichen Fernsehserie *The West Wing*. Ganz sicher sieht er präsidial aus – und was will man mehr? Vielleicht gibt es auch bald eine dritte Partei in den USA: die Partei der Filmstars. Zweifelsohne könnte sie große Erfolge verbuchen.

Jahr für Jahr gibt es im amerikanischen Fernsehen mehr Award-Shows, die nach demselben Muster funktionieren wie die berühmte Oscar-Verleihung. Wofür der Preis steht, ist weniger wichtig. Die Menschen sehen einfach nur gern, dass berühmte Menschen ausgezeichnet werden. Meist geht es um wenig mehr als um glanzvolle und möglichst hirnfreie Star-Paraden, bei denen die *Happy Few* in teuren Roben über den roten Teppich schweben. Ebenfalls jährlich findet die Verleihung des beliebten People's Choice Award statt. Bei dieser Show stimmt das Publikum online oder per Telefon ab. Daher kann dort jeder gewinnen, den das Publikum gerade aus irgendeinem Grund besonders schätzt. So hat Clint Eastwood diesen Preis gewonnen, Tom Hanks, Bill Cosby und Julia Roberts. Oprah war natürlich mehr als einmal Siegerin. Vielleicht ist dies die Zukunft der Demokratie. Keine Themen, keine Diskussionen, kein Denken. Lassen wir alle ihren Lieblingsstar wählen, der uns dann regiert.

Willkommen in Fantasien!

Die Bruderschaft des Zorns

Ich habe in diesem Buch die amerikanische Öffentlichkeit, zu der – das sollte ich nicht vergessen – auch ich gehöre, mitunter recht scharf kritisiert. Doch für die politische Inkompetenz, die mein Land mehr und mehr dominiert, sind nicht nur die Ignoranz und der Zynismus verantwortlich, die ich hier angeprangert habe. Tief darunter liegt etwas anderes, das viel mit Wut zu tun hat – mit berechtigter Wut. Einer Wut, die jeder von uns verstehen kann und die jeder Einzelne teilt.

Sehen wir uns doch einmal an, was die Massenkultur uns zu diesem Thema zu sagen hat.

Seit den frühen siebziger Jahren beglückt uns die amerikanische Filmindustrie ständig mit Neuauflagen von *Dirty Harry*, *Ein Mann sieht rot* oder *Stirb langsam*, Filmen, in denen der Held zum totalen Rundumschlag ausholt. Der Protagonist misstraut dem System – jedem System. Ein zentrales Merkmal dieser Faustrecht-Filme ist, dass der brutale und minderbemittelte Hauptdarsteller für sein üblicherweise extrem destruktives Verhalten keine andere Rechtfertigung hat als den Ungehorsam gegenüber Autoritäten. Das Publikum nimmt daran keinen Anstoß. Es liebt diese Filme, wie es jede Zornesäußerung liebt, die durch den Äther transportiert wird. Offener Hass ist zum zentralen Thema von Talk- und Ratgebersendungen im Radio geworden. Moderatoren mit Pitbull-Mentalität verspritzen ihren Geifer und stacheln ihre Gäste zu immer unkontrollierteren Wutausbrüchen auf. Ernsthaftes Radio heißt heute: in Rage zu geraten und seinem Ärger hemmungslos Luft zu machen.

Aber wo kommt die ganze Wut nur her? Teilweise liegen die Gründe klar auf der Hand. Der Gangsta Rap, der mir aus dem Radio entgegendröhnt, wenn ich die verschiedenen Kanäle absuche, nennt die klassischen Ursachen »schwarzer« Wut: Polizei, Vermieter, Arbeitgeber, Crack-Dealer. Die mehr oder weniger stagnierende Rassenintegration lässt diesen Zorn nur zu verständlich erscheinen. Traurigerweise belegen diese Texte auch, dass schwarze Frauen von schwarzen Männern mindestens ebenso schlecht behandelt werden wie diese von ihren Hassfiguren. Das lässt vermuten, dass die Wut die Domäne der Politik mitunter überschreitet. Neben den Rapstern sind da noch die zornigen Weißen. In diesem Fall sind die Experten sich nicht einig, woher deren Wut rührt. Vielleicht von Arbeitslosigkeit und Geldmangel? Verschiedene Umfragen verneinen dies, zumindest bei oberflächlicher Betrachtung. Vielmehr zeigt sich, dass die Wut der Weißen wenig mit der wirtschaftlichen Lage zu tun hat. Den Umfragen zufolge ist die Quelle ihres Zorns irgendwo im Spannungsfeld von Reizthemen wie Schwule, Gewehre und Gott zu suchen – ähnlich wie bei den evangelikalen Christen und der *National Rifle Association*.

Ich persönlich glaube nicht, dass man die wirtschaftliche Seite so eilig ausklammern sollte. Aber auch mir scheint, dass hier eher andere, weniger rationale Kräfte am Wirken sind und das Feuer des Hasses entzünden, das sich rundherum entlädt. Viel von diesem Zorn klingt in einem Ausdruck an, den der Historiker Richard Hofstadter prägte, als er vom »paranoiden Stil« in der amerikanischen Politik sprach, einem Underdog-Gefühl, einer Angst, von den privilegierten Eliten ausgebeutet zu werden, die auf die Tage der *Populist Party* (1891–1904) zurückgeht. Jedes Opfer hat natürlich sein eigenes Hassobjekt, doch bezüglich einiger Sündenböcke besteht Konsens. Das FBI und der Internationale Währungsfonds (IWF) stehen rechts wie links ganz oben auf der Klageliste.

Misstrauen gegenüber bestimmten Institutionen mit »Paranoia« gleichzusetzen greift meiner Ansicht nach zu kurz. Es *gibt* nun einmal Eliten. Sie existieren *tatsächlich*. Und sie arbeiten nach Kräften an der Verwirklichung ihrer Interessen. Skandale wie Watergate oder die Iran-Contra-Affäre haben gezeigt, dass es ernst zu nehmende Bemühungen gibt, in Washington eine Regierung hinter der Regierung zu schaffen. Sogar das geistige Lumpenproletariat der Milizen, dem generell alles und jedes verdächtig ist, liegt mit seinem Argwohn nicht völlig falsch. Und die Welle der Finanzskandale, die jüngst erst Wall Street erschüttert hat, zeigt deutlich, dass mit einiger Sicherheit Gefahr im Verzug ist, wenn Männer in teurem Zwirn sich unter Ausschluss der Öffentlichkeit treffen. All das ist Grund genug für Zorn.

Doch sind in den Untiefen der amerikanischen Seele vermutlich noch andere, weniger explizite Kräfte am Werk, Ängste, die uns alle zusammenschweißen zu einer immer größer werdenden Bruderschaft des Zorns. Und leider lassen diese dunklen Unterströmungen sich nicht einfach trockenlegen, indem man den Schuldigen ausfindig macht und ihn bestraft. Einer dieser Faktoren ist intellektuelle Verunsicherung.

In einem Film der Marx Brothers gibt es eine Szene, in der Harpo ein Buch zur Hand nimmt, darin herumblättert und es dann in einem Wutanfall zerfetzt. Ein erstaunter Zeuge sagt zu Chico: »Lieber Himmel! Das Buch gefällt ihm wohl nicht?«

Und dieser antwortet: »Nein. Er kann Bücher nicht leiden, weil er nicht lesen kann.«

Meiner Ansicht nach geht es der amerikanischen Öffentlichkeit wie Harpo. Wir starren alle in ein Buch, das wir nicht mehr verstehen, und fühlen eine ohnmächtige Wut in uns aufsteigen. Das Buch heißt: *Bedienungsanleitung für das Raumschiff Erde*. Diesen Titel gab Buckminster Fuller, der visionäre Techniker und Philosoph, einem schmalen Bändchen, das er 1969 veröffentlichte und das ihn zum Propheten der brodelnden sechziger und siebziger Jahre machte. Fuller war ein genialer Taschenspieler, der ein ansteckendes Vertrauen in die Zukunft verbreitete, das die Menschen zumindest kurzfristig hoffen ließ. Das »Raumschiff Erde« war eine wunderbare Metapher, welche die entstehende weltweite Industriegesellschaft auf ein einfaches mechanisches Modell reduzierte. Die Erde, so verkündete Fuller, sei ein Fahrzeug, nicht anders als ein Auto. Alles, was dieser galaktische BMW von uns verlange, sei »regelmäßige Wartung«. Und wie sollte das funktionieren? Ganz einfach. Wir bräuchten eine »Revolution im Design und in der Technik«. Und woher sollte diese kommen? Von »effektiven gedanklichen Instrumenten«. Als da wären? »Die Suche nach Raum- und Netzstrukturen, nach der Geometrie des Denkens, einer allgemeinen Systemtheorie.« So sah Fullers Lösung aus, wenn es darum ging, aus der Welt einen noch effizienteren Mechanismus zu machen. Wir müssten eben nur unsere »gedanklichen Instrumente« in Form bestimmter Denkweisen auf die Finanznetzwerke, die großen technologischen Systeme und die Umwelt anwenden, und schon würde alles prima laufen.

Bei Fuller las sich das alles recht simpel. Doch alle, die seine Bedienungsanleitung studierten, machten bald die ernüchternde Entdeckung, dass Menschen Systeme erschaffen können, die ihrerseits nicht für Menschen geschaffen sind und deren Zwecken folglich nicht dienen. Und an eben diesem Punkt begann die intellektuelle Verunsicherung, als wir entdeckten, dass das Raumschiff Erde in Wirklichkeit ein frankensteinsches Monster ist, das außer Kontrolle geraten war.

Warum aber versetzt uns diese intellektuelle Verunsicherung so in Rage? Weil Nicht-Wissen nun einmal wehtut. Und zwar in der schlimmsten Weise. Wir fühlen uns machtlos und gedemütigt. Dieses Nicht-Wissen unterminiert ein grundlegendes biologisches Bedürfnis des erwachsenen Menschen: die Möglichkeit einer verantwortungsvollen Elternschaft. Wenn früher die Kinder zu uns kamen und wissen wollten, wie es auf der Welt zugeht, dann konnte man ihnen eine vernünftige Antwort geben. Die Eltern jener Zeiten kannten die grundlegenden pragmatischen Fakten zur Überlebenssicherung wie Jahreszeiten, Wildwechsel und die beste Zeit für den Getreideanbau. Sie besaßen Fertigkeiten, die von der Zeit nicht überholt wurden, wie Feuermachen, Wild aufspüren oder den Stamm über den Fluss führen, und konnten sie an ihre Nachkommen weitergeben. Die Erwachsenen wussten, wie diese Dinge funktionierten. Solch wichtige kulturelle Überlebenstechniken weitergeben zu können trug nicht wenig zum Stolz unserer Vorfahren bei. Natürlich war das Leben damals wie heute schwierig, doch wenn früher etwas schief ging, konnte man die Schuld daran immer irgendwelchen übernatürlichen Kräften zuschreiben, die sich dem menschlichen Einfluss entzogen. Dann betete man und tat Buße und wartete, bis die Krise vorbei war. Diese Taktik erwies sich mitunter sicher als verhängnisvoll, doch damals glaubte nun einmal niemand daran, dass der Mensch die Welt selbst geschaffen hatte und daher auch in der Lage sein müsste, sie zu reparieren, wenn sie in die Brüche zu gehen drohte. Eine angemessene Demut im Angesicht der Katastrophe wirkt meist besänftigend auf den Hass, den diese in uns auslöst.

Heute stellen unsere Kinder uns andere Fragen. Sie löchern uns im Hinblick auf Technologien, die nicht für Menschen mit geringer technischer Begabung ersonnen wurden. Oder sie wollen das Tagesgeschehen erklärt haben, was oft genug sogar die Kompetenz ausgewiesener Experten übersteigt. »Kann man jetzt genveränderte Nahrungsmittel essen oder nicht? Gibt es Wege aus dem Handelsdefizit? Ist GATT nun gut oder schlecht? Was ist denn saurer Regen? Oder die Ozonschicht?

Gibt es nun eine globale Erwärmung oder Abkühlung? Warum sterben in Israel so viele Menschen? Warum lassen diese Menschen Flugzeuge ins World Trade Center rasen? Warum hast du deinen Job verloren, Paps?« Und die meisten von uns wissen auf solche Fragen keine Antwort. Und was noch schlimmer ist: Wir entwickeln langsam das Gefühl, dass es ohnehin keinen Sinn hat, Fragen zu stellen, weil weder wir selbst noch unsere Kinder die Antworten verstehen.

Ich glaube, dass so viele Menschen verzweifelt versuchen, das Internet zu begreifen, weil sie hoffen, dort irgendwo einen magischen Mechanismus aufzuspüren, der ihnen alles offenbart, was sie über diese gigantische, verwirrende Welt wissen wollen. Stattdessen finden sie auf dem berühmten Daten-Highway nur noch mehr technologische Abhängigkeit: Serverprotokolle, Netzwerkeinstellungen, gescheiterten Verbindungsaufbau und auf jeder Seite eine andere Navigation, Dinge also, die noch schwieriger zu meistern sind als die Fernbedienung des Satellitenempfängers. Und wenn sie dann endlich »drin« sind, finden sie dort keineswegs Wahrheit, Weisheit oder auch nur halbwegs verlässliche Information, sondern noch mehr plattes Chat-Gebrabbel, banale Aktivitäten und zornige Zeitgenossen.

Die Technik symbolisiert geradezu emblematisch das immer weiter um sich greifende Gefühl der Hilflosigkeit, das die Menschen bedrückt. Nirgendwo lässt sich dieses so gut festmachen – was nicht bedeuten soll, dass die Technik dieses Gefühl verursacht. Computer sind die Schlüsseltechnologie unseres Zeitalters, so wie die Dampfmaschine das Sinnbild der industriellen Revolution war. Tag für Tag können wir beobachten, dass Computer eine wichtige Rolle spielen. Wir sehen uns überall von ihnen umgeben. Am Arbeitsplatz müssen wir diese Technik beherrschen und uns darin immer weiter verbessern, sonst kann es geschehen, dass wir den blauen Brief erhalten, weil wir mit der neuesten Version von Windows nicht zurechtkommen. Doch statt unsere intellektuelle Verunsicherung zu beseitigen, macht die neue Technik alles nur noch schlimmer, weil sie uns mit ständig steigenden Komplexitätsgraden konfrontiert. Wir holen uns einen Computer nach Hause, nur um innerhalb weniger Monate festzustellen, dass leider nichts so funktioniert wie versprochen. Und die Fehlermeldungen, die in regelmäßigen Abständen über unseren Bildschirm flimmern, sind ähnlich verständlich wie die Botschaften des Orakels von Delphi.

Und so kauft der moderne Mensch Bücher mit Titeln wie *Internet für Dummies* oder *Windows für Vollidioten*. Der Kauf solcher Bücher ist ein simples Eingeständnis der Machtlosigkeit angesichts einer Technik, von der es heißt, dass sie künftig *unverzichtbar* sein wird. Übrigens glaube ich, dass diese Bücher die Unsicherheit, die sie beheben sollen, nur verschärfen, denn sogar Bücher für »Dummies« sind ziemlich anspruchsvoll. Welche Art von »Hilfe« findet sich denn darin: »Sehen Sie in Ihrer PIF-Datei nach. Konfigurieren Sie Ihren Desktop neu. Beseitigen Sie sämtliche Viren auf Ihrer Festplatte. Sie müssen Ihren Spam-Filter upgraden. Tunen Sie Ihren Cache, sonst arbeitet Ihr Rechner im Schneckentempo oder hängt sich ganz auf.« Für Computerprofis mag das kein Problem sein, aber glauben diese Leute denn wirklich, der Rest von uns hätte die Zeit und die Fähigkeiten, sich in diese Dinge einzuarbeiten?

Dass zwischen dem Menschen und seiner Technik eine Beziehung der Entfremdung herrscht, ist neu in der Geschichte der Industrietechnologie. Dampfmaschinen, Lokomotiven,

Autos, Flugzeuge und Fertigungsstraßen mögen zwar gewaltig scheinen, sind letztlich aber nicht schwer zu verstehen. Häufig liegen die entscheidenden Teile sogar ganz offen. Oder sie waren – wie die klassischen Haushaltsgeräte – einfach zu bedienen. Man versorgte sie mit Strom, stellte sie an und konnte sie dann vergessen. Man musste kein »Kühlschrank-Experte« sein oder Handbücher vom Format einer mittelschweren Enzyklopädie studieren, um den Staubsauger bedienen zu können. Was man über diese Apparate wissen musste, füllte gerade einmal ein kleines Heftchen. Die wesentlichen Bedienungselemente waren übersichtlich in Zeichnungen dargestellt. Auch wenn die Techniker über so geheimnisvolle Kästen wie Radio oder Fernsehapparat mehr wussten als wir, so hielt man sie doch nicht für die Genies unseres Zeitalters. Ihr Wissen löste weder Beklemmung noch Bewunderung aus.

Und wie geht man nun mit diesem allgemeinen, alles durchdringenden Gefühl der Hilflosigkeit um, vor allem, wenn man den Verdacht hegt, dass die eigene Unwissenheit von anderen Menschen zu deren Vorteil ausgenutzt wird? Eine Möglichkeit, dieses Gefühl der Demütigung wieder loszuwerden, ist es, jemanden zu finden, dem man für alles, was nicht richtig läuft, die Schuld in die Schuhe schieben kann. Jeder auch nur halbwegs akzeptable Sündenbock leistet hier gute Dienste: illegale Einwanderer, Homosexuelle, Sozialbetrüger. Und wenn das alles nicht klappt, gibt es da immer noch die allwissenden Politiker, die versprechen, für mehr Glück und Sicherheit für uns alle zu sorgen, auch wenn deren Programme aus irgendeinem Grund regelmäßig fehlschlagen. Und wenn wir dann doch einmal einen Politiker verantwortlich machen wollen, gibt es immer zumindest einen guten Verbündeten: den politischen Geg-

ner, der sicher nichts gegen eine solide Schmutzkampagne einzuwenden hat.

An Sündenböcken herrscht kein Mangel, doch die sich aus-
breitende Verunsicherung, die Wurzel der allgemeinen Wut,
können auch sie nicht beseitigen, denn diese ist elementarer
Bestandteil unserer hoch industrialisierten Gesellschaft. Ein
ständig wiederkehrendes Stereotyp in der gegenwärtigen politischen Debatte in Washington ist das Bild von den Demokraten als Partei der »Abhängigkeiten«. Abhängigkeit ist für
mündige Bürger, die selbst über ihr Leben entscheiden wollen,
ein demütigender Zustand. Doch sollten wir nicht die globale
industrielle Ordnung aushebeln wollen, sind wir nun mal von
einem gewaltigen System aus Investitionen, Kommunikation,
Produktion und Verteilung abhängig. Die Zentralgewalt der
Regierung zu »verkleinern«, vor allem, wenn es nur darum
geht, in einem Rundumschlag die öffentliche Hand und alle regulatorischen Schutzmaßnahmen herunterzufahren, wird uns
nichts nützen, denn die urban-industriell organisierte Gesellschaft unserer Tage ist nun einmal auf Größe ausgelegt. Reduziert man den Einfluss der Regierung, stehen wir nackt vor der
rohen Macht der Unternehmen, die zu Anfang von der Regierungsgewalt ja nicht wenig profitiert haben. Dann haben wir
noch weniger Kontrolle über diese Interessengruppen als vorher.

Ich persönlich bin immer ein wenig verblüfft, wenn ich sehe,
wie wir heute mit dem Begriff »intelligent« umgehen. Es gibt
intelligente Maschinen, *intelligente* Systeme, *intelligente* Waffen. Doch was eine hoch entwickelte Industriegesellschaft vor
allem braucht, sind intelligente *Menschen*. Je schlauer die Maschinen werden, desto klüger müssen auch wir sein, um sie

weiter unter Kontrolle halten zu können. In einer Gesellschaft, in der Wissen am meisten zählt, haben nun einmal viele Menschen das Gefühl, zu kurz zu kommen.

Mir geht es hier um intellektuelle Verunsicherung und Abhängigkeit von der Technik, wie ich sie in Amerika täglich beobachten kann. Doch es mag sein, dass das Problem hier nur deutlicher in Erscheinung tritt, weil Amerika im industriellen Prozess schon weiter fortgeschritten ist als andere Gesellschaften. Doch die Bruderschaft des Zorns ist wohl ein Phänomen, das irgendwann die ganze Welt erfasst. Die Industriegesellschaft hat meiner Ansicht nach eine Grenze erreicht: Sie entgleitet der Intelligenz jener, die sie erschaffen haben, und überstrapaziert die Geduld derer, die von ihr das sprichwörtliche gute Leben erwarten. An diesem Punkt werden Unwissenheit und Zorn immer stärker. An der Spitze der Gesellschaft nimmt die Kompetenz ab, während ihre Basis langsam die Geduld verliert. Am Ende wird das System unbrauchbar, weil man nicht mehr damit umgehen kann. Was also findet sich unter der wohlgenährten Oberfläche der Wissensgesellschaft? Sodom. Babel. Das Pandämonium.

Im Moment soll unser gesamtes Denken sich auf den Terrorismus und seine Gefahren konzentrieren. Man versucht, uns Angst und Zorn einzureden, weil in irgendeinem verlassenen Winkel jenseits des Hindukusch Osama bin Laden mit seinen Gefolgsmännern sitzt und vielleicht eine neue Teufelei ausheckt. Möglicherweise aber fürchten die Amerikaner etwas, das ihnen wesentlich näher ist. Etwas, das draußen vor der Tür lauert und um die Ecken unseres täglichen Lebens blickt.

7 Amerikas globale Unterstützung

»Es wird Zeit, dass wir aufhören, uns einzureden, Europäer und Amerikaner hätten eine gemeinsame Sicht der Welt oder lebten auch nur gemeinsam in einer Welt [...] In wichtigen strategischen und internationalen Fragen von heute sind die Amerikaner vom Mars, die Europäer aber von der Venus: Sie finden wenig Übereinstimmung und verstehen einander immer weniger. Und das ist kein vorübergehender Zustand – etwa das Ergebnis einer bestimmten Wahlentscheidung der Amerikaner oder einer Katastrophe. Die Gründe für die transatlantische Kluft sind tief gehend. Sie haben sich über lange Zeit entwickelt und werden daher wohl weiter bestehen. Wenn es um nationale Prioritäten, internationale Bedrohungen, Herausforderungen oder die Gestaltung der Außen- und Sicherheitspolitik geht, beschreiten die Vereinigten Staaten und Europa getrennte Wege.«

Robert Kagan, »Power and Weakness«,
in: *Policy Review*, Ausgabe vom Juni/Juli 2003

»Der Präsident sagte, er wolle sich die Bedingungen für den Krieg gegen den Terrorismus nicht von anderen Ländern diktieren lassen. »Es kann sein«, sagte er, »dass wir irgendwann als Einzige übrig bleiben. Ich habe nichts dagegen. Wir sind Amerika.«

Bob Woodward, *Bush at War – Amerika im Krieg*

Triumphalismus ohne Grenzen

Als sich die Besatzung des Irak mehr und mehr zum Guerillakrieg entwickelte, erhoben sich im Kongress und in den Medien immer mehr Stimmen, die ihre Zweifel hinsichtlich der
langfristigen Absicherung des amerikanischen Imperiums an-
meldeten. Führt man sich vor Augen, wie dick die Schicht kalkuliert patriotischer Anmaßung war, die als Deckmantel für
diese zynische und brutale Politik herhalten musste, ist es ohnehin verwunderlich, dass es noch kritische Stimmen in diesem Land gibt.

Die Zweifel derer, die den Aufstieg des Imperiums kritisie-
ren, sind durchaus berechtigt, auch wenn sie an der Oberfläche
stehen bleiben. Sie beschränken sich darauf, dass sogar dem
Militärpotenzial einer Supermacht Grenzen gesetzt sind. Auch
sie kann sich nicht alles erlauben. Wo aber liegen diese Grenzen? Ich hege den Verdacht, dass wir noch nicht annähernd
überblicken, wie weit die Triumphalisten beim Aufbau ihrer
neuen Weltordnung zu gehen bereit sind.

Würde die amerikanische Außenpolitik pragmatische und
rationale Ziele verfolgen, würde sie auf vertretbaren Einschät-
zungen der Erfordernisse nationaler Sicherheit beruhen, dann
hätten sich die amerikanischen Truppen nach dem internationalen Einsatz in Afghanistan vermutlich zurückgezogen. Afghanistan, ein raues Land, das weitgehend von Stammesherr-
schern regiert wird, wurde von Al Qaida als Operationsbasis

für Terrorakte missbraucht, da diese in den Taliban eine Regierung gefunden hatte, die bereit war, ihre Aktivitäten zu decken. Afghanistan in ein geeintes, wohlhabendes und einigermaßen demokratisches Land zu verwandeln (was wohl mehrere Jahre gedauert hätte), wäre nach dem 11. September eine durchaus glaubwürdige Strategie gewesen.

Aber eben das geschah *nicht*. Für die Triumphalisten war Afghanistan nur ein leidiges Intermezzo, das viel Ärger verursachte und wenig einbrachte. Afghanistan zu besetzen ist nahezu unmöglich und bietet in wirtschaftlicher und strategischer Hinsicht wenig Vorteile. Außer Opium gibt es dort nichts – ein ziemlich riskantes Geschäft. Also reduzierten die Vereinigten Staaten ihren finanziellen Beitrag zum Aufbau Afghanistans durch die Vereinten Nationen und richteten ihre Aufmerksamkeit stattdessen auf den Irak. An diesem Punkt wurde – vor allem, als die Besetzung des Irak sich als einziger Schlamassel erwies – die Möglichkeit, dass Amerika sich übernommen hat, plötzlich beunruhigende Realität. Auch wenn das die Triumphalisten vermutlich nicht so sehen. Denn diese haben schließlich, was sie wollten. Frischen wir doch kurz unser Gedächtnis auf: Die Triumphalisten sind ideologische Dogmatiker. Und beim Dogma geht es nun mal um alles oder nichts. Es kennt keine Grenzen, das ist sowohl seine Stärke als auch seine Schwäche.

Daher nehme ich an, dass die Triumphalisten Mittel und Wege finden werden, um die Probleme unter den Teppich zu kehren. Welche Probleme? Nun, hier einige Beispiele:

1. Ist das amerikanische Militär überfordert?

In gewisser Weise ja. Daher müssen die Triumphalisten bei allem Eifer vorsichtig vorgehen. Möglicherweise müssen sie ihr Licht eine Zeit lang unter den Scheffel stellen und ihre Ziele weniger offen verfolgen. Denn auch die militärischen Kräfte der Vereinigten Staaten könnten sich als nicht ausreichend erweisen. Oder hätten die USA genügend Truppen, um eine weitere Front im Kampf gegen den Terrorismus zu eröffnen? Vermutlich nicht. In dieser Hinsicht haben die Ziele der Triumphalisten sich bereits als zu hoch gesteckt erwiesen. Solange der Widerstand in Afghanistan und im Irak gering war, mögen sie mit dem Gedanken gespielt haben, als Nächstes Syrien, den Iran oder Nordkorea zu besetzen. Zumindest hat das Verteidigungsministerium damit gedroht. 2002 hieß es noch, wenn die Studentenproteste im Iran sich verstärkten, würden vielleicht vom Irak aus amerikanische Truppen entsandt, um den Regimewechsel voranzutreiben.

Diese Ambitionen wurden offenkundig auf Eis gelegt. Ohnehin gibt die Regierung sich im Wahljahr 2004 friedliebender und weniger schroff. Sie zeigt wieder Bereitschaft, ihren Einfluss mit den Mitteln der Diplomatie über die Vereinten Nationen auszuüben. Strategiewechsel wie diesen werden wir von den Triumphalisten noch öfter zu sehen bekommen. Es wird immer wieder Zeiten geben, in denen die Triumphalisten ihre militärische Drohgebärde zurücknehmen und die Bereitschaft zur internationalen Zusammenarbeit erkennen lassen. Vor allem in Wahljahren dürfte dies zur gängigen Taktik werden. Vergessen wir nicht, dass das Imperium noch in den Kinderschuhen steckt. Die amerikanische Öffentlichkeit ist an diese Rolle noch nicht gewöhnt. Soweit es darum geht, die Unterstützung der Bevölkerung zu gewinnen, befinden sich die Triumphalisten noch in der Testphase.

Wenn die US-Streitkräfte nach Afghanistan und dem Irak kein neues Land besetzen, wird man andere Wege finden, um die militärische Stärke der Nation weiter auszubauen. Es werden mehr Männer und Frauen zur Armee gehen, weil man mehr Militärstützpunkte bauen wird. Man wird die Kopfzahl der Spezialeinheiten ausweiten und in die Feuerkraft des Landes investieren. Diese Ziele sind nicht von heute auf morgen zu erreichen. Schließlich muss die Propaganda erst noch die nötige Vorarbeit leisten, um Präventivkriege für jedermann akzeptabel zu machen. Dazu müssen die Ängste der Bevölkerung so weit geschürt werden, dass die Tendenz zum Konsens steigt.

Meiner Ansicht nach werden wir in den kommenden Jahren einen steten Stimmungswechsel in der triumphalistischen Geopolitik erleben: Zeiten des Stillhaltens und der internationalen Zusammenarbeit werden sich abwechseln mit Phasen erhöhter Kriegsbereitschaft, vermutlich ausgelöst durch Probleme der nationalen Sicherheit. Die Amerikaner sind auf diesen Rhythmus bereits eingeschworen. Das *Department of Home Security* lässt mittlerweile einmal pro Woche verlautbaren, es gebe Gerüchte, denen zufolge Al Qaida bald wieder zuschlagen werde. Dementsprechend verkündet der Präsident die passende Alarmstufe: Gelb, Orange oder Rot. Die polizeiliche Überwachung wurde verstärkt. Städte und Bundesstaaten sollen Geld für weitere Sicherheitsmaßnahmen bereitstellen. Auch die Fluglinien werden ihren Gästen gegenüber immer restriktiver. All das zeigt, dass der Krieg gegen den Terrorismus an der Heimatfront weitergeht. Der Feind schläft nicht.

Sobald dieses Gefühl der ständigen Bedrohung erst einmal

fest in den Bürgern verankert ist, müssen die Triumphalisten nicht mehr viel tun, wenn sie mehr Mittel für Truppen und Waffen haben möchten. Es genügt, auf ein einigermaßen überzeugendes Ereignis zu warten: eine bombardierte Botschaft, ein abgeschossenes Flugzeug, eine terroristische Vereinigung auf amerikanischem Boden, Gerüchte über feindselige Pläne von Seiten einer Nation, die angeblich über Massenvernichtungswaffen verfügt, und schon gibt es Truppenbewegungen oder gezielte Bombenangriffe. Im Irak hat es funktioniert, wieso also nicht auch anderswo? Nordkorea hat sogar offen zugegeben, Nuklearwaffen zu besitzen. An einem bestimmten Punkt mag die Militärmacht der Vereinigten Staaten überfordert sein, doch wenn die amerikanische Öffentlichkeit erst einmal auf die Grundsätze der triumphalistischen Politik eingeschworen ist – dass den USA ein Angriff droht; dass es ihr gutes Recht ist, sich zu verteidigen; dass die Amerikaner der Welt die Segnungen der Demokratie und des freien Marktes bringen –, werden die triumphalistischen Strategen nach Belieben schalten und walten können. Dann müssen die Verantwortlichen nur noch auf den Druck der Ereignisse reagieren und einigermaßen schnell sein. Eine eilige Unterbrechung der Nachrichtensendungen, das grimmige Gesicht eines wichtigen Politikers, eine dramatische Enthüllung, die auf angeblich verlässlichen Informationen beruht – mehr wird dann nicht mehr nötig sein, um die Bevölkerung zu überzeugen. Und die Medien werden dem Präsidenten applaudieren, weil er so schnell und entschlossen reagiert hat. Dieser Präsident kann auch aus der Demokratischen Partei kommen. Das ist nicht weiter wichtig. Kein Präsident wird es sich in Zukunft leisten können, weniger schnell zu reagieren als George W. Bush.

2. Können die Vereinigten Staaten sich dieses Imperium überhaupt leisten?

Wer glaubt, die USA könnten sich die Politik der vorbeugenden Kriege nicht leisten, hat gleichzeitig Recht und Unrecht. Sie haben Recht, weil das Land sich Militärausgaben, wie die Bush-Regierung sie tätigt, mit Sicherheit nicht leisten kann – wenn nicht die amerikanische Bevölkerung bereit ist, jede Form der Innenpolitik dem Krieg gegen den Terrorismus zu opfern. Doch sobald die Öffentlichkeit von dessen Notwendigkeit überzeugt ist, wird sie bereit sein, das Imperium mit noch viel höheren Beträgen zu stützen. Denn die Vereinigten Staaten sind tatsächlich ein sehr reiches Land. Man muss sich nur einmal klar machen, dass die Kriege im Irak und in Afghanistan sehr viel weniger gekostet haben als der Zweite Weltkrieg. Auch die Verluste an Soldaten sind nicht annähernd vergleichbar. Wenn wir den Zweiten Weltkrieg als Vergleichsmaßstab nehmen, dann können die Vereinigten Staaten sich noch sehr viel mehr Kriege leisten. Und es kann durchaus so weit kommen. Genauer gesagt ist es eben das, was die Triumphalisten wollen.

Wir sollten nicht vergessen, dass sich im Triumphalismus die innenpolitischen Ziele der Hyperkonservativen widerspiegeln. Diese versuchen, jede Andeutung von Sozialstaat im Keim zu ersticken, indem sie sämtlichen sozialpolitischen Maßnahmen den Geldhahn zudrehen. Im Hinblick auf derart liberale Projekte verfolgen sie eine Politik der verbrannten Erde. Sie wollen den öffentlichen Sektor auf ein absolutes Minimum reduzieren. Und ihre wichtigste Waffe in diesem Kampf ist das Haushaltsdefizit, das sie nötigenfalls bis zum allfälligen Bankrott erhöhen werden. Ihrer Ansicht nach kann es nur gut sein, wenn das Defizit so ansteigt, dass ein fiskalpolitisches Fiasko bevorsteht. Dann nämlich kann man mit Fug und Recht behaupten, dass die liberale Sozialpolitik der nationalen Sicherheit schadet. Sozialversicherungen und Gesundheitsversorgung werden »unpatriotisch« und müssen dem Kampf gegen den Terror geopfert werden.

Diese verdeckte Strategie wird in den USA mittlerweile täglich neu geprobt. 2002 warfen seine Kritiker George W. Bush vor, er verheimliche die wahren Kosten des Kriegs gegen den Irak. Bis Bush sich 2003 dieser Herausforderung mutig stellte. Er bat den Kongress um 87 Milliarden Dollar für den Krieg im Irak. Diese Zahl klang umso dramatischer, als Bush bereits eine Menge ausgegeben hatte. Außerdem wusste jeder, dass dies keineswegs das letzte Mal sein würde, dass der Präsident um Geld für den Irak bat. Trotzdem bewilligte der Kongress die Summe einstimmig. Weder im Kongress noch in der Öffentlichkeit erhoben sich kritische Stimmen. Sogar die Demokraten, die sich gegen diesen Krieg ausgesprochen hatten, waren der Auffassung, man könne die amerikanische Armee dort nicht ohne finanzielle Mittel lassen. Man konnte den Wiederaufbau des Irak nicht auf halbem Wege aufgeben, nicht wahr?

Den 87 Milliarden, die George W. Bush 2003 vom Kongress für den Irakkrieg forderte, waren bereits einige Milliarden für Steuersenkungen vorangegangen, die den Staatssäckel bereits deutlich schmäler hatten werden lassen. Darüber hinaus befand sich Amerika mitten in einer anhaltenden Rezession. Zu jener Zeit fehlte es an allen Ecken und Enden an Geld: in den Schulen, bei der Polizei, den Gesundheitsbehörden und Kommunen. Aber das zählte nicht. Sowohl die Steuersenkungen als auch die 87 Milliarden für den Irak wurden bewilligt. Im Jahr darauf verkündete der Präsident bedauernd, dass wegen des hohen Haushaltsdefizites viele sozialpolitische Maßnahmen gestrichen oder reduziert werden müssten. Der Kongress stimmte zu. Wenn das amerikanische Volk glaubt, sich so etwas mitten in der Rezession leisten zu können, wie viel, glauben Sie, wird es auszugeben bereit sein, wenn die Wirtschaft wieder boomt?

Haushaltspolitische Manöver wie dieses werden sich häufen. Zweifelsohne wird es kritische Situationen am laufenden Band geben, und ein Sozialprogramm nach dem anderen wird unter dem Schuldenberg begraben werden. Sogar erzkonservative Organisationen wie die *American Conservative Union* oder die *Heritage Foundation* heulten 2004 auf, weil die Bush-Regierung derartig ungebremst den Geldhahn aufdrehte. Im Kongress schickten einzelne republikanische Abgeordnete eine Petition ans Weiße Haus mit der Bitte, die Regierung möge doch das Defizit im Rahmen halten. Vielleicht bangten sie um ihr Image in der Öffentlichkeit. Denn ganz sicher wissen auch sie, dass ein erdrückendes Haushaltsdefizit genau das ist, was die Triumphalisten wollen. Sie konditionieren die amerikanische Öffentlichkeit wie die sprichwörtlichen pawlowschen Hunde. Die richtige Antwort lautet in diesem Fall: Alles für den Krieg gegen den Terrorismus und keinen Cent für Sozialpolitik. Diese Konditionierung wird von den besten Marketing- und Werbeexperten auf dem Markt vorgenommen. Dieselben, die sich auch um die politischen Kampagnen kümmern. Haben diese Manöver Erfolg, dann ist die Öffentlichkeit am Ende davon überzeugt, dass Sozialprogramme abgeschafft (oder besser noch: privatisiert) werden müssen, damit die Regierung all ihre Ressourcen für ihr wichtigstes Ziel einsetzen kann.

3. Wird die Moral der amerikanischen Truppen nicht unter den zahlreichen Kriegen zusammenbrechen?

Einige Berichte sprechen von Unzufriedenheit der amerikanischen Soldaten im Irak. Es gibt dort auch eine hohe, wenn auch unspezifische Selbstmordrate. In den Radionachrichten sprachen einmal ein paar Soldaten aus, was sie wirklich dachten. Einer davon machte sogar einige giftige Bemerkungen über Verteidigungsminister Donald Rumsfeld. Natürlich verhängte das Militär daraufhin Sanktionen gegen diese Soldaten und verlängerte ihre Dienstzeit. Vor allem die Soldaten der Reserve äußern sich freimütig über die Länge ihres Dienstes. Die 200 000 Männer und Frauen der Reserve passen wohl am besten in das ursprünglich in den Vereinigten Staaten angestrebte Bild vom »Bürger in Uniform«. Sie erhalten einen geringen Sold dafür, dass sie sich ein Wochenende pro Monat militärisch ausbilden lassen. Vermutlich erwarteten nur wenige dieser Freiwilligen, dass sie je eingesetzt würden. Doch im Zuge des Kriegs gegen den Terror tun mittlerweile 65 000 Reservisten Dienst. Einige von ihnen wurden schon mehrfach für längere Zeit zum Militärdienst herangezogen. Solch eine Dienstzeit kann bis zu einem Jahr dauern. Das bedeutet, dass die Reservisten ihre Arbeit aufgeben müssen. Ihre Familien sind daher häufig von Armut bedroht. Viele Radio- und Fernsehmagazine haben wiederholt über solche Schicksale berichtet. Es sind meist die Familien der Reservisten, die sich über diese himmelschreiende Ungerechtigkeit beklagen.

Hält diese Entwicklung an, dann wird darunter die Moral der Truppen sowie der Daheimgebliebenen ganz sicher leiden. Vor allem, wenn das Fernsehen, wie es häufig vorkommt, vorzugsweise über trauernde Familien berichtet, die einen Gefallenen zu beklagen haben. Doch für jedes Problem gibt es eine Lösung. Das moderne Militär wird ohnehin mehr und mehr privatisiert. Einen Großteil des Ausbildens, Kämpfens und Sterbens übernehmen mittlerweile private Söldner, die von militärischen Dienstleistungsunternehmen angeheuert werden, die ohne Kontrolle durch Kongress und Öffentlichkeit operieren. Diese Unternehmen müssen natürlich keine Amerikaner einstellen. Wenn sie also ihre Glücksritter weltweit rekrutieren, wie es einst die französische Fremdenlegion tat, wer in den Vereinigten Staaten würde sich um diese outgesourcten Kriege überhaupt noch kümmern? Wen schert schon die Moral von Söldnern? Oder die Zahl der Opfer?

Doch auch wenn das amerikanische Militär weitgehend in den Händen der Amerikaner bleiben sollte, lässt sich die Moral der kämpfenden Truppe stärken. Das Pentagon muss nur mehr Soldaten einziehen, sodass es die Truppenkontingente des Öfteren austauschen kann. Alles, was man für mehr Militär braucht, ist Geld, und wie wir gesehen haben, ist der Kongress ja bereit, diesen Preis zu bezahlen. Neue Rekrutierungsmaßnahmen würden sogar ein drängendes soziales Problem lösen. Die Vereinigten Staaten verlieren immer mehr Jobs an die globalisierte Weltwirtschaft. Die Stellen werden einfach in die Billiglohnländer verlegt. Doch auch die gesteigerte Produktivität in unserer hoch technisierten Welt trägt zum Jobverlust bei. Das führt letztlich dazu, dass auch bei steigendem Einkommen und hoher Produktivität keine Arbeitsplätze mehr entstehen. Das Thema ist in den Vereinigten Staaten noch nicht besonders brisant, doch es taucht in letzter Zeit immer öfter in den Medien auf. Die Zahl der Soldaten zu erhöhen ist eine Möglichkeit, dieses Problem zu lösen – vor allem jüngere Arbeitskräfte finden so Beschäftigung. Tausende von jungen Amerikanern melden sich freiwillig zum Militär. Aus triumphalistischer Sicht hieße das, dass das Imperium der nächsten Generation eine Zukunft gibt.

4. Wird die amerikanische Öffentlichkeit der Kriege nicht überdrüssig?

Wenn es um Krieg geht, kennt die Geduld der Amerikaner Grenzen. Die militärischen Auseinandersetzungen in Korea (1950–1952) und Vietnam (von den 1950er Jahren bis 1972) dauerten zu lange und stießen deshalb bald auf den Unmut der Bevölkerung. Diese Kriege waren für die Öffentlichkeit »hochgradig sichtbar«. Darüber hinaus schienen sie ohne Aussicht auf Erfolg und forderten viele Todesopfer – allein mehr als 50 000 im Vietnamkrieg. Die Amerikaner mögen – vermutlich wie alle Menschen – Kriege nur, wenn sie kurz, unblutig und schnell zu gewinnen sind. Die Erwartung jedoch, man könne ein Imperium ganz ohne Blutvergießen aufbauen, ist illusorisch. Nichtsdestotrotz gibt es für die Triumphalisten durchaus Mittel und Wege, Debakel, wie die USA sie in Korea und Vietnam erlitten, zu verhindern.

Zum Beispiel kann man Todesopfer vermeiden – und damit prahlen. Genau das geschieht im Irak. Die amerikanischen Soldaten im Irak sind die am besten geschützte Streitmacht, die es je gegeben hat. Ihre Lager sind nur über Langstreckenraketen oder Luftangriffe zu erreichen. Auch die Kampfanzüge der amerikanischen Truppen sind mittlerweile nahezu kugelsicher. Verwundete werden entweder sofort auf dem Schlachtfeld versorgt oder mit Hubschraubern zu einem nahe gelegenen Lazarett geschafft. Ohne diese Vorsichtsmaßnahmen wäre die

Zahl der Opfer im Irak sehr viel höher. Es wird schwieriger, amerikanische Soldaten zu verwunden – das ist die positive Seite an der jüngeren Geschichte der Kriegsführung.

Clevere Public-Relations-Maßnahmen und geschickte Täuschung tun ein Übriges. Die tatsächlichen Verluste werden mit Verzögerung gemeldet und statistisch geschönt. Soldaten, die nicht sofort an ihren Verletzungen sterben, zählen beispielsweise nicht zu den Kriegsopfern, weil sie ja nicht »im Felde« sterben. Sobald man sie einmal als »Verwundete« gezählt hat, fallen sie aus der Statistik. Zudem dürfen die Leichensäcke, die in den Vereinigten Staaten ankommen, nicht gefilmt werden.

Die Regierung hat viele Möglichkeiten, Kriegsnachrichten so zu schminken, dass sie positiv klingen. So hat schon der erste Präsident Bush während des Golfkrieges alle Medieninformationen kontrolliert, die irgendwelche Hinweise auf Leid enthielten. Militärische und zivile Kriegsopfer durften nicht gezeigt werden. Die toten Iraker wurden schnellstens in Massengräbern beerdigt und vergessen. Wer kann heute noch sagen, ob ein Krieg erfolgreich ist oder nicht, falls es nicht zu einem totalen Zusammenbruch kommt, was bei den Kriegen, die Amerika in der Zukunft noch führen wird, eher unwahrscheinlich ist? Im Irakkrieg bekommt die amerikanische Öffentlichkeit ständig zu hören, was für nette und konstruktive Dinge die amerikanischen Streitkräfte für die Bevölkerung tun. Auch hier dürfen zivile Opfer nicht fotografiert oder gefilmt werden. Alle öffentlichen Stellen verkünden ständig, welch ungeheure Fortschritte im Irak erzielt werden. Niemand spricht je von einer »Besatzung« oder einem »Guerillakrieg«. Die Aufständischen werden als »Randgruppe« dargestellt, als verbitterte und fanatische Terroristen.

Natürlich stoßen auch Taktiken wie diese irgendwann einmal an eine Grenze. Ich fürchte aber, dass die Triumphalisten ungehindert in ihrem Treiben fortfahren können, wenn die Realität von Amerikas Kriegen so wenig wie möglich sichtbar wird und die Öffentlichkeit genug Ablenkung erfährt.

Die triumphalistische Politik wird nicht über ihre eigenen Füße stolpern, und es steht nicht zu erwarten, dass die amerikanische Öffentlichkeit sich gegen diese Politik zur Wehr setzt. Es mag Millionen geben, die gegen Präventivkriege und Besatzung sind, doch es gibt auch Millionen, die diese Kritiker bei der Wahl überstimmen. Und einige Prozent davon sind von einem ideologischen Eifer getrieben, der dem der Triumphalisten in nichts nachsteht. Dabei wirken sie auch noch schrecklich patriotisch. Wenn sich dann der mit frischer Energie versehene Militär-Industrie-Komplex neu formiert, wird er im Krieg gegen den Terror zu einer ebenso wichtigen Job- und Gewinnmaschine, wie er es in den Tagen des Kalten Krieges war.

Wenn wir der Triumphalisten Herr werden wollen, dann brauchen wir Unterstützung von außerhalb. Amerika braucht globale Unterstützung.

Mit ein bisschen Hilfe von unseren Freunden

Es gibt einen Aufkleber für die Windschutzscheibe, den man in Amerika recht häufig sieht, eine Warnung, die Leben im Straßenverkehr retten soll: »Echte Freunde lassen ihre Kumpel nicht fahren, wenn sie getrunken haben.« Wenn ich die Lektion, welche die Welt meinem Land erteilen sollte, in einem Satz zusammenfassen müsste, dann würde ich sagen: »Echte

Freunde lassen ihre Kumpel kein Imperium errichten.« In gewisser Weise haben Amerikas Verbündete in den Monaten und Jahren nach dem 11. September genau das auszudrücken versucht. Sie sehen, wie die Vereinigten Staaten auf die sehr reale Bedrohung durch Al Qaida reagieren, indem sie ein weltweites Imperium aufbauen. Ich persönlich sympathisiere mit allen diplomatischen Versuchen, das rücksichtslose Streben nach einer globalen Ordnung aufzuhalten, die von der einzig verbliebenen Supermacht der Welt kontrolliert wird. Dieser Widerstand muss sich auf der Straße bemerkbar machen, wann immer es dazu Gelegenheit gibt. Amerikanische Politiker, die triumphalistisches Gedankengut vertreten, sollten sich mit dem Unmut der Massen auseinander setzen müssen, wenn sie andere Länder besuchen. Doch das reicht noch nicht. Um die ideologischen und religiösen Unterströmungen, die Amerika aktuell durchziehen, an ihrem Tun zu hindern, ist das noch lange nicht genug.

Was aber kann nun tatsächlich getan werden?

Die folgenden drei Punkte halte ich für die aktuell chancenreichste Strategie, auf die amerikanische Politik Einfluss zu nehmen.

1. Eine Therapie für die dysfunktionale Familie der Vereinten Nationen

Ich mag der neuen amerikanischen Vorherrschaft kritisch gegenüberstehen, doch mir ist ebenso klar, dass es nur wenige ausreichend entwickelte internationale Institutionen gibt, an welche die USA oder andere bedrohte Staaten sich wenden könnten, wenn es um ihre Sicherheit geht. Die Kritiker der Bush-Regierung haben immer und immer wieder gefordert,

Amerika möge doch unter dem Dach der Vereinten Nationen handeln. In Wahrheit aber sind die Vereinten Nationen nur ein schwaches Instrument, eine kraftlose Schöpfung der Weltmächte, die nie im Sinn hatten, sie zu einer starken, unabhängigen Institution heranwachsen zu lassen. Sie krankt an einem umständlichen bürokratischen Apparat und beschränkt sich nur allzu oft auf kleinliches Gestreite und moralisierende Phrasendrescherei. Die Vereinten Nationen haben zu wenig Geld und Truppen. Und wenn man den UN die Verantwortung für ein finanziell gut ausgestattetes Programm überträgt – wie dies zum Beispiel bei der Initiative »Öl für Nahrung« im wirtschaftlich boykottierten Irak der Fall war –, dann wird darüber ein dichter Mantel des Schweigens gebreitet, aus dem nur einzelne Gerüchte über Verschwendung, Korruption und drastische Fehlinterpretationen der Lage dringen. Kein Wunder, dass die Triumphalisten sich erbarmungslos über die Vereinten Nationen lustig machen. So tönen beispielsweise Richard Perle und David Frum, zwei Falken aus dem triumphalistischen Lager: »Die Vereinten Nationen sind sicher nicht völlig nutzlos. [...] Sie schaffen Arbeitsplätze für die weniger begabten Verwandten von Staatspräsidenten auf Lebenszeit. Sie geben kleineren Staaten das Gefühl, dass auch ihre Stimme zählt. Und wenn das Gebäude leer ist und Schulklassen durch die Hallen spazieren, scheint es für einen stillen Moment so, als seien sie tatsächlich in der Lage, den uralten Traum von einer Welt ohne Kriege umzusetzen.« (Aus dem Hörbuch *An End to Evil: Strategies for Victory in the War on Terror*).

Wenn die Vereinten Nationen angerufen werden, steckt dahinter häufig Wunschdenken. Meist handelt es sich um eine von Idealismus getragene Geste, in der sich das Bedürfnis nach etwas anderem als unilateralem Handeln ausdrückt. Wenn wir die UN als große Familie aller Nationen sehen, dann müssen wir eingestehen, dass diese Familie ernsthaft gestört ist und Hilfe braucht. Die Triumphalisten, welche für die Vereinten Nationen nur Verachtung übrig haben, liegen vielleicht falsch, wenn sie Maßnahmen zur kollektiven Sicherheit ablehnen, doch sie haben allen Grund zur Ungeduld mit einer Institution, in deren Struktur sich die realen politischen Verhältnisse auf der Welt kaum widerspiegeln.

Trotzdem zeigten die Vereinten Nationen in der Irakkrise bemerkenswerte Initiative. Sie bestanden auf Waffeninspektionen und setzten die rigorose Anwendung der beschlossenen Sanktionen durch. Dies waren beeindruckende Maßnahmen zur Bewahrung des Friedens. Tatsächlich ist der Unmut der Bush-Regierung gegenüber den UN vor allem darauf zurückzuführen, dass deren Waffeninspektoren einfach zu gute Arbeit leisteten. Diese stellten nämlich einfach Bushs Behauptung, der Irak sei eine Bedrohung für die amerikanische Sicherheit, in Frage. Die Sanktionen hingegen erwiesen sich als nicht so effektiv, wie sie geplant waren, da die irakische Zivilbevölkerung die Hauptlast trug. Trotzdem wurde ein wichtiger Präzedenzfall für die Zukunft geschaffen. Denn in der Irak-Frage zeigten die Vereinten Nationen eine Entschlossenheit bei der Beschneidung der Souveränität eines ihrer Mitgliedsstaaten, die sie bis dato noch nie an den Tag gelegt hatten. Dieses Beispiel könnte durchaus Schule machen und eine neue Ära der internationalen Politik einleiten.

Vor diesem Hintergrund hätte man andere Schurkenstaaten ohne militärische Intervention entwaffnen können – wiewohl es vermutlich nicht ohne die Androhung einer ähnlichen Militäraktion wie in Afghanistan gegangen wäre. Und die Vereinten Nationen hätten andere friedenserhaltende Initiativen beschließen und durchführen können, ohne den totalen Krieg zu riskieren. Hätte man zum Beispiel den gesamten Irak nicht zur Flugverbotszone erklären und Saddam Hussein so den Einsatz seiner Luftwaffe unmöglich machen können? Hätten die Vereinten Nationen nicht beschließen können, dass sämtliche Flugplätze und Raketenabschussbasen im Irak unter internationale Aufsicht gestellt werden? Flugplätze und Abschussbasen können, wie wir im folgenden Krieg erfahren haben, leicht aus der Luft überwacht und mit minimalen Kollateralschäden außer Gefecht gesetzt werden. Wenn Massenvernichtungswaffen wirklich Anlass zur Sorge gaben, weshalb konnte man Saddam Hussein nicht einfach den Besitz von entsprechenden Trägersystemen verbieten, ohne die chemische und biologische Waffen nutzlos sind?

Natürlich hätte keine dieser Maßnahmen je die Bush-Regierung zufrieden gestellt. Diese war fest entschlossen, im Nahen Osten eine beeindruckende amerikanische Militärmacht zu installieren und in Bagdad eine Marionettenregierung einzusetzen. Und das ist nur ein Vorspiel für weit ehrgeizigere Pläne in der gesamten Region. Statt die Vereinten Nationen so umzugestalten, dass sie terroristische Aktivitäten effektiv unterbinden können, verlassen die Triumphalisten sich lieber auf unilaterale, weltweite Machtausübung durch das amerikanische Militär. Man sollte ihnen daher nicht die geringste Möglichkeit geben, solche Einsätze zu rechtfertigen – nicht einmal dann, wenn es keine andere Alternative zu geben scheint.

An diesem Punkt können Amerikas globale Verbündete wirksam dazu beitragen, den Vormarsch der Triumphalisten aufzuhalten. Angesichts des triumphalistischen Unilateralismus müssen die amerikanischen Liberalen sicher sein können, dass es nicht nur naive Hoffnung und symbolische Geste ist, wenn sie fordern, dass die Vereinten Nationen wieder ins Zentrum der außenpolitischen Bemühungen gerückt werden. Nichts könnte die Ziele der Triumphalisten wirkungsvoller durchkreuzen als das konsequente Bestreben der mächtigsten Staaten der Welt, die Vereinten Nationen – und vor allem den Sicherheitsrat – schnell zu reformieren. Damit würden sie diesen jede Entschuldigung nehmen, die UN zu umgehen. Möglicherweise müssen sie dazu den Triumphalisten den offenen Kampf ansagen, doch sie werden feststellen, dass viele Amerikaner sie dabei unterstützen, indem sie Washington zwingen, bei der Schaffung einer effektiven internationalen Institution zur Friedenssicherung mitzuwirken.

2. Die Finanz-Zügel anziehen

Die Weltöffentlichkeit ist sich vermutlich der Tatsache nicht bewusst, dass sie schon jetzt ein wirksames Druckmittel in Händen hält, auf die Politik Amerikas Einfluss zu nehmen, einen ökonomischen Hebel, den ihre Regierungen jederzeit betätigen können. Sie sind nämlich die Gläubiger der am höchsten verschuldeten Nation der Geschichte.

Das bestgehütete Geheimnis der Welt ist der immer desolatere Zustand der amerikanischen Wirtschaft. Alles, was den ungeschützten Blick auf die tief greifenden wirtschaftlichen Probleme des Landes noch verhindert (vor allem von Seiten der Amerikaner selbst), ist der allgemein herrschende Glaube, dass Amerika nun einmal das reichste Land aller Zeiten ist. Der Reichtum als solcher ist freilich da, doch er ist mittlerweile so einseitig verteilt und so massiv bedroht, dass man in den letzten zwanzig Jahren verzweifelte Anstrengungen unternahm, dies zu verbergen. Wie viele Amerikaner wissen schon, dass die USA bis Mitte der 1980er Jahre eine Gläubigernation waren, deren Handelsdefizit gleich Null war? So wie für die Akzeptanz des Goldstandards Bedingung ist, dass alle die Überzeugung teilen, Gold sei ein echter Wert, so setzt der jetzige Stand der Dinge voraus, dass alle Amerika für das grundsolide Fundament der Weltwirtschaft halten. An der Stabilität der amerikanischen Wirtschaft zu zweifeln wäre, als stellte man die Autorität und Heiligkeit des Papstes am Vorabend der Reformation infrage. Und was noch schlimmer wäre: Den gefährlichen Zustand der amerikanischen Wirtschaft einzugestehen hieße, das ganze System einer globalisierten Wirtschaft in Zweifel zu ziehen. Und natürlich will kein Staat seinem mächtigen »Endabnehmer« in die Suppe spucken.

Die amerikanische Wirtschaftspolitik ist mittlerweile zur Gänze von Wunschdenken geprägt. Die Regierung, ob sie nun von Republikanern oder Demokraten gestellt wird, beteuert immer wieder, dass »die Fundamentaldaten« der Wirtschaft stimmen und dass die Globalisierung sie sogar noch stärken wird. Aber wir kaufen die Welt mit geliehenem Geld leer! In der Zwischenzeit aber sinkt der Lebensstandard der Arbeiterklasse, weil die Löhne sinken und die Arbeitsplätze wackeln. Die Anzahl der Amerikaner, die unter der Armutsgrenze leben (vor allem Kinder) wächst stetig. Die Mittelschicht hingegen reduziert ihre Sparrate und verschuldet sich immer tiefer. (Die amerikanischen Privathaushalte haben im Jahr 2004 einen Schuldenberg von 2 Billionen Dollar angesammelt, Hypotheken noch gar nicht mitgerechnet; das ergibt pro Haushalt

19 000 Dollar Schulden.) Die Infrastruktur des Landes geht langsam vor die Hunde. Dienstleistungen der öffentlichen Hand werden zurückgefahren, und die Unternehmer investieren ihr Kapital in anderen Ländern.

Zwanzig Jahre lang haben die Vereinigten Staaten ein immer höheres Handelsbilanzdefizit angesammelt. Mittlerweile schulden die USA privaten Investoren und Regierungen anderer Länder über 3 Billionen Dollar. Nur so konnte Amerika es sich leisten, die Militärausgaben so massiv zu erhöhen. Das Verteidigungsbudget wird mit Auslandsschulden bezahlt, was bedeutet, dass der Status als Supermacht mit dicken Hypotheken belastet ist. Einerseits steigt also die Auslandsverschuldung der USA, andererseits wird das Haushaltsdefizit immer größer. Dieses Vorgehen wurde bis dato nur von den Präsidenten aus dem republikanischen Lager praktiziert (von Reagan und den beiden Herren aus dem Bush-Clan), die sich im Wahlkampf durchweg als »fiskalpolitisch konservativ« gaben. Mittlerweile sind sogar solche Sonntagsreden passee. Republikanische Führungspersönlichkeiten bekennen sich offen zum Schuldenmachen. Sie hätten das ja auch kaum noch länger verheimlichen können. Nun heißt es allenthalben, dass ein hohes Haushaltsdefizit kein echtes Problem sei. Während seiner gesamten Präsidentschaft legte George W. Bush nicht ein einziges Mal sein Veto gegen einen sozialpolitisch motivierten Budgetposten ein (also gegen so genannte »pork-barrel«-Projekte, die vor allem der eigenen Wählerklientel zugute kommen). Ein Sachverständiger meinte dazu: »Er wirft mit dem Geld um sich wie der sprichwörtliche betrunkene Matrose mit seiner Heuer.«

Das *Congressional Budget Office* (der Rechnungshof des amerikanischen Kongresses), eine sehr verlässliche Quelle, kalkuliert, dass angesichts der kumulativen Effekte von Rezession, Steuersenkungen und erhöhten Ausgaben das Haushaltsdefizit in den Vereinigten Staaten in den nächsten zehn Jahren auf 2,4 Billionen Dollar anwachsen wird. Sogar der amerikanisch dominierte und strikt konservative IWF (den man schon »Amerikas größten Aktionär« genannt hat) hielt es für nötig, sich in der Sache zu äußern. Im Januar 2004 warnte der IWF offiziell, dass Amerikas Schuldenberg mittlerweile die Weltwirtschaft gefährde. Seinen Schätzungen zufolge wird die Nettoauslandsverschuldung der USA bald 40 Prozent seiner Wirtschaftskraft entsprechen, »ein bisher ungekanntes Niveau für die Auslandsverschuldung eines großen Industriestaates«. Auch andere große Industrienationen wie Japan, Deutschland und Frankreich schieben enorme Defizite vor sich her. Aber sie werfen ihr Geld wenigstens nicht für fruchtlose militärische Abenteuer zum Fenster hinaus. Außerdem obliegt ihnen nicht die Verantwortung als »Motor der Weltwirtschaft«.

Als der IWF seine Warnung aussprach, tat die Bush-Regierung diese sofort als »übermäßig besorgt« ab. Im selben Monat trat Präsident Bush vor den führenden Köpfen der NASA auf und verkündete, als wolle er das Schicksal herausfordern, ein kostspieliges neues Programm, um den Mond zu kolonisieren und den ersten Menschen auf den Mars zu schicken. Preis? Anfangs etwa 12 Milliarden, gefolgt von weiteren 500 Milliarden in den nächsten zehn Jahren. Und woher will er das Geld nehmen? Diese Frage ließ er unbeantwortet.

Doch jede Institution, die einem Land Geld leiht, kann die finanziellen Zügel anziehen, die sie in der Hand hält. Das ist nicht besonders nett, daher halten sich große Finanzinstitutionen auch gewöhnlich mit solchen Maßnahmen zurück. Doch die Vereinigten Staaten haben dieses Mittel selbst schon mehrfach angewandt, um Schuldnernationen ihren Willen deutlich zu machen. So unterstützten die Amerikaner jahrzehntelang das marode britische Empire, das auf der weltpolitischen Bühne während der ersten Jahrzehnte des zwanzigsten Jahrhunderts als Stellvertreter amerikanischer Interessen agierte. Als diese Situation nach dem Zweiten Weltkrieg nicht mehr tragbar war, zögerten die Amerikaner nicht, die finanzielle Macht des IWF zu nutzen, um die 1956 erfolgte Invasion Ägyptens durch die Briten (sowie die Franzosen und Israelis) zu vereiteln. Es mag schwierig sein, sich dies auch bei einem so mächtigen Land wie den Vereinigten Staaten vorzustellen, nicht zuletzt aus ethischen Gründen. Im Moment rechnet sicher niemand in Washington, ob Republikaner oder Demokrat, mit solchen Maßnahmen. Doch im Jahr 2002 zogen die Investoren Saudi-Arabiens, ohne dass Washington etwas dagegen unternehmen konnte, 200 Milliarden Dollar aus dem amerikanischen Finanzmarkt ab, weil sie die amerikanische Wirtschaftspolitik für verfehlt hielten und die ständige Kritik der Regierung Bush an der mutmaßlichen Unterstützung von Terroristen durch die saudische Königsfamilie leid waren.

Europäische und asiatische Regierungen, die den Vereinigten Staaten das Geld geliehen haben, um deren Status als Supermacht zu finanzieren, besitzen also sehr viel mehr Macht als die Saudis und können die amerikanische Politik durchaus beeinflussen. Vor allem die Europäische Union mit ihrem langsam erstarkenden Euro wäre durchaus in der Lage, den USA einen freundschaftlichen Rippenstoß zu verpassen. Geld spricht eine klare Sprache – und keineswegs immer mit amerikanischem Akzent. Wie der Wirtschaftswissenschaftler William

Greider meint: »Wenn der Euro erst einmal seine Stabilität unter Beweis gestellt hat und sich allgemein durchsetzt, ist der Dollar nicht mehr länger die einzige Option. An diesem Punkt wird es für Europa oder andere Staaten einfacher, den finanziellen Hebel gegen die Vereinigten Staaten anzusetzen, ohne sich selbst oder dem globalen Finanzsystem Schaden zuzufügen. Europa ist noch nicht so weit, doch der Euro steigt – und mit ihm der Zorn Europas.«

Amerikas zunehmend prekäre Position im Welthandel führt deutlich vor Augen, wie hemmungslos die amerikanische Politik mittlerweile geworden ist. Man möchte annehmen, dass die hohe Verschuldung die USA zu Dankbarkeit oder zumindest zu einer etwas höflicheren Haltung ihren Geldgebern gegenüber bewegt. Was also soll man von der Arroganz halten, die George W. Bush und seine Berater offenbarten, als sie das Weiße Haus übernahmen? Offenkundig hatte der rechte Flügel beschlossen, sämtliche wichtigen politischen Entscheidungen auf brüskierende Weise ohne Abstimmung mit den Partnern zu treffen. Dies unterstreicht nur, dass in Amerika mittlerweile Leute Politik machen, denen es egal ist, ob das aufgeblähte Handels- und Haushaltsdefizit der Vereinigten Staaten zum finanziellen Risiko für ausländische Investoren wird. Fast scheint es, als interessiere es sie nicht, ob die Welt den Dollar aufgibt oder nicht. Wie lange können die Vereinigten Staaten so weitermachen, bevor ihre Gläubiger beschließen, ihnen endlich Manieren beizubringen?

Seit Ende des Zweiten Weltkriegs spielte der Dollar im Welthandel eine herausragende Rolle, vor allem, weil der gesamte Erdölhandel in Dollar abgewickelt wird. Mittlerweile erweisen sich andere Währungen wie beispielsweise der Euro als wesentlich stabiler, doch es sieht so aus, als nützten die USA ihre militärische Überlegenheit auch zum Stützen ihrer Währung. Hier mag man entgegnen, dass die Vereinigten Staaten damit ja nur im Recht seien, hätten sie doch jahrzehntelang enorme militärische Lasten geschultert, indem sie Nationen verteidigten, die selbst dazu nicht in der Lage waren. Doch seit Ende des Kalten Krieges hat Amerikas Rolle als letzte verbliebene Supermacht auch etwas Bedrohliches angenommen. Washington nutzt seine militärische Überlegenheit nämlich, um selbst die eigenen Verbündeten dazu zu bringen, sich in Handels- und Finanzfragen amerikanischen Interessen zu beugen. Ganz besonders gilt dies für den zukünftigen Erdölmarkt. Dies ist letztlich auch das Ziel der »wohlwollenden Hegemonie«. Mit der Übernahme der reichen irakischen Ölfelder sind die Vereinigten Staaten durchaus in der Lage, jeden Versuch von Seiten der OPEC, den Dollar durch den Euro zu ersetzen, abzublocken.

Bis an die Zähne bewaffnet zu sein schafft die Illusion von Allmacht. Es war immer schon eine Schwäche von Imperialmächten, dass sie das Militär über eine gesunde Wirtschaft stellten. Auf lange Sicht erledigt sich solch eine Politik von selbst. Die Imperien verlieren an Macht, weil sie ihre gesamten finanziellen Ressourcen aufwenden, um Waffenarsenale zu finanzieren, kostspielige Besatzungen ins Werk zu setzen, ihre Grenzen zu verteidigen und ihre Herrschaft zu erhalten, während die Wirtschaft allmählich vor die Hunde geht. Fundamental betrachtet sind die USA ein wirtschaftliches Kraftwerk, das über enorme Reichtümer und einen gewaltigen Schatz an Know-how verfügt. Doch die Wirtschaft der Vereinigten Staaten ist mittlerweile in eine erhebliche Schieflage geraten. Der jüngste New-Economy-Boom zeigt, wie sehr Wunschdenken sogar die nüchternen Vorstände und Aufsichtsräte großer Konzerne beeinflussen kann. Die Welle der Finanzskandale, die in der Folge Wall Street erschütterte, lässt annehmen, dass die Herrn der Welt mittlerweile selbst nicht mehr wissen, wie es um die Wirtschaft tatsächlich bestellt ist. In diesem Fall würden die Gläubiger der Vereinigten Staaten dem Land einen großen Gefallen tun, wenn sie finanziell die Zügel anzögen. Möglicherweise ist dies der einzige Weg, auf dem die amerikanischen Corporados und die mit ihnen verbundenen Politiker vom rechten Flügel zur Vernunft gebracht werden können.

3. Die Umerziehung Amerikas

Auf den ersten Blick scheint es unmöglich, dass Amerikas Gläubiger tatsächlich die Finanzbremse ziehen, um der imperialistischen Politik Washingtons gegenzusteuern. Doch wenn die Imperialisten weiterhin militärische Mittel einsetzen, um den Rest der Welt einzuschüchtern, mag irgendwann der Punkt gekommen sein, an dem dieser Rest keine andere Wahl mehr hat. Die Triumphalisten sind dogmatisch bis ins Mark. Jedes Dogma aber verficht seinen Absolutheitsanspruch auf kompromisslose, aggressive Weise. Dogmatiker werden von Widerspruch irritiert. Jede Art von Meinungsvielfalt ist ihnen ein Gräuel. Die Triumphalisten sind ausgezogen, um der Welt den freien Markt zu bringen. Auf diese Weise wollen sie die Menschheit vor der Sünde des Kollektivismus retten. Kommt zu dieser Ideologie nun noch die heilsgewisse religiöse Überzeugung der evangelikalen Fundamentalisten hinzu, mit denen die Triumphalisten unter eine Decke geschlüpft sind, dann wird diese unheilige Allianz das Monster eines fanatischen amerikanischen Nationalismus gebären, dem jegliche alternative Denkform als rotes Tuch gilt. Solange das amerikanische Volk die Welt durch einen triumphalistischen Filter sieht, werden sich ausreichend Wähler finden, die solche Ziele unterstützen. Daher werden andere Nationen mit den kampfbereiten amerikanischen Liberalen gemeinsame Sache machen müssen, um die amerikanische Öffentlichkeit umzuerziehen.

Wir brauchen einen intellektuellen Rundumschlag gegen den Triumphalismus, eine anhaltende Debatte, welche das ideologische Fundament des rechten Flügels der amerikanischen Politik permanent in Frage stellt. Es reicht nicht, wenn dies nur von Seiten der amerikanischen Kritiker geschieht. Dieser Herausforderung müssen sich die besten Köpfe der Welt stellen. Wir sollten mit Büchern, Artikeln und Vorträgen eine internationale geistige Plattform schaffen, in welche die Intellektuellen Europas, Asiens und Lateinamerikas ihre Ideen einbringen, um sie vor der amerikanischen Öffentlichkeit auszubreiten, damit diese begreift, dass auch andere Nationen sich für unser politisches Leben interessieren. Das beste Forum für diese Debatte wären die amerikanischen Universitäten. Wenn es gelänge, die Universitäten in diesen Strom einzubinden, würde die höhere Bildung in Amerika einen Aufschwung erfahren, der ihr etwas von der Ernsthaftigkeit und sozialen Relevanz zurückgeben könnte, die sie während der Vietnam-Ära besaß. Der Geist der Teach-ins fehlt heute im Campusleben. Es wird Zeit, ihn wieder aufleben zu lassen. Das Thema, das wir zu seiner Wiederbelebung brauchen, liegt direkt vor unserer Nase.

Wie würde wohl die Reaktion auf solch eine intellektuelle »Invasion« aus allen Erdteilen aussehen? Ohne Zweifel würden die Fetzen fliegen. In den konservativen Zirkeln käme es mit Sicherheit zu einem starken xenophoben Reflex. Doch eben diese Reaktion würde verdeutlichen, wie berechtigt die Sorgen sind. Die Engstirnigkeit und ideologische Verbohrtheit der Triumphalisten würde sich schließlich in ihrem ganzen Ausmaß zeigen. Und das Engagement international bekannter Nicht-Amerikaner würde die wahren Dimensionen der Krise offenbar werden lassen: Das Imperium geht die ganze Welt an.

Doch es gibt noch einen anderen Grund, weshalb die Debatte über das amerikanische Vormachtstreben in der ganzen Welt geführt werden muss. In einem der vorangehenden Kapitel habe ich den Einfluss europäischer Emigranten der 1930er und 1940er Jahre untersucht. Wir brauchen den nicht-amerikanischen Blick auf dieses Ideen-Korpus. Dazu gehört unter anderem, die Erfahrungen dieser Zeit sowie die Schlussfolgerungen, welche die Exilanten daraus gezogen und in die Vereinigten Staaten importiert haben, einer kritischen Betrachtung zu unterziehen. Der Triumphalismus ist eine rückwärts gewandte Weltsicht. Er stammt aus einer Epoche, die längst vorüber ist. Das Europa der ideologischen Auseinandersetzungen und totalitären Bewegungen wurde von nicht-aggressiven und pluralistischen sozialen und politischen Systemen ersetzt. Dasselbe gilt für den Sozialdarwinismus, der dem Triumphalismus seine Härte verlieh. Auch dies ist eine Philosophie aus grauer Vorzeit. Außerhalb der Führungsebenen amerikanischer Konzerne findet man vermutlich kaum noch Menschen, die ernsthaft glauben, das Leben müsse von den Gesetzen des Dschungels geprägt sein wie in den frühen Jahren der Industrialisierung. In anderen Ländern hat diese Art von brutalem Unsinn sich längst selbst erledigt. In den Vereinigten Staaten hingegen, wo weitgehend rechte Think Tanks die politische Diskussion bestimmen, wird der historische Kontext gern ignoriert.

Immerhin gibt es auch außerhalb der Universitäten einige wenige Medien, die dazu beitragen können, die Debatte in Gang zu bringen. Und dann ist da auch noch das Internet, das sich längst zum Massenmedium par excellence gemausert hat. Die aktuelle Wahlkampagne von Howard Dean zeigt, wie gut sich das Internet für politische Zwecke nutzen lässt. Dean gelang es, durch seine Internet-Kampagne enorme Geldsummen und politische Unterstützung aus allen Ecken des Landes einzuholen. Das Internet erreicht zwar noch längst nicht jeden, aber zumindest findet sich darin ein nachdenkliches, politisch aktives Publikum, das nach neuen Ideen hungert. Eben dieses Publikum braucht die Erfahrung der Nicht-Amerikaner, denn nur sie können letztlich kompetent über die triumphalistische Kernthese urteilen, dass man sämtliche sozialpolitischen Probleme dem Markt zur Lösung überlassen müsse. Wie wir sehen konnten, ist die Innenpolitik der Triumphalisten eng mit ihren imperialistischen Bestrebungen im Ausland verknüpft. Auch gebildete Amerikaner mit Auslandserfahrung können mit der Götzendienerei am freien Markt, die momentan die amerikanischen Medien beherrscht, nicht viel anfangen.

Unter dem ökonomischen Druck unserer Zeit berichten weder die Printmedien noch Radio oder Fernsehen umfassend über Politik. Informationen aus dem Rest der Welt schaffen es kaum je in die Nachrichtensendungen, und Kritik an Amerika wird mehr oder weniger totgeschwiegen. Ließe sich dieses Problem vielleicht durch gut bearbeitete »Nachrichten-Pakete« zum Thema »Auslandsbeziehungen« beheben, die Zeitungs-, Radio- und TV-Redaktionen abonnieren könnten? Auch wenn das »Paket« nur fünf Minuten lang ist, so würde es doch schon genügen, der amerikanischen Öffentlichkeit bewusst zu machen, dass es eine Welt jenseits der amerikanischen Grenzen gibt, die sich durchaus dafür interessiert, was die Vereinigten Staaten treiben.

Denn die Amerikaner sind zwar dabei, sich die Weltherrschaft zu sichern, doch leider reisen sie nicht gern. Nur 18 Prozent der amerikanischen Bevölkerung besitzt einen Pass. Doch selbst wenn diese Menschen reisen sollten, was bekommen sie neben den größten Touristenattraktionen denn schon zu sehen? Nehmen wir einmal an, es gäbe eine Art soziales Sightseeing, bei dem man erfahren könnte, wie andere Länder mit Themen wie Kriminalität, Gesundheit, Kindererziehung, Altenpflege, Bildung, Rente und Kultur umgehen. Denn auch wenn die entsprechenden Institutionen anderenorts nicht immer einwandfrei funktionieren, so stellen sie doch zumindest eine Alternative dar, welche den Amerikanern angesichts der triumphalistischen Bestrebungen zur Privatisierung fast aller sozialen Leistungen des Staates zumindest mögliche Optionen zeigte. Je mehr die Amerikaner über den Alltag in anderen Industrieländern erfahren, desto mehr kritische Distanz können sie zu den Plänen der orthodoxen Triumphalisten aufbauen.

Und die amerikanischen Liberalen brauchen noch mehr Unterstützung. Auch die Lehren der fundamentalistisch-christlichen Kirchen müssen einer kritischen Betrachtung unterzogen werden. Dies ist in erster Linie die Aufgabe liberalerer christlicher Kirchen in Amerika, doch auch hier wäre ein internationaler Blickwinkel von Nutzen. In den Vereinigten Staaten gilt es häufig als »schlechtes Benehmen«, wenn man die Glaubensvorstellungen evangelikaler Christen kritisiert, auch wenn diese mit ihren Ideen aggressiv auf Missionstour gehen. Das wäre vielleicht akzeptabel, würden diese Leute nicht mit ihrem Glauben Politik betreiben, und dies zudem noch auf höchst intolerante Weise. Wie wir sehen konnten, beeinflussen die Apokalypse-Erwartungen dieser kirchlichen Vereinigungen mittlerweile selbst die amerikanische Außenpolitik.

Ich hätte nicht gedacht, dass ich den Tag noch erleben würde, an dem ich Tom Paines Klassiker *Age of Reason*, in dem er das klerikale Denken kritisiert, jedem Amerikaner empfehlen würde. Doch ich lebe hier in einem Land, in dem die Bibel tatsächlich wieder wörtlich genommen wird – und das von immer mehr Gläubigen. Allerdings würden wohl nur wenige Fundamentalisten sich dieser Herausforderung stellen. Denn all diese Bibel-Kämpfer sehen ihre Kritiker meist als Ausgeburt des Satans. Doch sie sollten zumindest wissen, dass ihre Ansichten, zumindest dort, wo es um politische Entscheidungen geht, auf heftigen Widerstand stoßen werden. Man sollte sie um Auskunft bitten, wie ihre Glaubensvorstellungen zu dem Einsatz modernster Techniken passen, dem sie ja keineswegs abgeneigt sind. Vor allem aber sollte man ihnen eine Erklärung abfordern, wie der theokratische Absolutismus, den sie pflegen, zu unseren demokratischen Idealen passt.

Macht korrumpiert

Wenn ich zurzeit meinen Mitbürgern auf Straßen oder Plätzen, in Läden oder Parks begegne, frage ich mich, wie viele von ihnen wohl begreifen, in welcher Gefahr wir uns befinden. Damit meine ich keineswegs die Möglichkeit eines weiteren terroristischen Angriffs, wie Regierung und Medien ihn in unser Bewusstsein hämmern wollen. Ich meine die ethischen und politischen Untiefen, in die die USA geraten werden, wenn die drei Kräfte, die ich hier vorgestellt habe, weiter ungehindert agieren können. Corporados, Triumphalisten und Fundamentalisten üben – aus jeweils unterschiedlichen Interessen – einen dauerhaften und ansteigenden Druck aus, der die Vereinigten Staaten in eine imperialistische Rolle drängt, die die Nation weder ausüben kann noch darf. Verbunden mit dieser Rolle sind immer während Krieg und dauerhafte Repressionen, die typisch sind für Staaten, in denen die nationale Sicherheit Ziel Nummer eins ist.

Sehen die Menschen um mich herum, wie dicht wir davor sind, die Kontrolle über unsere demokratischen Instrumente zu verlieren? Kümmert sie das überhaupt? Manchmal denke ich, sie setzen absichtlich Scheuklappen auf, um sich dem Ernst der Situation nicht stellen zu müssen, im Glauben, so machtvollen Kräften ohnehin nichts entgegensetzen zu können oder dieser Verantwortung nicht gewachsen zu sein. Es ist eben so viel leichter, die Gefahr zu ignorieren und zu leugnen, ja, vor ihr zu flüchten – in eine der zahllosen imaginären Medienwelten, die uns die Illusion von Wohlbefinden vermitteln. Die Fluchtmechanismen, das bewusste Wegsehen, welche die Amerikaner mittlerweile meisterlich beherrschen, erschrecken mich immer wieder. Noch schlimmer aber ist ihre Bereitschaft, offensichtliche Verbrechen und Lügen hinzunehmen, wenn sie nur ausreichend mit patriotischer Selbstbeweihräucherung verbrämt sind.

Wie so viele Amerikaner, welche die Zeit des Vietnamkrieges und des folgenden Watergate-Skandals erlebt haben, macht übermäßiger Patriotismus mich immer hellhörig. Ich habe mit eigenen Ohren hehre Worte vernommen, welche nur den einen

Zweck hatten, die Öffentlichkeit zu täuschen. Ich habe erlebt, wie die Flagge meines Landes benutzt wurde, um unter ihrem Schutz unsägliche Grausamkeiten zu begehen. Doch obwohl ich gegen patriotisches Brimborium relativ immun bin, fiel es mir nicht leicht, dieses Buch zu schreiben. Das mag daran liegen, dass ich einst dachte, mein Land habe der Welt viel zu geben. Mehr als nur technologische Neuerungen und materiellen Reichtum, denn die Vereinigten Staaten verfügten immer über einen unbekümmerten Egalitarismus, eine unbändige Neugier auf alles andere, eine Offenheit für alles Neue, dass ich die Hoffnung hegte, diese Eigenschaften mögen die Welt des postindustriellen Zeitalters menschlicher gestalten. Heute bin ich nicht einmal mehr sicher, dass Amerika überhaupt überleben wird. Mein Land ist triumphalistischen Ideologen in die Hände gefallen, die versuchen, ein weltweites Konzern-Imperium zu errichten. Heute haben dort autoritäre Bibel-Kämpfer das Sagen, die fest davon überzeugt sind, dass es Amerikas Aufgabe ist, die Welt auf die leibhaftige Wiederkehr Jesu vorzubereiten.

Obwohl ich die Tugenden meines Landes sehr schätze, graut mir doch vor diesem maßlosen nationalistischen Cowboytum. Ich kenne die Geschichte einfach zu gut, um in das allgemeine Jubelgeschrei einzustimmen. Wenn ich die Vergangenheit meines Landes betrachte, sehe ich eine Mischung aus positiven und negativen Zügen, die es alles andere als vollkommen erscheinen lassen. Ich sehe die Tragödie der Sklaverei, die nur ein langer, blutiger Krieg beenden konnte. Ich sehe Lynchjustiz und die verschiedenen Formen von rassistischer Apartheid, die noch fast hundert Jahre nach diesem Krieg de facto oder de jure das Land beherrschten. Ich sehe die nahezu vollständige Ausrottung der Ureinwohner Amerikas und den schamlosen

Raubbau an einer einst wundervollen Natur. Ich sehe die abstoßende Ausbeutung der Arbeiterklasse, die unsere Städte in den frühen Tagen der Industrialisierung prägte. Ich sehe den enormen Gewaltausbruch während der Prohibition und das Krebsgeschwür des organisierten Verbrechens, das unsere Gesellschaft seitdem durchzieht. Wir sind wohl kaum eine Nation von Engeln.

Doch all diese Sünden haben die Amerikaner sich erstaunlich schnell vergeben. Wenn es um unangenehme Wahrheiten geht, sind wir schnell bereit, »alles hinter uns zu lassen« oder unsere Schandtaten gar in Tugenden umzudeuten. So umschreiben wir unseren Vernichtungsfeldzug gegen die amerikanischen Indianer heute noch beschönigend mit »Eroberung des Westens«, und aus den übelsten Gangstern haben wir Volkshelden gemacht. Wir wollten unbedingt glauben, dass schwarze Amerikaner ein jovialer und kindlicher Menschenschlag seien, der den Rhythmus im Blut habe und dem die Jahrhunderte der Sklaverei nicht das Geringste ausgemacht hätten. Wir sehen uns gern in einem etwas sentimentalen Licht als nette und wirklich großzügige Menschen.

Und natürlich steckt auch darin ein Körnchen Wahrheit. Viele unserer Fehler werden durch löbliche Eigenschaften wieder ausgeglichen. Jeder für sich genommen, sind die Amerikaner ebenso anständige und nette Menschen, wie man sie auch in anderen Ländern findet. Neben unseren Mafiabossen und Industriebaronen, neben den Revolverhelden und Indianerkämpfern, neben den rassistischen Frömmlern und den betrügerischen Managern haben auch wir große Reformer oder humanitäre Geister hervorgebracht. Doch wie tugendhaft die Amerikaner auch sein mögen, sie sind anderen Gesellschaften, deren grundlegende Güte sich schon darin zeigt, wie sie ihren Reichtum verteilen, keinesfalls moralisch überlegen. Viele dieser Gesellschaften gehen sehr viel fairer und großzügiger mit ihren Bürgern um. Wenn die Amerikaner nur den Mut fänden, ihre eigene Geschichte offen und kritisch zu hinterfragen, dann würde ihr Anspruch auf moralische Überlegenheit bald verpuffen – und dann ginge es ihnen sehr viel besser, weil sie endlich gelernt hätten, mit der Wahrheit zu leben. Denn eben die Tatsache, dass wir so viel von uns halten, macht uns heute so gefährlich. Wir sind ein Volk, das sich von der Erhabenheit der eigenen Absichten nur zu gern bezaubern lässt. Politiker, die uns schmeichelhafte Geschichten über uns selbst erzählen, gewinnen unweigerlich unsere Stimme. Daher der Erfolg der Triumphalisten, die uns weismachen wollen, dass wir dazu bestimmt sind, die ganze Welt zu erben.

Die globale Wirtschaft nimmt unter der lenkenden Hand der reichsten Nation der Welt neue Formen an, und die Konzerne lassen keinen Zweifel daran, dass die nationalen Grenzen der Vergangenheit im Reich des Kommerzes keine Zukunft mehr haben. Die Umweltschützer versuchen seit Jahren verzweifelt, uns genau dasselbe beizubringen. Wir können nicht zulassen, dass Nationalismen unser Verständnis des großen geobiologischen Systems beschränken, das unser aller Zuhause ist. Doch weder die Umweltproblematik noch die globalisierte Wirtschaft wurden bislang in ein neues kulturelles Selbstverständnis integriert. Die Vereinigten Staaten, wie sie uns im Irakkrieg gegenübertreten, sind ein erschreckendes Beispiel dafür, was geschieht, wenn eine mächtige Nation den Dialog mit anderen Staaten verweigert. Daraus resultiert ein selbstgefälliger, unbarmherziger Imperialismus, der durch die

Welt schwadroniert, Chaos und Hass hinterlassend, wo er Freundschaft säen könnte. Die Triumphalisten glauben an eine militante Demokratie, die es mit der ganzen Welt aufnimmt, um ihre verdrehte, vom Klassendenken bestimmte Version von »Freiheit« zu verteidigen. Berauscht von der Macht halten sie präventiv geführte Kriege und unilaterales Handeln für die einzig richtigen Rezepte. Dass »Freiheit« in Form eines weltweiten freien Marktes unter der Kontrolle der Konzerne nur ein neues Kapitel in der Geschichte des Kolonialwesens aufschlägt, haben sie noch nicht begriffen. Doch wie der britische Historiker Niall Ferguson dies schon sagte: Amerika ist »ein verleugnetes Imperium«, seit es nach dem Zweiten Weltkrieg die gestürzte *Pax britannica* durch eine *Pax americana* zu ersetzen versuchte. Eines nämlich muss man den Triumphalisten lassen: Sie nennen die Dinge wenigstens beim Namen. Sie versuchen vielleicht, ihre wahren Ziele zu verbergen, doch sie lassen keinen Zweifel aufkommen, dass sie ihre Macht im nationalen Interesse einzusetzen gedenken. Sie sind stolz darauf, wie knallhart sie sich dort durchsetzen, wo die Liberalen ihrer Ansicht nach einfach nicht den Mumm haben.

Die Tatsache, dass die Vereinigten Staaten als einziges Land im einundzwanzigsten Jahrhundert die Schattenseiten des Imperialismus nicht aus eigener Erfahrung kennen gelernt haben, erschreckt mich. Wir hätten natürlich aus dem Vietnamkrieg lernen können, doch dem war nicht so. 1991, als wir im Golfkrieg errungen hatten, was der erste Präsident Bush einen »Sieg« nannte, verkündete dieser stolz, dass »das Vietnam-Syndrom« nun überwunden sei. Damit meinte er die Befürchtung, dass alle künftigen Kriege zu einem ähnlichen Desaster führen könnten. Für die Triumphalisten machte dieses Dekret den Weg frei für das Streben nach weltweiter Hegemonie. Ab hier begannen die Vereinigten Staaten den internationalen Konsens aufzukündigen, demzufolge imperialistische Politik ein für alle Mal der Vergangenheit angehören sollte. Jede andere der großen und viele der kleineren Nationen – darunter Großbritannien, Frankreich, Deutschland, Russland, Italien, Spanien, Portugal, Japan, Holland und Belgien – hatten unter den Verwerfungen eines gescheiterten Kolonialismus gelitten. Sie haben gesiegt und doch eine Niederlage erlitten. Und diese Niederlage lehrte sie, dass nur wenige von den Früchten des »Great Game« des Imperialismus profitieren, nämlich in erster Linie die großen Unternehmen, die Kolonialverwaltungen und die Militärbefehlshaber.

All diese Nationen haben ihre Lektion mit Blut und moralischer Beschämung bezahlt. Die Kolonialmächte mögen ihre Truppen jubelnd in die Schlacht schicken und sich begeistert zeigen, wenn ihr Banner über fernen Ländern gehisst wird, doch am Ende werden sie einen hohen Preis dafür bezahlen, dass sie Völker unterjocht haben, die ihre Unterdrücker hassen. Jede Nation, die diese Tragödie schon einmal durchlebt hat, hat aus dieser Zeit bittere, aber wertvolle Lehren gezogen, die sie für immer von solchen Abenteuern abhalten. Diese Erfahrung fehlt den Amerikanern. Wir müssen erst noch lernen, dass wir trotz unseres Reichtums und unserer Militärmacht die Welt nicht nach unserem Bild formen können. Wenn wir trotzdem darauf bestehen und rücksichtslos im Alleingang unsere Macht ausüben, werden wir nichts weiter ernten als Chaos.

»Macht korrumpiert.« Wir alle kennen Lord Actons berühmten Ausspruch. Aber wissen wir auch, wie er weitergeht? »Macht korrumpiert«, meinte er. »Und totale Macht korrumpiert total.« Der Nachsatz ist vielleicht deshalb weniger bekannt, weil es nicht viele Nationen gibt, auf die er zutraf. Es gab in der Vergangenheit viele mächtige Staaten, doch keinen, der nicht wenigstens einen Gegenspieler hatte, der seinen Ambitionen Grenzen setzen konnte. Doch zu Beginn des einundzwanzigsten Jahrhunderts befinden die Vereinigten Staaten sich in der gefährlichen Lage, dem Ziel der totalen Macht näher gekommen zu sein als je ein Land vor ihnen.

Vielleicht hilft es ja, dieser Gefahr mit den Worten der Bibel Ausdruck zu verleihen, da doch in den USA die Frömmigkeit im Moment Hochkonjunktur hat: »Denn was hülfe es dem Menschen, wenn er die ganze Welt gewönne und nähme an seiner Seele Schaden.«

Quellennachweis für die im Text zitierten Übersetzungen

Tocqueville de, Alexis: *Über die Demokratie in Amerika*, übertragen von Hans Zbinden, Zürich 1987.

Plato: *Der Staat*, übertragen von Karl Vretska, Stuttgart 1958.

Machiavelli, Niccolo: *Der Fürst*, übertragen von Philip Rippel, Stuttgart 1986.

Woodward, Bob: *Bush at War – Amerika im Krieg*, übersetzt von Friedrich Griese, München 2003.

DAS ZUKUNFTS-PROGRAMM

Thomas Schuler
Immer im Recht
ISBN 3-570-50036-5

Nafeez M. Ahmed
Geheimsache 09/11
ISBN 3-570-50042-X

Jerry Mander, Edward Goldsmith
Schwarzbuch Globalisierung
ISBN 3-570-50025-X

Lawrence E. Mitchell
Der parasitäre Konzern
ISBN 3-570-50027-6

Riemann
One Earth Spirit